碎片化

网络舆论背后的传播规律与认知方法

朱海松 著

机械工业出版社
CHINA MACHINE PRESS

本书通过"原理、思维、方法"三个维度全面、客观评述了网络碎片化传播的基本原理和内在机制，详细探讨了自互联网思维在中国商业社会产生以来的各种思潮，旗帜鲜明地指出互联网思维是客观存在、真实不虚的。互联网思维是当今中国商业实践下的独创商业哲学。无论是互联网思维、"互联网+"，抑或是产业互联网或互联网生态等各类思潮，其核心是具有中国特色的互联网思维哲学范式，互联网不仅是工具，更是世界观和方法论。

本书分析、评述了中国互联网思维实践者们总结的方法论，并独创性地提出移动互联网时代碎片化传播的"4I模型"，丰富了互联网营销理论。本书适合所有互联网从业人员和对网络碎片化传播有兴趣的读者详细阅读。

图书在版编目（CIP）数据

碎片化传播：网络舆论背后的传播规律与认知方法 / 朱海松著.
— 北京：机械工业出版社，2020.5
ISBN 978-7-111-65525-1

Ⅰ.①碎… Ⅱ.①朱… Ⅲ.①互联网络–舆论–传播–研究
Ⅳ.①G206.2

中国版本图书馆CIP数据核字（2020）第076765号

机械工业出版社（北京市百万庄大街22号　邮政编码100037）
策划编辑：戴思杨　　　　责任编辑：戴思杨
责任校对：李　伟　　　　责任印制：孙　炜
中教科（保定）印刷股份有限公司印刷

2020年7月第1版第1次印刷
170mm×242mm·16.75印张·1插页·236千字
标准书号：ISBN 978-7-111-65525-1
定价：59.00元

电话服务	网络服务
客服电话：010-88361066	机 工 官 网：www.cmpbook.com
010-88379833	机 工 官 博：weibo.com/cmp1952
010-68326294	金 书 网：www.golden-book.com
封底无防伪标均为盗版	机工教育服务网：www.cmpedu.com

序

碎片化传播：网络定义媒介，不是媒介定义网络

"碎片化"是对当前社会传播语境的一个形象描述，它是网络时代最明显的传播特征。网络信息以"碎片化"的形式传播，每个人都可以利用"碎片化"时间，随时随地自由地表达思想和观点，交流情感和信息，展现自己的聪明才智。所谓自媒体，是以网络上的微博、微信、直播、论坛、短视频等新媒体为载体的个人媒体的总称。当人们可以利用自己的碎片化时间接收信息时，说明信息也以碎片化的形式被传播，信息碎片化是媒介破碎化的结果。美国著名未来学家阿尔温·托夫勒指出，这是一个碎片化的时代，信息碎片化、受众碎片化、媒体碎片化。在中国，微博、微信、今日头条、抖音、快手、西瓜视频、知乎，以及网络直播等新媒体逐渐成为信息传播的主要工具和舆论的发源地，并影响舆论的走势。微信的日活跃用户已突破10亿！自手机短视频兴起的短短两年间，每天有巨量的短视频信息流产生，2019年，抖音的日活跃用户突破2.5亿，月活跃用户突破5亿，2020年，中国短视频的日活跃用户将达10亿。"双微一抖"，即微博、微信和抖音这类网络传播形式把信息的碎片化传播演绎得淋漓尽致，简短的视频和语音、平等式交流、裂变式传播、碎片式呈现、即时性

发布与搜索、开放式群聊，这些特点使网络上真正形成了网络传播的碎片化信息洪流。

在微信中，每个用户都可以"关注"和"被关注"，只要你去"关注"，就能形成以"你"为中心的朋友圈；只要你"被关注"，"你"就成为其他朋友圈里的一员，由于"你"被关注，"你"的朋友圈也与其他朋友圈就以"弱关系"形成了一个"小世界"传播系统。微信的应用体验是名副其实的自媒体。由于网络存在群集现象，只和自己所在的群集中的节点相连的节点，可能在自己的文化圈子里处于中心位置，网络中的意见领袖就是网络圈子中的中心节点。在自媒体时代，每个人都可能成为消息的制造者和传播者："人就是媒体"得到充分演绎，公众既是受众，也是媒介。当前，新媒体不再仅局限于"双微一抖"，网络社群、网络电台、弹幕、网络直播、网络字幕组等已然兴起，短视频的兴起更是网络信息传播形式的重要变革。在移动互联网时代，微博、微信、抖音等具代表性的网络传播媒体，正在释放巨大的传播威力。

2013年年初，美国耶鲁大学教授大卫·盖勒特在《连线》杂志发表文章称，互联网正在由基于空间的模式向基于时间的模式转变。互联网上的所有信息很快将变成基于时间的结构。基于空间的结构是静态的，而基于时间的结构是动态的，这一结构反映了从"平台"向"流"的转变，无论是Twitter（推特）的消息还是Facebook（脸书）的时间线，都是以时间来组织信息流。

碎片化传播时代的一个主要标志就是人们可以利用碎片化时间进行信息交流和共享，网络的碎片化传播是利用碎片化时间进行信息传播的主要形式，碎片化传播使信息产生了实时流。网络传播的碎片化实时流信息与手机结合后更为明显，微信已成为人们必备的传播工具，而微博信息量的70%以上来自手机。手机更能体现碎片化时间的信息交流方式，也让碎片化传播更显著。

网络传播的生态多样性是随着技术的进步和精细化发展出来的，是指网络传播形式的千变万化。网络传播形式体现了网络媒介本质的媒体表达。媒体是信息的载体，在呈现方式上有文字、声音、图像和视频，这是基础的呈现方式。但在网络上，无论是文字、图片、声音还是视频，全被"粉碎化"成各种的形式，并以复杂的结构嵌套在一起，形成令人眼花缭乱的网络传播生态多样性，网络传播的生态多样性使传播的信息以各种各样的面貌存在，构造出无处不在的信息海洋。

网络的复杂结构是无标度的，大量的中心节点拥有最大限度的链接，而网络上以"人是万物的尺度"为中心的社区与圈子，使网络的复杂适应性系统构成本身是嵌套的，大尺度包含着小尺度，大网站套着小网站，网站之间互相链接，网络上的百客丛生，网站里的社区，社区里的群，群里的兴趣组，信息以即时、帖子、邮件、跟帖、灌水、专栏等各种"破碎"的形式流动，而形式之间相互包容又相互开放，信息正是在这种多元的网络形式中存在和传播、传递。由于网络结构在形式上的无法分解与相互黏合，使信息一旦在网络上传播，将以各种网络形式传播。

近几年，网络直播迅猛发展，各大网站纷纷开设网络直播平台，普通网民的参与度急速攀升，网络直播正由"网红时代"进入"全民直播时代"。一方面，大量的粉丝和话题、强大的商业变现能力、日益延伸的产业链，令"网红"及"网红经济"日益深刻地影响社会文化和网络生态；另一方面，随着抖音、快手等短视频平台的普及，网民在短视频平台上传各类视频，让人目不暇接。与此同时，通过视频直播解读热点新闻越来越成为常态。网络直播提升了新闻现场感，每一部手机都是制造网络新闻和产出舆论的平台，每一个网民都可能成为信息的来源和传播的媒介。由此带来的新变化和挑战，值得重视和研究。

我们正切身感受着网络新媒体带来的冲击，人们已经明显地感受到一种重大的、由网络引发的改变正席卷而来。由于对网络本身的特性还没有完全认识清楚，人们存在着一种面对网络的"焦虑"感。其实，网络不同于以往的任何传播媒介，人们以传统的思维方式看待网络只是一种权宜之计，对其的认识应重新以理性的、科学的眼光来审视。本书重点探讨的是网络的基本构成和行为本质，并从与以往不同的"复杂"思维方式来看待网络，从分析网络的基本结构开始，阐述由此结构本身所带来的网络传播规律及其社会影响。我把这个用与以往不同的"复杂"思维看待网络碎片化传播的思维称为互联网思维。

《碎片化传播：网络舆论背后的传播规律与认知方法》从科学哲学的视角来解读网络传播的基本规律，通过解读复杂网络的幂律分布特征，深入探讨网络传播的混沌动力学特点；通过详细讨论网络传播路径的分形特征，使读者更进一步地理解网络传播规律。这种解读需要颠覆传统的跨界思维，形成新的关于传播的互联网思维。当技术进步不断地颠覆我们的生活方式时，我们的思维方法也必须改变。这种颠覆是在传统理论之上的扬弃。

在网络的碎片化传播的研究中，本书并没有着重于网络传播的效果研究，而是侧重于碎片化传播的过程，如果要研究这一过程，则必须要了解网络本身的基本性质。未来将只有网络而没有媒介，将是网络定义媒介，而不是媒介定义网络！我们不仅要准确描述网络传播，更要正确理解网络传播，并且必须要用新的思维"范式"理解网络传播，同时理解网络传播的过程是从传统的线性思维"范式"向新的复杂思维"范式"转变的过程，是传播观念的革命。网络传播的复杂思维"范式"也就是传播上的互联网思维。

网络舆论所面临的实际问题是极其复杂的，以互联网和移动互联网为代表的新媒体出现后，用传统的思维方式已不能理解数字化时代的传播规律，信息爆炸，网络的破碎化，使传播环境更趋复杂，一些新的传播现象令人费解，人们在莫名其妙和目瞪口呆中眼看着周遭发生的事而不知其所以然，这就需要构筑全新的互联网思维。

法国数学家柯西说："人必须确信，如果他是在给科学添加许多新的术语而让读者接着研究那摆在他们面前的奇妙的东西，那么他就已经使科学获得了巨大的进展。"任何知识要变成直觉意识都必须有一个过程。一门新的科学形成的过程，就是不断尝试对其中心概念进行定义的过程。科学的进步往往就是通过为尚未完全理解的现象发明新术语实现的。随着科学的逐渐成熟，现象逐渐被理解，这些术语也逐渐被提炼清晰。已有的传播学是从传播的社会功能出发，以系统论、信息论、控制论为基础理论，以社会信息交流尤其是大众传播、人际传播为研究对象的一门交叉学科。相信未来传播学的理论基础还要加上复杂理论、耗散理论、自组织理论及混沌分形理论等，这将使我们对传播的看法更全面。正如20世纪时控制论对传播学的全面渗透和影响一样，在21世纪，以混沌分形为代表的复杂理论将会使传播学走上一个新的台阶，把混沌和分形思想应用在传播学中将会得出惊人的结论！

如果用一句话来表达本书的中心思想，就是："网络的碎片化传播是复杂网络的传播，复杂网络传播结构是开放自组织的；网络的碎片化传播过程是混沌的，是通过对称破缺向前推进的；碎片化传播的路径是分形的，碎片化传播的效果是涌现的！"

虽然网络传播的定量化可以轻而易举地得到各种各样的数据，但是以何种思维和认识方法及信念来理解这些数据是首要的，这就涉及思维和信念问题，而不是技巧和形式问题。虽然我们可以对每一种存在的网络技术形式如微博、微信、微电影、博客、视频、搜索等进行深入的探讨和分析，但在网络传播中一定存在着某种基本传播性质,这就要尝试去理解网络的最根本属性。这种基本传播性质应凌驾于所有网络传播形式之上,不论网络技术发展到何种程度。复杂理论和混沌分形的科学哲学可以为网络传播的基础学理分析和研究范例提供一些基本的思想框架。

新媒体的发展深刻地影响着流行文化、商业文化和消费文化。传播领域发生的巨变不仅是结构上的,更将是思想上的。在网络化社会,人们已经在适应着数字化的生存之道,历史的洪流滚滚向前,产业的变革即将到来,我们正处于产业革命发生的前夜,人们只有行动起来,顺应历史的大潮,不改变,将被改变,不创新,将被创新,拿出超越自我的勇气,敢于改变和创新,才是可持续发展的经营之道。

拥有未来的是不断学习的人,而非已经学富五车的人,他们自认为充足的知识装备,只适用于一个已经不复存在的世界!

朱海松

于 2019 年 12 月

Contents
目　录

序　碎片化传播：网络定义媒介，不是媒介定义网络

第 1 篇
碎片化传播的基本原理

引子　一碗拉面引发的传播学思考

第 1 章　**碎片化传播：所有人对所有人的传播**

　　网络谣言：碎片化信息流瀑和群体极化 / 009

　　碎片化传播的不可预测性 / 011

　　碎片化传播有开始，没有结束 / 013

　　自组织："无组织的组织"力量 / 014

　　网络传播中的牵制控制 / 018

　　网络传播的整体涌现性 / 021

第 2 章　**冷媒介传递热信息**

　　信息是不确定性之间的差 / 023

　　热媒介与冷媒介 / 026

热媒介传递冷信息，冷媒介传递热信息 / 028

人就是媒介，信息就是生命 / 030

每个人都能流行 15 分钟 / 033

网络技术是中立的吗 / 035

第 3 章　网络的碎片化传播

网络的碎片化是媒介形式的多样化 / 038

媒介的形式就是内容 / 040

特朗普的自媒体：推特治国 / 043

网络传播的个性化是碎片化传播的体现 / 044

娱乐至死与寂寞的狂欢 / 046

第 4 章　认识碎片化传播的基础——网络

形成网络的节点和边 / 049

网络的度和度分布 / 051

网络群集系数 / 052

网络的蝴蝶结结构 / 053

网络介数 / 055

第 5 章　理解网络发展的三个里程碑

规则网络：从七桥问题开始 / 058

随机网络：网络是静态均匀的 / 061

人与人之间的最短路径：六度分离 / 063

弱关系的强度：强关系提供信任，弱关系提供信息 / 065

小世界网络：埃尔德什数与昆虫蛐蛐 / 069

人是万物的尺度：自我网络 / 074

第 6 章　理解复杂网络：适应是一种坚强

无标度网络：网络搜索 / 078

中心节点和神秘的长尾 / 080

"粉丝"规模的度分布 / 085

复杂网络的节点增长和择优连接 / 086

网络空间幂律分布的分形结构 / 089

齐普夫定律：敲键盘的猴子 / 094

网络稳健性：中心节点除外 / 095

复杂网络：适应是一种坚强 / 097

第 7 章　碎片化传播的蝴蝶效应

蝴蝶效应的来历 / 102

蝴蝶效应的引爆点：初始条件敏感 / 106

评论与转发：对称的破缺 / 109

混沌的碎片化传播：混乱中有秩序 / 112

碎片化传播的路径依赖 / 115

第 8 章　碎片化传播的路径图："上帝的指纹"图

碎片化传播的路径之美：分形 / 118

碎片化传播的分形对称性：自相似性 / 122

碎片化传播的尺度无关性：标度不变性 / 123

碎片化传播的结构：长尾 / 125

混沌与分形是同一事物的两个方面 / 127

第 9 章　碎片化传播的整体涌现性

碎片化传播的整体涌现性 / 131

传统的传播理论："议程设置"和"沉默的螺旋" / 133

碎片化传播中的"议程设置"与"沉默的螺旋" / 136

碎片化传播的整体涌现性：碎片的聚合 / 137

第 2 篇
互联网思维是一场伟大的"文艺复兴"

第 10 章　互联网思维的本质：范式革命

互联网精神与互联网思维 / 142

互联网思维的本质是形而上学的观念约定 / 145

"反常"带来的"危机"是思维"范式"变革的前奏 / 146

互联网思维是新世界观的革命：范式不是认识而是信念 / 147

我们当前处在"反常和危机"时期 / 149

互联网思维是一种新的世界观 / 150

第 11 章　互联网思维是真实不虚的

什么是互联网思维 / 153

目录

"巨人倒下,体温还是暖的" / 155

没有传统的企业,只有传统的思维 / 158

哲学意义下的互联网思维 / 160

第 12 章　互联网思维存在吗

缺乏理论自信的我国商业界 / 164

反互联网思维:互联网思维是不是忽悠思维 / 166

互联网思维 PK 反互联网思维 / 167

"定位"与"反定位"之辩 / 170

第 13 章　互联网思维对商业模式的前提批判

互联网不仅是工具更是思维 / 175

互联网思维对用户模式的前提批判 / 176

互联网思维对产品模式的前提批判 / 178

互联网思维对市场模式的前提批判 / 179

互联网思维对收入模式的前提批判 / 179

第 14 章　"互联网 +"的本质:未来将没有互联网思维

"互联网 +"的核心是移动互联网 / 182

"+ 互联网"与"互联网 +"的本质不同 / 184

互联网的核心是"突破时间和空间的连接" / 187

未来将没有互联网思维 / 191

为什么互联网思维在我国产生 / 193

第 3 篇
"互联网+"时代的行动指南和方法论

第 15 章 "互联网+"的方法论

没有理论的事实是模糊的 / 198

"自媒体社群"时代运营法则：吸粉、互动、转化 / 201

媒体即电商：流量即收入 / 204

"互联网+"时代的行动指南 / 206

第 16 章 "互联网+"时代的营销原理：4I 模型

世界营销理论的发展历程 / 208

个体的识别：流量的聚集 / 210

即时的信息：无处不在的场景 / 213

互动的沟通：参与感 / 214

"我"的个性化：无限的创意 / 217

网络传播原理："蝴蝶效应"模型 / 218

第 17 章 区块链：价值互联网时代已经到来

区域链的产生及意义 / 221

区块链的"上帝协议" / 223

区块链：可量化的信任机制 / 225

区块链是信用中介 / 227

区块链技术对传播媒体的影响 / 228

第 18 章　沿着旧地图找不到新大陆

未来已经来临 / 232

不要与趋势为敌 / 233

当前思维与当前问题 / 234

有道无术，术尚可求 / 235

否定与超越：让改变发生 / 236

附录　论有学问的无知 / 239

参考文献 / 246

后记　乔布斯名言：如饥似渴，抱朴守拙 / 249

第1篇
PART ONE

碎片化传播的基本原理

引子
一碗拉面引发的传播学思考

记得多年前,在北京知名的马兰拉面馆吃拉面时,由于排队的人多,我就一边排队等候一边计算拉面师傅拉一碗面所需要的时间。结果是,大概用时13秒就能拉出一碗面,速度快得惊人!这给我留下了深刻的印象。在我家楼下有一家兰州拉面馆,是一位年轻人主理的,我中午经常去那里吃面,时间久了,我们就认识了。我曾向他请教拉面的窍门。拉面是一个熟能生巧的工作,拉面的过程是如此神奇和令人着迷,一团面为什么能拉出细细的面条来一定有其原因。

我国人拉面的技术堪称世界一流,拉面大师可以把一团面拉出成千上万条的细面条,创造了吉尼斯世界纪录,而在这一国人日常生活中最常见的饮食里面却包含着深刻的数学哲学原理。

在我国历史上好像从来没有人认真仔细地研究过一团面为什么会被拉出成千上万条来,更进一步地思考,如果一团面被无限地拉下去会出现什么样的情况。运用朴素的直觉,发挥我们的想象力,理论上拉面可以无限地拉下去,是"无限可分性"的,拉出来的每根细面条在理论上也将无限细分下去,所以拉面在数学上是一个极限和集合问题,是无穷小、无穷大和连续的问题。在直觉上,这些无限拉下去的细面条极限的结果应该是"零",也就是说,一团面经过拉、压、折叠、振荡、扭曲等复杂过程之后,将被拉"没"了,是"无",是"空"!或者按最新的物理发现,最终应该拉出的是看不见、摸不着的"上帝粒子"!但是真实的经验告诉我们,拉面仍是可口的,一团面经过反复拉伸之后,只不过是形态发生了变化,它仍是"存在"的。从哲学意义上看,拉面好像是从"有"到"无"的过程,我们可能只顾着吃了,只看到眼前的那碗面,没想那么远,没有去让自己的想象空间向无穷延伸。这种极限的悖论,实际上从芝诺和毕达哥拉斯开始已经拷问了近 2500 年!这些拷问是现代数学派系的起源,在 100 多年前有了实在的数学结果。从数学上看,拉面的极限实质上是"康托尔尘集"(Cantor dust)!

古希腊的亚里士多德在 2000 多年前就拒绝了无穷大和无穷小的存在性,19 世纪末,出生在俄国的德国数学家格奥尔格·康托尔摧毁了亚里士多德"统治"了二十多个世纪的"权威"逻辑。康托尔在快满 30 岁时发表了他的第一篇关于无穷级数的革命性论文,不仅证明了无穷这个概念具有数学意义,而且无穷也是作为不断增大和永无止境的等级序列而存在的。康托尔的无穷论是过去 2000 多年中对数学的最令人不安的独创性贡献之一,其连续统集合理论模型是当代研究混沌分形最原始、最重要的基础模型。历史证明,康托尔的工作被认为是对整个数学,特别是对分析学基础的一个重大贡献。美国数学教授贝尔在《数学大师:从芝诺到庞加莱》一书中评论道:"1874 年这篇开拓性的论文,着手建立起所有代数数集合的一个完全意想不到的、高度似是而非的性质。""康托尔在这篇论文中建立的关于全部代数数集合的意想不到和似是而非的结果,以及直接使用的方法的标新立异,标志着这位年轻的作者是一个见识独到、极具创造性的数学家。""它们在围绕无穷的逻辑和数学推理的基础中意想不到地存在,是对现在整个演绎推理中批判运动的直接启迪。"

谈到这里，要强调的是拉面的极限问题并不是本书中要讨论的重点，我们首先要知道这个极限问题是有实在的数学和哲学成果的，但是拉面的极限问题是与拉面的过程紧密相连的，而我所关心的却是拉面的复杂混沌过程。一团面经过复杂的动力系统，规则而均匀地展开，拉面的过程是复杂网络从相互作用到演化的过程，从混沌到秩序的过程，这个过程又与网络传播的规律直接相关！康托尔只是拉面问题的一部分，还有更多的杰出人物参与其中。

拉面的结果其实质是三维空间的广义康托尔集，但是德国数学家康托尔当时并没有发现这个集合具有典型的混沌分形特征。拉面是复杂网络在系统内在的非线性相互作用，在复杂系统拉伸过程中所造成的"拉伸"与"折叠"变换。从数学抽象的视角看，一团面可以抽象为复杂网络，只不过这个复杂网络的节点是紧密地靠在一起的，所以可以认为网络节点之间的连线边是趋于无穷小的，就好像一张捕鱼的网被团在一起，乍一看像是一个实体，展开就是一张网。所以拉面的"拉伸"与"折叠"变换可以看作一团面的复杂网络无序演化的过程，其结果则是有序的拉面。拉面虽然是一种非线性的迭代过程，但我国在历史上对于拉面的数学哲学探讨是空白的。而西方虽然没有拉面，却有面包。

获得诺贝尔化学奖的比利时科学家普利高津在《确定性的终结：时间、混沌与新自然法则》一书中，把非线性迭代运动用揉面做面包的方式加以形象化。面包师把面拉伸，然后再把它折叠起来，一次又一次地重复这个过程。数学家把非线性方程的这种迭代过程叫"面包师变换"。普利高津提到的"面包师变换"由美国杰出的拓扑学家斯梅尔提出来，最先被称为"斯梅尔马蹄铁"。

在20世纪50年代，美国科学家斯梅尔（Smale）经过长期观察面包房做面包的过程，提出一个数学模型。这个模型实质上与二维康托尔集相似，叫"斯梅尔的面包师变换"或称"分段函数的马蹄形拓扑模型"，因此他获得了被誉为数学诺贝尔奖的菲尔兹奖。

"斯梅尔马蹄铁"演绎出的面包师变换实质上也直观地解释了拉面的数学性质。面包师变换与我国拉面是拓扑同构、拓扑同态和拓扑同势的。抻面不断地拉伸和折叠，这个过程是二维康托尔集的过程，是一个不确定的混沌过程，拉面的过程也具有五种混沌分形路径。用面包师变换或斯梅尔马蹄铁的道理解释拉面是这样的：

一团面，经过数次的拉、压、折叠，理论上可以抻出无数根细面条，拉面的过程是经过逐次迭代，使得面条所构造的时空破碎，产生了数目不断增加的不连通区域，即每根细的面条。拉面时，不断拉伸、扭曲的面使面相邻的状态不断分离而造成路径发散。但仅有拉伸变换还不足以扰乱相空间造成复杂性，也拉不出细面条来，还必须通过折叠变换。折叠是一种最强烈的非线性作用。面团中的一系列弹性线最终被拉伸、折叠成一种非常复杂的、不可预测的混沌演化模式。折叠使动力系统的行为有动力形态上的根本变化，是导致混沌的一种重要作用。所以在拉面的过程中，要不断地把两头的面叠扣在一起，同时还要反复拧成麻花状，对面团的这种拉伸和折叠的复杂混合动力不断反复，就产生了面团中动力系统的分离、汇合，产生了不可预见的、无序的不规则运动，这种运动使面的相空间发生"破碎"，但"涌现"出来的就是规则有序的细面条。

一团面被以复杂网络的视角审视时，其被拉伸的性质具有复杂网络的拓扑性质。数学家和物理学家在考虑网络的时候，往往只关心网络节点之间有没有边相连，至于节点到底在什么位置，边是长还是短，是弯曲还是平直，有没有相交等都是他们不在意的。科学家们把网络不依赖于节点的具体位置和边的具体形态就能表现出来的性质叫网络的拓扑性质，相应的结构叫网络的拓扑结构。

一团面作为一个整体，具有网络的拓扑结构，与被拉出来的每根细面是"整体"与"部分"的对称关系，我们知道事物的整体形态依赖于最细小的部分。以这种眼光来看，部分也不是整体，因为通过任何部分的作用，整体又以混沌或有变革力的变化形式展现出来。每根细面条作为"部分"也可看作"自组织"，这每一"部分"的细面条如果在外力的作用下，仍可继续分离出更细的面条，所以"部分"也是"整体"，这种可变的"部分"是萌芽状态的整体。拉面通过迭代，其中的"信息损失"导致了拉面整体行为的不可预见性。每根细面条的性质是自相似的，每根细面条的形状是分形的。几何对象的一个局部放大后与其整体相似，这种性质就叫自相似性。部分以某种形式与整体相似的形状就叫分形，拉面的过程和结果正是如此！

拉面在初始条件中的信息包括了拉面系统过去和未来的全部历史。面团在被拉伸的过程中，空间中的伸缩与折叠变换以不同的方式永不停息又永不重复地进行，从而造成了相路径永不自交又永不相交的穿插盘绕、分离汇聚，完全"忘掉了"初始状态的一切信息，"丢弃了"未来与过去之间的一切联系，反复出现对称性破缺，产生蝴蝶效应，呈现出既不连续又不断裂的"稠性"混沌运动。

拉面的过程是无序的，但结果却暗示着某种规律性，所以在混沌迭代过程当中恰恰可以产生新的复杂的信息源，是可以定量化的。通过拉面"整体"与"部分"的自相似我们来看混沌过程，如果从旧的时空观看，则认为它是无序的，是乱七八糟的，是无法测量的；如果从一种新的时空角度来看，很可能就会找到一个新的本质的规律，通过现象来研究它的本质规律，即有序性。拉面给我们提供了一个认识网络传播的全新时空视角。

从形象的比喻看，网络传播是一种非线性的迭代运动，以互动反馈为主要特点。网络传播的反馈产生迭代，这种迭代又会对网络传播效果产生重大影响，网络传播的混沌过程以"跃迁"的形式膨胀和收缩，从表现上看好像是混乱的，但结果却是有序和涌现性的，与拉面效应一样。

综上，拉面的系统是复杂的，拉面的过程是混沌，拉面的结果是分形，具有整体涌现的性质，所以拉面的过程是典型的混沌分形过程。从理解拉面的数学哲学原理上看，我国的拉面里蕴含着众多伟大的名字，无论是康托尔还是庞加莱，无论是普利高津还是曼德勃罗特或是斯梅尔等，可能从来没有吃过我国的拉面，但关于拉面的数学哲学原理的一些基本问题，由于他们非凡的工作已经得到了解决，从拉面的数学哲学原理的解析当中，我们也窥见网络传播的本质特点。探讨网络传播的规律不妨就从我国的拉面开始吧！

第1章
碎片化传播：所有人对所有人的传播

在网络上，由一个人对一个人的传播，产生了所有人对所有人的传播。网络传播看似简单，实则复杂。一个人对一个人的传播是简单的，但所有人对所有人的传播是复杂的。复杂网络传播系统考察的对象就是有大量自组织、大量自由度的开放系统。网络传播中任何一条信息的传播参与者均是该网络传播系统的自组织，自组织的互动、跟帖、评论是信息在网络传播的动力。

在传播中，一传十，十传百，百传千，如果真能像这样有序地将信息传播出去，那么这种传播就是线性的，但网络传播是非线性与动态的。在真实的传播过程中，一条信息被传播出去后，没人能知道，也无法预测它传播的真实轨迹是什么样的。人们只能通过效果来判定信息传播的效率，所以通常人们会忽视传播过程，只看传播效果，而效果也是被有条件地衡量。网络传播并不是简单的传播叠加，而是充斥着一对一、一对多、多对一、多对多的传播，其传播的非线性特征非常明显，复杂性也非常强。复杂系统都是非线性的动态系统，所以网络传播的系统是非线性的动态传播系统。

微博、微信、抖音等应用具有的"自媒体"特性使人们喜欢利用碎片化传播证明自我存在的价值。网络碎片化传播被许许多多的人使用也是基于与社会网络传播相同的原则：我努力使我的传播代价最小化；我努力使我对其他人的传播的集体价值最大化；我努力与我传播的人群保持互动平衡；我更倾向于与拥有我所需要的资源或者需要我所拥有的资源的人传播；我更倾向于与那些与我相似的人传播，并且不太可能与那些与我不同的人传播；我更倾向于与那些在物理上接近或通过电子方式易接近的人传播；我更倾向于与人传播来提高我的适应性。㊀

网络谣言：碎片化信息流瀑和群体极化

随着网络的兴起，谣言几乎到处都有。在碎片化传播时代，散布任何虚假的、具有误导性的谣言都变得十分容易。谣言的传播最易产生传播上的"蝴蝶效应"。《中国日报》上一篇文章2012年曾这样评论网络谣言的危害："网络谣言的盛行，网络暴力的滥用和频现，也正将全民舆论推向暴力化、情绪化甚至极端化的歧途。网民在'围观'名义下，不负责任地转发，甚至摇旗呐喊，更多的并非是出于理性思考，而是蓄意发泄。"

美国人卡斯·R.桑斯坦在《谣言》一书中表示，谣言会通过两个部分重叠的过程进行传播：信息流瀑现象和群体极化效应。信息流瀑现象是指一旦有人开始相信谣言，相信的人就会越来越多。信息流瀑之所以发生，是因为我们倾向于相信别人的所信和所为。当人们追随一些"意见领袖"的言行时，信息流瀑现象就会更容易发生。群体极化效应是指当想法相似的人聚在一起讨论谣言之后，他们得出的结论会比交谈之前的更加极端。如果我们认识的大多数人都相信一则谣言，我们就会很容易相信那则谣言。桑斯坦还认为人们通常并不是中立地处理信息，其偏见会影响他们对信息做出的反应，即存在偏颇吸收（biased assimilation），这是指人们以一

㊀ 内容选自《传播网络理论》，P82。

种有偏见的方式来吸收和消化信息。那些已经接受了虚假谣言的人不会轻易放弃所相信的谣言,特别是当人们对这种信仰有着强烈的情感依赖时,谣言就更加不容易被放弃。在这种情况下,要驱逐人们头脑中的固有想法,简直困难至极。

谣言在网络上的传播具有极强的复杂适应性。中山大学人口研究所李若建教授的著作《虚实之间：20世纪50年代中国大陆谣言研究》认为,谣言的来源主要有五个方面：①集体记忆,谣言乃是对以往集体记忆的一种变异反应;②地域;③集体行为与集体行动,以谣言对抗当前的种种社会政策或不公;④民间话语,以谣言表达受损的心理;⑤社会变革,"变革中的受冲击者"以谣言缓冲心理或者反抗。在实际的群体决策中,人们不确定那些公开表达的观点是来自独立知识,还是信息流瀑,或者是从众压力。许多时候,我们都过高地估计了人们对独立信息而非社会压力的依赖程度。因而,谣言便在群体中扎下根来。我们接受他人的信念,是因为我们对此缺乏相关信息。特别是当我们对某则谣言的内容一无所知时,我们就更容易相信它。

李若建教授认为：谣言是一种大众话语的形式。因为民间话语在没有渠道可以正常表达的时候,谣言就可能成为一种特殊的表达方式。在一个社会发生剧烈变革的时期,社会各阶层的利益重新调整,相当数量的利益损失者为了维护其利益,必然会通过某种形式发出他们的声音。在这一过程中,把他们的声音加载在谣言上,是一种冲动手法。"谣言之所以流行,正是因为它们迎合了人们的偏见和期望。"

清华大学新闻学院的沈阳教授提到："微博既是微言大义的大讲堂,也是流言蜚语的大温床。"沈阳教授指出,在微博闲言碎语式的宏大信息流中,群体智慧的产生依赖于每个人的独立判断,如果简单跟从他人,可能产生群体愚蠢。在微博的传播中也经常出现这样的现象。沈阳教授认为以微博对微博是最好的信息公开方式。在碎片化传播中，越容忍差异，才越能达成共识；反之，越强调共识，则越走向愚蠢。

信息流瀑现象和群体极化效应，以及偏颇吸收都会强化舆论形成过程中"沉默的螺旋"，导致人们容易相信虚假信息。桑斯坦提到，避免谣言造成危害需要信息透明、言论自由和规范言论等多种手段。网络信息在这种持续不断的碎片化传播互动作用过程中，不断地"学习"或"积累经验"，并以此改变自身的结构和行为方式。整体网络传播系统的演变或进化，包括新层次的产生、分化和多样性的出现，新的、聚合而成的、更大的主体的出现等，都是在这个基础上逐步派生出来的。网络传播系统中的信息是有生命的，具有目的性、主动性、积极性等特征。网络信息正是因这种主动性，以及它与其传播路径及受众环境反复的、相互的作用，才得以传播和蔓延的。

碎片化传播的不可预测性

《新周刊》杂志在一篇题为《人类为什么喜欢预言？》的文章中写道："我们活在末日预言、技术预言、政治预言破产或实现的过程中。为什么人类喜欢预言？因为我们的未来很难预测。"预测是一种宏观事件，是非确定性微观事件的宏观投射，是面向未来反观过去，是站在未来看现在。网络的本性让网络信息传播的结果不可测、不可精确预期。网络传播的信息的冷热变化、耗散增加的程度越大，人们预测其传播结果的可靠性就越小。美国学者亨利·N.波拉克在《不确定的科学与不确定的世界》一书中写道："预测长期的未来是一件危险的事情，人们很少能提出与现实非常接近的预言……由于不确定性的存在，我们对过去的理解和对未来的预测总是模模糊糊的……未来是一个移动的目标，预测它的特征总是困难的，而且试图向前看得越远,预测未来就越加困难……当事物不是按期望或预料的发生时,通常会出现某种程度的惊奇和不满。绝大多数人都不喜欢意外,而且对不可预测性和不确定性会感到某种程度的不适。"

许多网络传播上的传奇,看似充满了"随机"性,正是这种"随机"性触发了网络传播的"初始条件",剩下的取决于网络对于这种"随机"性是否"敏感"。我们可从每个网络上的热点的点击率看到网络上对于某个信息的"敏感"程度,一旦这种敏感转化为传播行为,被传播的信息主体必定会成为"红人",但是网络并不关心这个"红人"是"正面的"还是"负面的",正、负面是由社会的价值观来判断的,因为网络传播的功能是让这个信息在特定的时空中成为聚集的焦点。

在网络信息的碎片化传播过程中,看似确定性的传播系统,正是由于其内部互动迭代的特点,产生了内在随机性,使网络信息的传播无序而随机。随机的东西由于没有常规的可预见性和决定性,也就没有规律性,难以被我们认识和把握,因此显得更复杂。网络传播系统越复杂,它所携带的信息就越多。一般的预测是短期可行的,但对于传播的复杂系统而言,长期预测是不可实现的。

网络传播的危机转换经常是瞬间发生的,"因祸得福"在网络传播中屡见不鲜。"更坏先于更好"往往是在"正确"方向上影响网络中心节点策略的结果。因此,人们如果对网络传播的内在规律有一定的认识,在网络传播控制中,人们的那种立刻产生更好传播结果的任何预期应当受到怀疑。无论是影响中心节点,还是将传播控制推向期望结果的恰当方法,都不是显而易见的。由于网络传播的复杂适应性和开放耗散的互动特点,使信息传播系统的任意组成部分都有可能成为传播的初始条件,网络传播系统的初始条件敏感性,使得传播的控制和预测没有显而易见的方式。基础网络上的传播蝴蝶效应有很多是在"无意"中产生的,所以有意地控制并不一定会达到期望的结果，但完全不控制则不会有任何结果。

未来充满偶然性，使人们无法清楚地预知未来。未来是一个移动的目标，预测它的特征是困难的，而且人们试图向前看得越远，预测未来就越困难。

碎片化传播有开始，没有结束

2009年2月，美国《洛杉矶时报》的一则新闻使中国的"人肉搜索"成为焦点。该报道称，中国的"人肉搜索"让国际刑警组织黯然失色。"人肉搜索"是2008年中国网络流行语之一，甚至一度成为网民的问候语——你今天被"人肉"了吗？通过"人肉搜索"可以找到信息在网络传播中的路径信赖性，只要人触网，必定留有痕迹。搜索一般有"深度优先"和"广度优先"两种搜索方式，无论哪种都是要在网络上对信息进行"遍历"搜索（"遍历"就是穷尽所有的可能性）。网络搜索技术的不断完善，使得搜索的"遍历"性越来越精细，使得网络上任何信息的蛛丝马迹都可以被找到。"人肉搜索"从另一个侧面告诉我们，网络传播有开始，没有结束。

网络传播的复杂信息系统都是有历史的，它在时间、空间中演化，而现在的传播行为会依赖过去的信息状态。网络自组织对于信息碎片的优化与整合的作用是明显的。清华大学新闻与传播学院彭兰教授认为，在网络的碎片化传播中，更多的自组织是应急性自组织机制，即因为某一次传播活动而产生的"应急响应"式的临时性网民力量聚合和协同工作，一旦这次的传播活动完成，网民之间的关系也就消失。"人肉搜索"是最能体现网民协同工作的一种应急性自组织机制。除此之外，能引起广泛社会反响的新闻传播活动，往往也都依赖于网民间的一种默契的协作、配合，特别是在一个复杂事件的真相揭露方面。网络传播事件反复验证着网络自组织力量的强大。

Google（谷歌）的原 CEO 埃里克·施密特承认："技术进步有时候让我们的生活像一本打开的书"。"每个人都能向全世界发布信息，这在人类历史上是第一次。过去，只有大众媒体能做到这一点，现在任何人都可以。这种分享信息的能力会带来巨大的快感。"

《三联生活周刊》上一篇叫《数字卷宗与信息失控》的文章写道："互联网提供了前所未有的个人表达与交流的机会，越来越多的人在网上暴露自己或者别人的信息，其中不少是私人性质的信息和数据——邮件、即时聊天、搜索关键词、买过的东西、写过的文字、贴过的照片、下载过的视频、加过的朋友……无论你走到哪里，都会留下数字足迹，你做的每一件事情，都会留下交易记录。"个人信息正在不断地从个人计算机流向互联网。

全网社会构成了这样一幅图景："它由节点之间的链条组成。没有中心，网络的每个成员都是自主的。与等级不同，没有哪一部分依赖于其他部分。不同成员因特殊项目或不同课题组合起来。"网络群聚效应就是真实世界在网络虚拟世界的投射，由于不同节点之间度数的不同，同一网络图中不同局部的连线或稠密或稀疏，差别很大。这种现象反映的是大规模系统中各个组成部分的局部聚集倾向和大集团形态，被称为网络的群聚性。朋友圈、社区、群反映了典型的网络群聚效应，这种效应深刻地影响着网络信息传播。我们深深地嵌在一个或多个多维网络中，我们每个个体都有许多可任意选择的路径，个体借此为自己谋幸福，同时参与管理社会事务。

自组织："无组织的组织"力量

2019 年 7 月 22 日零点，在微博的超话榜上，周杰伦的影响力定格在"1.1 亿"，以超过第二名蔡徐坤将近一倍的数据刷新了微博的超话纪录。

这是在网络上的由"无组织的组织"发动的一场关于两位同样喜欢"唱、跳、rap、篮球"的明星的数据竞争。"周杰伦"大战"蔡徐坤"的背景是这样的：2019 年 7 月 17 日，有网友在一个豆瓣小组发言，表达了自己对周杰伦演唱会门票难买的不解："他的超话在排行榜上都没有名次，官宣代言的转评都没过万，演唱会都是粉丝去看，他的粉丝真有那么多吗？"彼时的微博超话榜，周杰伦的排名还在 100 以外浮动，像一位没有流量的"过气"歌手。随后这名网友的发言的截图被发到微博上被广泛传播，周杰伦曾经的粉丝纷纷表示，自己已经成了粉丝圈子的"中老年人"，"看不懂现在流量明星粉丝玩的这些东西了。"一开始网民们都没有当真，但随后周杰伦的一些粉丝开始自发地"做"起了数据，他们成立夕阳红粉丝团，推出了打榜教程，手把手教粉丝如何给周杰伦"做"数据。从 2019 年 7 月 20 日下午开始，数据竞争开始，之后不断有周杰伦的歌迷和路人加入这场"刷榜大战"中。数据的较量持续了超过 12 个小时。最终在 7 月 21 日深夜 1:15，周杰伦在超话榜上稳坐第一名，再也没有被超过。这个偶然的活动典型地展现了"无组织的组织"力量！

"无组织的组织"力量意味着什么呢？2019 年 9 月 16 日 23:28，周杰伦的新歌《说好不哭》上线，上线不到一个小时，周杰伦新歌单曲的数字版销售总额突破 1000 万元！

复杂网络是由个体网友自组织组成的大规模网络，自组织中的个体一般都遵循相对简单的规则，不存在中央控制或领导者，信息在复杂网络中的传播有很强的个性，一条短视频、微博或微信内容被大量个体转发，使网络传播产生集体行为，导致出现复杂、不断变化而且难预测的传播行为模式。传播的信息和在转发过程中产生的评论，通过网友间的互动和引用，也产生了新的信息和意义。一条爆发的碎片化信息具有很强的适应性，信息本身在复杂网络中通过学习和进化过程来适应，即改变信息自身的行为以增加生存或成功的机会。

　　网络的碎片化传播主体是主动的、活跃的自组织。网络上众多的知名传播事件，都是由活跃的、主动的网友们推动产生的。在网络上，人人都可以发言，人人都可以参与评论，推动事件演化。网络传播中作为主体存在的信息是有"生命"的，信息的生命力表现的是网友们的参与热情与活力，网络信息传播正是由于网友们主动参与互动，使信息有巨大的扩散动力。网络中信息的传播者是网友，网友是传播迭代和反馈的积极推动者，正是他们的互动热情使得信息的传播不断，网络传播的复杂适应性正是把传播系统中的网友看作具有自身目的与主动性的、积极的"活的"主体。

　　微博的互动、微信朋友圈的转发与评论等传播是一种循环过程，在这一过程中，传播主体自组织共同创造和分享信息、赋予信息新的创新意义。在网络的碎片化传播过程中，除原文外，新的信息不断被添加或删除，碎片化的信息通过不断被补充或被质疑消解来优化聚合。同时，新的信息仍然被不断地破碎化，因为更多的消息源和观点参与传播，使信息的碎片化越来越强，经微博自组织的碎片式互动讨论来补充，从而涌现出新的碎片化信息，使碎片化传播具有更强的现场感。

　　网络上的传播个体自组织存在于信息传播的复杂系统中。网络上的个体自组织与信息环境（包括个体之间）的相互影响和相互作用，是网络传播系统演变和进化的主要动力。网络间个体自组织的相互作用是传播整体进化的基础。互联网作为开放的自组织系统，每个人都看不到其全貌，只是简单地发布网页并将其链接到其他网页。然而，复杂系统专家发现网络在整体上具有一些出人意料的宏观特性，包括其结构，信息如何通过链接传播，以及搜索引擎和万维网链接结构的协同演化，这一切都可以视为系统作为一个整体的"适应"行为。

　　网络传播的自主性越大，信息传播系统内部及其与环境的关系所需要的互动反馈环就越多，无论是环境对传播系统提供的资源和条件，还是施加的限制或压迫，都会产生传播的环境效应，环境效应对于传播系统整体涌现性的形成不可或缺。网络传播中的自组织在根本上是一种合作的冒险，网络中独立的、自主的个体沉浸在网络传播的混沌信息流之中。

从网络传播的宏观效果来看，个体在某种意义上是一种幻觉，网络上的个体性在根本上是一种互动传播的冒险。在网络传播中，由网友们构成的自组织是由相同组分的预定性质决定的。真正的自组织，是整个系统的一种属性。网络自组织是信息在网络传播中的"物质存在"，是信息的根本属性。任何信息，只要放在网络上发布，在它的传播结构内部就携带着关于它的自组织、它的自我实现、它的所有蓝图，以及传播形式和传播目的。

网络传播中的自组织宏观系统决定了信息流的强度和热度，同时每个自组织的微观系统的变化也影响着整体的传播效果，由于网络的耗散性和互动性，使得自组织在个体和集体层次上都有更大的传播自主性。网络上的信息传播的"个体"在传播同一信息的过程中，可以被看作是这一信息传播的自相似载体，即自组织。所谓"自组织"，是指该状态的形成主要是由系统内部组分间的相互作用产生，而不是由任何外界因素控制或主导所致。协同学创始人、德国的赫尔曼·哈肯（Hermann Haken）在其著作《信息与自组织》中对自组织的定义是：如果系统在获得空间的、时间的或功能的结构过程中，没有外界的特定干预，我们便说系统是自组织的。这里的"特定"一词是指那种结构和功能并非外界强加给系统的，而且外界以非特定的方式作用于系统的。

在网络的碎片化传播中，对自组织的组织管理是许多微信公众号和微博大号掀起舆论风暴的重要手段。在网络传播当中，中心节点是非常重要的，起到了关键的作用，如果我们想要主动干预，就需要对这些中心节点下手。在微博和微信上拥有成百上千万粉丝的那些自媒体，都是复杂网络中的中心节点，这些自媒体的号召力极强，在周杰伦与蔡徐坤的超话打榜事件中，有 50 多个自媒体大号参与其中，这是对自组织的组织管理的绝佳例子。

总之，网络上的所有传播事件均是由网络上的自组织推动的。广大网民正在形成一股"无组织的组织"力量，从大量相互连接调控的自组织中涌现出复杂性。制造热点，推动口碑，发动聚集，引起注意，造成围观，广大网民既是受众，也是媒体；既分享内容，也制造内容、传播内容，他们是自媒体也是自组织。自然界中的组织不应也不能通过中央管理得以维持，秩序只有通过自组织才能维持。网络传播中的秩序也是由自组织维护的。自组织系统能够适应普遍的环境。在网络时代，自组织靠邮件、个人空间、微博、社区、群、搜索等聚集人气的手段组织起来，他们既是"一般人"，又不是"一般人"；他们既是"沉默的大多数"，又是"网络英雄"。网络上这种无组织的组织力量，正在重构社会形态，也在形成新的商业价值。在网络时代，谁能组织起无组织的组织力量，谁就能拥有自组织的话语权。网络传播权力的争夺也是对自组织的组织能力的考察，无组织的组织力量，使自组织正成功推动网络经济的发展，无论是电子商务还是网络营销，自组织通过网络这一介质正在发挥神奇的功效。

网络传播中的牵制控制

2016 年 7 月 16 日，在土耳其安卡拉，一场政变正在发生，然而通过以手机为主要媒介的新媒体传播，全世界同步"围观"了这场由土耳其部分军人发动的政变。这群参与政变的土耳其士兵企图冲进土耳其广播电视公司，控制主流舆论。与此同时，各种矛盾的信息不断从土耳其、德国、英国、美国传出来。北京时间 6 点多，土耳其总统埃尔多安在不明地点用手机软件 FaceTime 接受 CNN（美国有线电视新闻网）采访，并号召民众"上街去，给他们你们的回答，我也将去安卡拉的广场。"土耳其民众纷纷响应总统的号召，走上街头示威，对政变者表示抗议，示威民众冲进了伊斯坦布尔机场，在安卡拉爬上了坦克。到了 7 点多的时候，传出新的消息，政变者已经被控制；8 点多，埃尔多安的飞机降落在伊斯坦布尔。后续就是打扫残局罢了。

在土耳其现代历史上，成功的军事政变并不罕见，在 1960~1997 年，发生了四次，差不多十年一次。但是被全世界如此近距离"围观"，让人们产生眼花缭乱的现场感与变幻感的政变，从任何意义来说这都是第一次。它让人们见识了如何通过新媒体传播手段对"无组织的组织"力量进行调动，释放出巨大的能量，给人们上了一堂生动的碎片化传播课程。曾经让人们津津乐道、促成了中东、北非剧变的"Twitter 革命"，在这次埃尔多安的政治应对中，从另外一个视角让人们看到了其威力。他通过新媒体的碎片化传播手段，直接与民众"一对一"沟通，从而带动了"所有人对所有人"的诉求，粉碎了原本有可能会成功的政变，因为政变者已经控制了电视台，这在过去离政变成功就只一步之遥了。区别于推翻了统治者的中东、北非的"Twitter 革命"，埃尔多安此次通过新媒体的传播力量，实现了一种脱离时间与空间约束的政治动员，他通过 Twitter（推特）直接诉诸民众，暨民主选举之后以更强劲的方式再次确认了自己与人民的政治契约，其正当性以最直接、最强悍的方式呈现了出来。民众的直接行动，使得军人通过电视台来"代表土耳其人民"的努力化作泡影，原本占据优势的政变军人瞬间被还原为叛国者。这个生动的案例让人们看到，诸如推特等新媒体，作为纯粹中立的技术，其政治内涵在这一刻才真正深刻而又完整地呈现出来。

虽然网络传播是无序、混沌、初始条件敏感、无法预测的，但是由于复杂网络本身的拓扑性质，从本质上来说，网络传播是可控的，网络传播的可控性可以从混沌控制的研究中寻找灵感。早在20世纪90年代，就有科学家进行了用小的反馈控制混沌的开创性工作，网络传播的控制是混沌控制的一个具体应用形式，网络传播中的信息以复杂适应性的方式连接在一起从而构成传播时空，其传播的控制倾向于一种控制策略：牵制控制（pinning control）。网络推手是网络传播的策动者、组织者和管理者，但凡在网络上发布信息的都可以看作网络推手。网络推手是注意力管理，是信息的加热器，是信息传播的"煽风点火者"，他们在网络上创造热点、产生聚集、吸引注意，构成信息的复杂传播系统。网络推手不仅创造传播的敏感初始条件，还不断地触发这些初始条件，调动自组织以多元化的形式参与互动，持续地引发蝴蝶效应，使被传播的信息始终处于涨落中的对称性破缺的分叉点，不断分叉、不断蔓延，以最低的成本创造最大的传播效益。

牵制控制的原始基本思想是希望能够仅对网络中的一部分节点直接施加常数输入控制，从而达到有效抑制整个网络的时空混沌行为的目的，通过有选择地对网络中的少部分节点施加控制而使得整个网络具有期望的行为。进一步的研究更为明确地指出，仅对网络中的一个节点施加控制，就可以使网络达到同步状态。网络牵制控制的可控性与节点之间的耦合强度、控制增益和进行牵制控制的节点数有关。只要网络是连通的，那么就可以只对部分节点直接施加控制而使整个网络具有期望的同步状态。

牵制控制涉及的第一个基本问题就是可行性问题，这方面的研究主要集中在对部分节点施加线性反馈而使得整个动态网络稳定在期望的同步状态。在理论方面已经清楚的是，只要网络节点之间的耦合强度和反馈控制增益合适，那么只需控制部分节点就能够实现控制目标。特别地，如果耦合强度和反馈控制足够大的话，控制一个节点也能达到控制目标。牵制控制的第二个基本问题是有效性问题,即如何选取受控节点才能使达到控制目标所花的代价尽可能小,这里的代价包括所需直接控制的节点数量、网络节点之间的耦合强度和反馈控制增益幅值等。已有研究表明,利用网络的拓扑特性,有选择地对网络中少量关键节点直接施加控制要比随机选择部分节点加以控制具有明显优势。

网络传播的整体涌现性

网络传播中的自组织个体与传播环境是深度互动的。网络上的每个用户,移动互联网中对应的每个人,都构成其传播环境的网络耗散结构,不断地与周围环境交换信息、传递信息。产生耗散结构的系统必须是开放的系统,所以网络传播的复杂适应系统是开放的系统。网络信息传播系统是开放的复杂系统,网络信息的传播者通过线上与线下的互动,使虚拟世界与现实世界整合在一起,产生了网络传播系统的整体涌现性,其整体涌现性不仅取决于内在的组分和结构,还取决于外在的环境。整体涌现性是指整体大于部分之和。

网络传播的整体涌现性是指网络的碎片化传播效果,形成了重大而有广泛影响的社会舆论,是一种新的传播秩序。网络传播的过程从无序开始到形成宏观的有序,是混沌的。网络传播的宏观有序是通过整体涌现性体现出来的。网络复杂系统是许许多多独立的因素(如网友)在许多方面进行相互作用从而形成的一个整体性的、自发性的、可以自我调整的、具有内聚性的自组织,且具有将秩序和混沌融入某种特殊平衡的能力。网络传播的最大特点就是"破碎的时空"重新聚合形成新的传播时空,这种"打碎然后聚合"的趋势正在成为网络传播的主要特征。网络上的每个人都在自组织的放大下成为自媒体信息的即时生产者、接受者和分享者,网络传播去中心化的结果是产生大量传播的"碎片",这使信息在个人和群体间更自由地流动,信息在流动过程中会产生聚合"碎片"的需求,这样就产生新的整体涌现性的传播效果。

　　碎片化传播与网络传播的复杂性密切相关。网络传播的复杂性可以从多个角度来认识,无论是不断增加的节点的数量,还是不计其数的个体网友自组织,都让网络传播变得越来越复杂。复杂性是系统自组织的水平的衡量。在复杂网络传播系统中,"突现"是大量自组织网友的一种"合作"或"集体"涌现现象。各种传播事件在它们处于渐变阶段时,表现出很强的个性,引起突现的原因虽然各不相同,但是,一旦靠近突变点,各种传播事件的自组织个性就退居次要地位,而产生集体涌现。

　　通过大量的、多形式的互动,有可能会在传播声量上达到传播的预期,由海量的网友形成的自组织的互动,通过自媒体的形式大量地传播,可以就某一信息在网络上形成可预期的传播声量。大量的具有意见领袖作用的博主可能会就某一话题展开讨论,但是由于自组织互动的广泛性,传播的规模和效果往往会偏离预期,弄巧成拙的事例非常多。但是,对于互动过程中的"正面"和"负面"信息的"平衡"是可控的,对冷信息和热信息的处理也是可控的,保持互动的持续性是对信息"加热"和"冷却"的过程。系统越复杂,原因和结果在空间和时间上相距越远。纯粹的网络传播可能只有"因",没有"果",只有对网络传播进行控制,才会产生预期内的效果。一般来讲,网络传播不会有严谨的因果关系,只有传播本身和传播所带来的整体涌现性。

第 2 章
冷媒介传递热信息

从历史的眼光来看，网络人群代表着人类历史上一次重大迁徙的最后阶段。那些要到室外才能获得的事物（社区、风景、爱情、冒险）将由机器提供，在这些机器的帮助下，我们将一步步地告别外部世界，将世界"网络时空化"。"信息狂侵蚀了我们对于意义的容纳能力。把思维的弦绷在信息上之后，我们注意力的音符便短促起来。我们收集的是支离破碎的断简残篇。我们逐渐习惯于抱住知识的碎片而丧失对知识后面那智慧的感悟。""所获得的信息越多，可能有的意义便越少。"

信息是不确定性之间的差

网络是扁平化的时空。信息是嵌在时空流中的。从广义来看，凡物质存在都有其信息，凡信息都表征一定的物质存在。信息在复杂网络系统中扮演了什么角色？信息又是如何传递和处理的？这些信息是如何获得意义的？又会对谁有意义？管理学大师彼得·德鲁克认为："信息是具有关联性和目的性的数据。"数据是关于实践的一些离散的、互不关联的客观事实图片或数字，没有特定的环境，其本身缺乏关联性和目的性。所以孤立的数据是没有意义的，但数据是产生信息的基本原始材料。

网络充满着信息，信息在网络中以不同的形式沿着各自的路径传播着，虽然不同形式的信息在网络上的传播路径不一样，但在由网络构成的巨大的虚拟世界中，网络信息的传播仍有其独特的行为特征和本质特点。

当我们说到网络信息处理时，我们指的不是单个个体的行为，而是一大群个体的集体网络自组织行为。微博的碎片化信息传播是由相对简单的个体组成的小世界网络，涌现出宏观尺度上的信息处理行为。信息必须通过空间和时间采样来传递。

"控制论"创始人维纳说："信息既不是物质，也不是能量，信息就是信息！""信息是物质和能量在时间和空间中分布的不均匀性。"这是关于什么是信息的非常有名的论断，因为维纳首次把物质和能量与信息并列，把信息提升到一个前所未有的认知高度。在许多人看来，信息具有本体地位，同物质和能量一样，被当作实在的第三种基本成分。物理科学发展了两千多年，在认识到质量和能量这两种主要"要素"后很久，爱因斯坦在1905年发表的相对论中用著名的 $E=mc^2$ 将它们统一。这个方程式是"质量与能量等同"的数学体现，即质量有能量，能量有质量。质量是物质的定量，说一个物体的质量是多少，就是说它有多少物质。质量等同于能量这一点意味着在某种意义上，物质是"被锁闭"的能量。如果能找到方法把它释放出来，物质就会在能量的爆炸中消失。反之，如果把能量集中起来，就会出现物质。所以物质不灭，能量守恒，是我们早就了解的真理。然而，除了物质和能量这两种有形的存在之外，还有无形的、抽象的、意识的精神层面的"客观存在"，像音乐、情感等这些精神层面的"客观存在"可以通过信息来表达。哈佛大学信息政策研究中心主任安东尼·G.欧廷格教授把物质、能量和信息三者的关系描述为：没有物质，什么东西都不存在；没有能量，什么事情都不会发生；没有信息，什么事物都没有意义。这表明物质和能量的利用率，取决于信息调控作用的发挥。一种富于诗意的说法是：没有物质的世界是虚无的世界，没有能量的世界是死寂的世界，没有信息的世界是混乱的世界。

一种常见的误区是把信息和信息载体混为一体。信息不等于它所栖息的载体，信息是一种相对的概念：它自身不能单独存在，必须依托于一定的载体。信息的基本特征之一是它的非物质性，而信息载体的基本特征之一是它的物质性。信息的非物质性与载体的物质性既是相反的，又是相成的。信息如果没有载体就无法呈现和运动，不承载信息的物质不是信息载体。物质形式的改变实质是信息的创生、消灭、变换，媒介和媒体这两个定义通过信息这个关键语义被区别开来。但信息是什么呢？

"信息论"的创始人申农认为不确定性是在两种可能性之间的，这两种可能性就是绝对确定性和绝对不确定性，所以不确定性就是可能性，信息就是可能性的概率。或者也可以这样理解，信息的不对称导致传播的外部环境是复杂并相互关联的，市场经济下的信息存在于一个复杂的信息系统当中，这一复杂系统中的信息传递过程充满了不确定性，这种不确定性表明传播的结构具有随机性的特点。所以对于信息的定义，申农认为，信息是第二个不确定性与第一个不确定性之间的差，是使不确定性程度减少的量，信息是用来消除随机不确定性的东西。信息是在不确定性中的确定性，是确定性的概率！

传统媒介的网络化，以及网络形式的媒介化，使我们看到媒介正朝着时空一体性方向发展。在空间上，网络彻底打破了媒介的地域性，让世界的传播距离消失；在时间上，网络的即时传播特点"纠正"了网络媒介的时间偏向。网络传播技术使世界上任何地方的人们可以同时关注同一事件，距离不再是问题，时间压缩了空间。全球化的数字浪潮让网络时代的网络媒体在空间偏向上开拓了一个崭新的"网络空间"。而在时间偏向方面，网络媒体的超时空特性打破了传统的线性时空观，特别是移动互联网智能手机的媒介化表现，彻底粉碎了时间与空间的分离，还原了时空一体性的本来面目，使网络的媒介性质得到了空前的释放。媒介就是信息，网络也是一种媒介，所以网络就是信息。

热媒介与冷媒介

人们接触任何形式媒介的过程，都是在某个特定的时间与空间之下的，因为媒介与时空息息相关，媒介是特定时间与空间的接触。美国网络哲学家迈克尔·海姆在《从界面到网络空间：虚拟实在的形而上学》一书中写道："作为一种媒体，互联网把我们解救了出来，我们用不着把思想往代数模子中套了。从直觉内容向比特信息的转移无形而平稳。""网络空间不仅仅是电子媒体或电脑界面设计的突破。因其虚拟的环境和模拟的世界，网络空间还是一个形而上学的实验室，一种检验我们实在之真正意义的工具。""在网络空间看到社会数据结构的诱惑力。""互联网的诱惑，比起美学和功利的诱惑可要大得多，它是情欲的。""网络空间是一个销魂荡魄的场所，使人产生强烈欲望甚至自甘受其役使的地方。"

不同的媒介有着不同的传播性质，关于媒介的划分，在媒介研究史中最独特的是加拿大著名传播学者麦克卢汉，他在《理解媒介：论人的延伸》一书中首先提出了冷媒介与热媒介的概念。麦克卢汉认为，可以通过"热媒介"与"冷媒介"来划分媒介，而区分它们的主要标准是，对于媒介信息完整性的估量。热媒介的信息是从反映一件事而引申出的"完整含义"，"清晰度高"；冷媒介则仅传播"点滴含义"，"清晰度低"，即只是提供较为有限的信息量。他举例说收音机是热媒介，而电话是冷媒介；电影是热媒介，电视是冷媒介。热媒介使一种感觉延伸，它具有"高清晰度"。高清晰度是信息充分的状态，而冷媒介需要受众参与"信息补充"，使"点滴含义"趋向"完整含义"。他提到："热媒介要求的参与程度低；冷媒介要求的参与程度高，要求接受者完成的信息多。"在麦克卢汉看来，凡是高清晰度的媒介所提供的信息量大，要求受传者参与的程度低；相反，凡是低清晰度的媒介所提供的信息量小，要求受传者参与的程度高。麦克卢汉的媒介思想是以技术发展为核心的，他提出的关于热媒介和冷媒介的划分，在当时看起来较抽象，较难理解，只是作为媒介认识的一个组成部分而被提到，但是麦克卢汉的见识超越了他的时代。在网络技术快速普及的今天，网络的媒介属性不断被强化，麦克卢汉的冷热媒介之说并不是哗众取宠的理论，而是有着实际的理解网络新媒体的现实意义。

在我国，学术界传统上把媒介分为两大类，一类是大众媒体，另一类是广告媒体。媒介如果是大众媒体，则一定是广告媒体，比如报纸、电视；而如果是广告媒体，比如户外广告，则不一定是大众媒体。这里的大众媒体是指具有独立新闻采编权的媒介。大众媒体分为五大类，第一媒体是平面媒体，第二媒体是广播，第三媒体是电视，第四媒体是互联网，第五媒体是以手机为核心应用的移动互联网。在如今的社会化媒体时代，媒介又被划分为"自媒体"和"他媒体"两大类。微博定义了网络传播中的社会化自媒体，微信引领了网络传播中的手机自媒体化。

由麦克卢汉的"热""冷"媒介的划分我们可以看到，平面媒体、广播、电视是"热媒介"，我们无论是从报纸、电视还是从广播，均可以得到完整的信息，这些信息可以说是"冷"的，因为它是完整的，具有"高清晰度"，不需要再多做补充了。而第四类媒体互联网和第五类媒体手机移动互联网，可以说是"冷媒介"，人们需要互动才能得到更多的信息，上网搜索，关键词只是"点滴含义"，通过互动式的搜索，可以得到大量的完整信息,这样的信息就是"热"的,所以信息的"互动性"是衡量媒介"热"与"冷"的标准。

但必须要强调的是,麦克卢汉提出的冷热媒介划分之说被媒介自身发展的历史所局限了。随着网络技术的飞速发展,我们可以看到媒介的冷热之分并不是绝对的,因为现在几乎所有的媒介形式都可以通过某种方式进行互动,也就是说,当今的所有媒介都具有"冷"和"热"的性质,媒介的冷热性质的侧重,主要取决于"互动性"的应用有多深和多广。毫无疑问,网络的媒介属性是"偏冷"的。"热媒介"偏向于有排斥性、对立性,"冷媒介"则侧重于有包容性、互动性。微博和微信的出现,使传统媒介由热趋向冷。

网络时代的商业应用价值主要是通过网络的媒体化趋势体现出来的。无论网络内在多么复杂,其外在的商业应用通过媒体化运作越来越显著。美国人基于网络应用提出的社会化媒体影响深远。

社会化媒体就是网络媒体,社会化媒体营销就是网络营销。网络媒体是冷媒介,所以社会化媒体也是以互动为核心特点的冷媒介。随着网络媒体的主流化地位逐步加强,社会化媒体的影响也在不断扩大,社会化媒体包括了微博、微信、抖音、快手、淘宝直播等各类网络应用形式,而它们突出地表现了"冷媒介"的特色。

热媒介传递冷信息,冷媒介传递热信息

如果媒介有冷热之分,那么信息同样具有冷热之分,这是对麦克卢汉冷热媒介理论的发扬和延伸。媒介的互动性越高,信息的"热"度越高。因为互动性是网络传播的重要特征,所以网络媒体所传递的信息是高热度的,又因为传统媒体的互动性弱,所以传统媒体传递的信息较"冷"。对

受众而言，由于热媒介的信息量较为充分，受众无须对信息加以补充和解释，所以信息处于"冷却静止"的状态；而冷媒介则不然，它需要由受众对其仅具"点滴含义"的信息进行"填补"，这样冷媒介的信息由于不断被"填补"，变得"热"络起来，非常活跃。基于此，冷媒介与热媒介作用于受众的强弱程度亦有不同。所以媒介与受众的互动性，是给信息"加热"的过程。我们经常看到网络媒体上的"热信息"会"流向"传统媒体成为"冷信息"，当前传统媒体的内容更多地采集自网络媒体就是例证。信息的"冷"与"热"可以理解为信息存在的状态，同时也可以反映出信息传播的强度。

至 2018 年，微信上的月活跃用户数达到了 10 亿。每年春节高峰时间，用户可以在微信里一分钟收发 10 条信息，拆开 2000 万个红包。新浪微博在微博发展初期的调查数据显示：企业微博每天的发微博高峰期是 9~10 点；互动高峰期则从上午 10 点至晚上 10 点，长达 12 小时；23 点~次日 0 点也是一个小高峰，但企业微博发布量却急剧减少。可见企业微博互动高峰周期远长于主动发微博高峰周期，发博高峰期不等于互动黄金期。从中我们可以了解微博中"冷信息"和"热信息"转换的大概时间段。

人们常用的对于信息冷热程度的判断指标是以百度指数为代表的指标。百度指数以全球权威的中文检索数据为基础，通过科学、标准的运算，以直观的图形界面展现，帮助用户最大化地获取有价值的信息。百度指数是以百度网页搜索和百度新闻搜索为基础的免费海量数据分析服务，是综合反映关键词在过去 1 天用户对它的关注和媒体对它的关注的一个参考值。百度指数用以反映关键词在过去 30 天内的网络曝光率及用户关注度，它能形象地反映该关键词每天的变化趋势。你可以通过百度指数发现、共享和挖掘互联网上最有价值的信息和资讯，百度指数直接、客观地反映社会热点、网民的兴趣和需求。

媒体信息热度采用的指标是百度指数，检索危机事件的关键词，出现的跟帖和回帖的总帖数；网络微博信息热度采用的指标是在新浪微博和腾讯微博中，搜索危机事件的关键词，出现的转发和评论的总帖数。

随着现代网络技术的发展，传播的过程就是信息不断互动的过程，是信息的"冷""热"交替向前推动的过程，互动性增加使信息的"热度"增加，而传播的衰减是信息"冷却"的过程，是互动减少的过程。传统媒体如果利用网络新媒体开发自身的互动性，热媒介会向冷媒介转化，冷信息会向热信息转移。例如，电视媒体原来是热媒介，但随着电视与手机媒体互动的加强，电视媒体开始趋"冷"，现在的电视更具有互动性。由于第五媒体手机的存在，使受众参与的机会更多，现在有许多现场接听观众电话的游戏类电视节目就是如此。

虽然信息在网络上可以是高热度的，但网络本身却是一种冷酷无情的媒介，网络传播是一种冷酷的、无情的传播，它只负责让最广大的受众参与、接受和传播信息，而不负责善与恶的道德评判，这对于运营者是重要的考验。

人就是媒介，信息就是生命

网络根植于信息，因此我们的社会正经历着革命，其变迁的核心是信息处理与沟通的技术。信息技术之于这场革命，就像新能源之于过去的工业革命，它重组着社会的方方面面，构筑了丰富多彩的网络社会。在由互联网和移动互联网构成的网络社会中，互动成为主流，媒体不再具有强制性，由普通的大众传播转变为区隔化、去中心化、个众化，个体具有了选择的自由。

在网络社会这个虚拟时空中，自我与网络发生断裂，自我的意义受到了挑战。除了自我，在网络中一切都可以流动，一切都可以构型，社会被区分成一个个片段，网络与自我成了对立的两极，人的主体性渐渐与现在的概念脱离，人变成了虚拟人，而网络上的虚拟人大都有着多重人格。因为人的社会角色一直受到物质世界的制约，处于物质世界的监督之下。在大多数情况下，一个相对来说始终如一的自我能在这种制约中顺利地生长发育。然而，去掉这些制约，将个人从物质世界中分离出来，自我就会失去控制，为所欲为，例如在网络空间中的性别转换是常见的。这些变化了的自我，通过网上交往得以塑造，茁壮成长，并开始威胁他们原来的自我。这些多重的自我将是"理想化的，令人啼笑皆非的，按统计学规律出现的"，正是他们构筑了这丰富多彩的"柏拉图时空"。

清华大学人文社会科学学院的吴彤教授说："如今，网络已经基本涵盖整个世界。人类就生活于其中。人类的演化就是在给自己增加各种网络的演化。人的存在方式就是技术的存在，人的'此在'就是'已在'的叠加、取代和更新，就是复杂网络从存在到演化的展开。人把自己生存的世界变成了网络，人也就成了网络动物；网络越有效、越发达，世界就越小，人的社会性就越得到强化。"

上海大学的汪小帆教授在研究推特时得出结论："50%的信息来自0.05%的精英，媒体产生的一半信息是由'草根'意见领袖扩散的，用户更愿意发帖而不是跟帖，信息高度同质化，名人喜欢关注名人，媒体喜欢关注媒体，媒体信息命短，视频和音乐等最长命。"

媒介是特定的时间与空间的接触，网络也是特定的时间与空间的接触。互联网带给我们的不仅仅是作为工具的技术，它们已经创造了人们新的生存方式、生活方式、思维方式和价值观。素有"网络空间哲学家"之称的迈克尔·海姆在他的《从界面到网络空间：虚拟实在的形而上学》一书中指出："我们的时代不是信仰和理性的时代，而是信息的时代。柏拉图（Plato）告诫我们，疯狂具有二重性，既可神圣，也可愚蠢，既可鼓舞人心，也可破罐破摔。""计算机可以构成一个融入无数个人思想的世界性的网络。""信息是知识的单元，而知识本身仅有少许的意义。信息预告假定一种有意义的境域，但却不传达或保证一种境域。由于境域与信息是层皮的关系，所以信息才可以被人们按计算机的速度进行处理、操纵、存储和传送。"

传播与媒介有关，而未来只有网络没有媒介，传播就是网络传播。传播大师麦克卢汉在《理解媒介》一书中提出：媒介就是信息。"信息（information）"带有宏观的或抽象的意义。而"讯息（message）"是指具体的可接触和把握的信息。媒介就是信息，指的是网络与信息是共生而密切相关的，研究信息就是研究网络传播的起点。麦克卢汉认为：任何媒介的内容都是另一种媒介。一般人认为媒介仅仅是形式，仅是信息、知识、内容的载体，是空洞的、消极的、静态的。麦克卢汉则认为媒介对信息、知识、内容有强烈的反作用，它是积极的、能动的，对信息有重大的影响，它决定信息的清晰度和结构方式。形式与内容是统一的，形式就是内容。随着技术的进步，人们对"媒介就是信息"这一论断理解得越来越深，媒介不仅是平面的，还是立体的、空间的，媒介的时空是动态的、瞬息万变的。现代传播媒介的瞬间传递属性，让这个世界看起来是非理性的。

人们在传播活动中，由于使用各种感官的方式与比重的变化，从而改变了自己的性格，也改变了环境。因此，麦克卢汉对"媒介就是信息"进一步补充道：媒介是人的延伸。实际上他认为，媒介都具有人的属性，是人的反射和延伸。

媒介是特定的时间与空间的接触。媒介与人的关系是相对独立的，但媒介对于人的感知有强烈的影响，不同的媒介对不同的感官起作用。他重申过去的断言：媒介能够把自己的预设强加到使用者身上。简单地说，每一种新媒介都创造了自己的环境,这个环境对人的各种感知施加影响,这种影响是"完全的、无情的"。一种新媒介不仅加入现存的环境,而且使现在的东西发生转变,无论这样的变化是多么不易察觉。因为这种媒介不仅是一个个体,而且是这种个体的一切表现形式和这种个体产生的旋风。

"人就是媒介"在微时代得到了空前的演绎。移动互联网使"凡是有人的地方就有媒介"成为可能,媒介变得有生命了,媒介不仅是人的延伸,还是充满个性、充满喜怒哀乐的、活生生的人!

每个人都能流行 15 分钟

"每个人都能流行 15 分钟"是网络时代的传播宣言,是移动互联网时代互联网思维下的重要传播理念与哲学。这句话是 20 世纪 60 年代美国波普艺术大师安迪·沃霍尔的一句名言。安迪·沃霍尔(Andy Warhol)被誉为 20 世纪波普艺术的倡导者和领袖,也是对波普艺术影响最大的艺术家。"波普"是"流行"(Popular)的缩写。波普艺术是指长久以来,包括报纸的插图、流行音乐、广告、漫画等能够赢得普通人欢心的大众文化。安迪·沃霍尔让高雅艺术通俗化,不论是一卷厕纸或一个厕板,只要盖上他的印章,便时髦起来!安迪·沃霍尔在《安迪·沃霍尔的哲学:波普启示录》一书中说:"商业艺术(Business art)乃是'艺术'(Art)的下一个阶段。我以一名商业广告艺术家(Commercial artist)起家,希望能以一名商业艺术家(Business artist)终了。"他做到了。这本书的扉页上印着他的名言:"在未来,每个人都能流行 15 分钟。"安迪·沃霍尔从一名商业广告艺术家变成了一位艺术哲学家。

波普艺术作为流行文化的代表向人们展示的是信手拈来的创新,需要无时无刻地创意。波普艺术的产生可以说是20世纪60代的逆袭典范。20世纪60年代，安迪·沃霍尔在他的工作室"工厂"（Factory）里作画、拍电影。他尊重每一个个体，让每个人都觉得自己非常特别，"工厂"是开放的平台，免除不必要的价值判断与自我压抑，在这里人人都可以自由上下，凭借"才华"成为目光焦点，他让许多边缘人找到自己的立足之地，他认为每个人都拥有"超级巨星"的品质。以沃霍尔的定义，"超级巨星"就是"非常有才华的人，但他们的才华很难界定而且几乎不可能销售"。"工厂"里进出各色人等，无论是名流显要、艺术家，还是街头流氓，他们都往来自如；这里一切皆有可能，一切可能都已发生。这与当下的互联网精神高度一致。安迪·沃霍尔以自己的理念打造了"工厂"，他的启蒙老师曾对他说"将来会有一天，商业艺术就是真正的艺术。"他毫无忌讳地应用和开拓了多种媒介和表现可能，涉足众多不同的领域，设计、绘画、雕塑、装置、录音、电影、摄影、录像、文字、广告……安迪·沃霍尔作品的内容是针对消费社会、大众文化和传播媒介的产物。他所有艺术创新的背后体现着慈悲、平常、清静、自由、自然的理念。

"每个人都能流行15分钟"背后的潜台词是"每个人都是超级巨星"，表达了以人为本的人文思想，而这种思想在当今移动互联网时代被体现得淋漓尽致。安迪·沃霍尔超越了他的时代，因为"每个人都能流行15分钟"，在20世纪60年代是理想，在当下则是现实。网络上的"草根"逆袭正成为常态，这种常态演化成了一种新的思维方式——互联网思维。从商业角度看，互联网思维最突出的体现是自媒体，自媒体的兴起正是"每个人都能流行15分钟"的真正实践。如果说同样处于20世纪60年代的加拿大传播大师麦克卢汉提出的"媒介就是信息"是互联网思维下的媒介哲学，那么安迪·沃霍尔的"每个人都能流行15分钟"就是互联网思维下的传播哲学。所谓的互联网思维，是移动互联网时代的商业思潮，互联网思维从商业层面看是用户思维、流量思维、体验思维等,其本质是"以人为本"。美国企业家乔布斯是第一个真正把互联网思维运用到极致的商业大师,以 iPhone 系列为代表的智能手机,其"直指人心"的人性化设计和开放的平台战略,改变了整个商业世界,这场革命当下仍在进行中。"每个人都能流行 15 分钟"是对每个个体的放大与表达,这只有在移动互联网时代才能真正地实现,而这也深刻地影响着商业模式。

安迪·沃霍尔的艺术价值在生前并不被人广泛承认,它们远远超过了那个时代的期许,他改变了美国艺术的现实和理想。

网络技术是中立的吗

2016 年,一款视频播放软件因为涉嫌传播大量淫秽视频,其所属公司被查,创始人也入狱,而他"技术无罪"的那声呐喊,曾博得了无数人的同情。该公司被处罚的一个原因正是因为对违规内容的不作为,而创始人是固执的"技术中立论"者。无独有偶,2018 年 4 月,今日头条旗下的内涵段子因"格调低俗"被国家广播电视总局责令永久关停。这对当时的今日头条来说,是一个重大的打击。在被关停前,内涵段子的用户已达 2 亿,月活跃用户超过 2 000 万,一度是今日头条的重要用户导流入口。2016 年,今日头条创始人张一鸣在接受《财经》杂志采访时曾表示:技术是中立的,不干涉可能是最好的分发信息的原则,今日头条拒绝价值观先行。"技术中立"导致"头条系"许多决策单纯为了流量和利益。这也是为什么今日头条高深的算法技术不但没有提供更多的优质内容,反而让人们沉迷在低俗之中。今日头条的张一鸣用"技术中立"来解释其对于内容的任意抓取行为,并不令人信服。在今日头条的内涵段子被关停后,张一鸣发表了致歉信:"一直以来,我们过分强调技术的作用,却没有意识到,技术必须要用社会主义核心价值观来引导，传播正能量，符合时代要求，尊重公序良俗。"

　　互联网技术是中立的吗？技术本身没有价值观，但传播何种内容则体现了技术使用者的价值观。如果我们用明代思想家王阳明的四句教来审视技术的应用就会更加明晰，王阳明的四句教是："无善无恶心之体，有善有恶意之动，知善知恶是良知，为善去恶是格物"。"无善无恶心之体"是说心的本体晶莹纯洁、无善无恶，其实技术本身也是这样的，技术是无所谓善恶的；"有善有恶意之动"，指意念一经产生，善恶也随之而来，对于技术的运用也是如此，技术的运用者是有"善意"和"恶意"的意念的；"知善知恶是良知"是指能区分何为善、何为恶这种能力，就是孟子所说的"良知"，对于技术的应用也要有一种基本的"良知"，这就要看技术的拥有者和使用者是否有"良知"；"为善去恶是格物"就是"为善去恶"，在技术的应用里就是要"不作恶"，去为善去恶，总体来说就是技术本身无善恶之分，但技术的拥有者与使用者却是有善恶之别的，考验的是社会价值观。

　　1994年，苹果公司创始人乔布斯接受《滚石》(Rolling Stone)杂志采访时，当被问及他是否仍然相信科技的无限潜力时，乔布斯回答说："科技什么也不是，关键是对人有信心，相信他们基本上是善良和聪明的。"乔布斯的回答强调了人在使用技术时的价值观是头等重要的。2010年，亚马逊创始人兼CEO杰夫·贝索斯在美国普林斯顿大学毕业典礼上的演讲在互联网上"刷屏"。他说"善良比聪明更重要，选择比天赋更重要。虽然聪明是一种天赋，但是善良却是人生的选择。"美国谷歌公司在创立之初就提出"不作恶"的理念，而在2019年10月，谷歌公司宣布他们研发的量子计算机已经实现量子霸权！所谓量子霸权（Quantum Supremacy），即量子计算机在某一实际应用中所表现的计算能力，超越了世界上所有的经典计算机。当拥有量子霸权的谷歌公司的价值观是"不作恶"时，其意味便更加深长了。

2019年，我国的互联网公司腾讯提出了新的愿景和使命：科技向善。这意味着我国的互联网公司的科技伦理观经历了从"技术无罪"到"技术中立"再到"科技向善"的认知，对于互联网技术的认识到达了一个更深的层次。

第 3 章
网络的碎片化传播

网络的碎片化是信息的碎片化、传播的分散化，是传播系统的耗散，是传播结构的坍塌。网络微时代，人不微、言不轻。网络的碎片化传播本质上是整个社会碎片化或者说多元化的一个体现，有着深刻的时代背景。而价值体系的多元化，是碎片化社会出现的基础。网络的碎片化传播在某种程度上代表着传播模式的一次变革。《互联网：碎片化生存》的作者段永朝先生指出："碎片化，是电脑与网络技术深度嵌入现代经济社会与文化生活之后，人类社会对科技文明的一次彻底反叛。这次反叛刚刚开始，远未终结。"网络的碎片化传播让这次反叛挣脱了所有束缚，让人猝不及防，呼啸而来！

网络的碎片化是媒介形式的多样化

美国西北大学媒体管理中心负责人约翰·拉文认为碎片化是"遍及所有媒体平台最重要的趋势"。微博和微信的普及，使网络传播的碎片化特征愈加明显。媒介是特定的时间与空间的接触，因此网络的碎片化就是时空的碎片化。网络的碎片化是持续的信息爆炸产生的必然结果，是信息的零碎化、不完整化、不对称化。网络环境的碎片化日益明显，其本质是处于社会转型期的意识形态在多方面的博弈，因而受众倾向于寻找与自身相关的利益群体进行交流，并与世界观、人生观、价值观不同的其他受众群体进行交锋。网络的碎片化是消费的多元化和部落化的体现，也是消费的个性化。网络的碎片化是指媒介的形式多元化，是指媒介从整形到分形的变化，会导致传播的分散，使信息的采集和信息的传递非集中。

物以类聚，人以群分。博客、播客、威客、维客、换客、晒客、印客、闪客、淘客、测客……在百"客"云集的互联网上，由于受兴趣、爱好的驱使，不同的人群以不同的信息形式聚集，以及人们聚集在各类门户、垂直网站及"社群"。网络的碎片化也是媒介形式的碎片化，媒介形式是信息传递的形式，在新媒体时代，网络的碎片化并不是说内容使人眼花缭乱，而是媒介的形式令人眼花缭乱。在网络传播中，同样的信息意义由于不同的网络传播形式会造成完全不同的传播影响。在网络传播时代，形式与内容相互融合，形式就是内容本身，形式与内容被分离是由于形式的新颖性。传统的传播由于形式是熟悉的，人们只关注内容的新颖性；在新媒体时代，因为形式的新颖性远高于内容的新颖性，所以人们关注形式多于内容，形式大于内容，甚至"形式就是内容"已成为共识。

网络的碎片化使信息的传播从迅速传递到迅速衰竭，从集中传播到非集中传播更明显，传播效果更不可测。大众传播变为小众传播，小众传播变为分众传播，分众传播变为个众传播，而这些非大众传播反过来又构成新的大众传播，这中间的信息被不断地分流、不断地整合、不断地强化、不断地减弱，网络传播给我们呈现出了一个信息无处不在的景象。

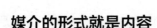

媒介的形式就是内容

2019年8月24日，中央电视台的《新闻联播》同时入驻抖音和快手。新闻联播在抖音上开通仅仅一天，粉丝数已有1489万，发布的第一条视频，播放量达1.1亿！开播了几十年的老牌权威媒体的《新闻联播》节目开始了向新媒体延伸的传奇。

中央广播电视总台、人民日报、新华社作为媒体融合转型的风向标，它们在智媒时代的战略和动作在一定程度上代表了当下媒体融合的最新进展。2019年7月29日，人民日报社副总编辑兼海外版编辑部总编辑许正中透露，人民日报法人微博全平台粉丝数超过1.4亿，其中新浪微博粉丝数超9000万；人民日报微信公众号关注数突破2600万；抖音账号关注数突破3200万；快手账号关注数突破760万；人民日报形成了互联网多平台百花齐放、图文音视频交相辉映的传播格局。2017年12月，新华社发布我国第一个媒体人工智能平台——"媒体大脑"。"媒体大脑"提供基于云计算、物联网、大数据、人工智能（AI）等技术的八大功能，覆盖报道线索、策划、采访、生产、分发、反馈等全新闻链路。

2019年5月25日，人民日报社首款人工智能虚拟主播亮相2019年中国国际大数据产业博览会。除了人民日报首个虚拟主播果果外，新华社、中央广播电视总台均上线了虚拟主播。

在5G（第五代移动通信技术）、VR（虚拟现实）、AR（增强现实）、AI、H5（第五代超文本标记语言）等前沿技术的"加持"下，新闻媒体报道也朝着移动化、可视化、智能化方向发展。面对未来媒体融合的生态，融合新闻必然是全媒体时代的主流新闻形态，新闻生产方式、新闻形态、新闻语言都需要进行深刻的形式创新。当今媒体的生态正在以全新的形式出现，出现网页图文报道、数据新闻、短视频新闻、H5新闻、VR新闻、动画新闻、算法新闻、新闻游戏、移动直播、新媒体音频等。所以，在新媒体的进化发展过程中,很多时候,我们说内容决定形式;但我们也可以反过来说,形式就是内容。所以在新的全媒体时代,"内容为王"也是"形式为王"。

新华社推出的首个人工智能虚拟主播

创新就是使熟悉的事物看起来新鲜,使新鲜的事物看起来熟悉。当我们对周围的环境和事物非常熟悉时,也就是指我们对于事物的存在形式非常熟悉,这时我们对事物的认知就是内容决定形式,内容在形式之内,或者说此时人们只关注内容。当事物以新鲜的形式出现时,便打破了人们已经熟悉的认知形式,这时形式就决定了内容,或者说形式就是内容本身。所以是形式决定内容还是内容决定形式,取决于人们对事物的感知是新鲜的还是熟悉的。

在碎片化传播时代,技术进步使得人们有很多熟悉的内容是以全新的形式出现的,短视频、直播、流媒体等独特的形式,使内容变得独特,这时形式决定内容,形式就是内容!

技术的进步突显了形式之于内容的表现,社会的发展也突显了内容之于形式的表达。在消费社会中,人们更倾向于寻找新奇的形式来表达已熟悉的内容,新的形式使得熟悉的东西变得新鲜。

当下我国众多的商业模式创新,从表面上看是移动互联网时代手机自媒体形式的创新引发了互联网思维下的"互联网+"大行其道，使商业模式即形式正在发生重大改变。

媒介的创新实际上是媒介形式的创新，各种形态的媒介形式也是媒介"碎片化"的外在表现，媒介传递的信息内容可以一样，但如果媒介形式不一样，传播效果也将不一样，受众的传播体验也会完全不同。媒介的形式决定着信息的解读方式。

手机新媒体的形式可以变化出各种表现手法。手机媒体的形式本身就是内容，是指人们对传统广告发布形式的熟悉及内容的同质化，使得人们要寻找全新的内容表现形式，形式本身就必然会成为高于内容的认知了。在碎片化传播时代，技术为内容的表现手法提供了全新的形式。手机上的抖音短视频形式是新鲜的，内容是人们熟悉的新闻联播；手机上的直播形式是新鲜的，内容是人们熟悉的电商购物；手机上的流媒体形式是新鲜的，内容是人们熟悉的影视剧等。在长期的消费者实践当中，理性积淀在感性中，内容积淀在形式中，人们的视听体验更受到媒介形式的影响，所以媒介的形式就是内容。

特朗普的自媒体：推特治国

美国总统特朗普不仅是"一只黑天鹅"，更是"一只大蝴蝶"，他所掀起的"蝴蝶效应"搅动着世界。这位饱受争议的昔日房地产大亨成功赢得总统大选之后，充分利用自己拥有6 000多万"粉丝"的推特"自媒体大号"，把碎片化传播发挥到极致。在世界政治、经济、金融等领域，特朗普的一条条推文不断地掀起"蝴蝶效应"。他的每一条推文都在深刻地影响着政治、经济、金融等各个领域。从2009年开通推特之后的十年间，他总共发了43 000条推文。2019年7月30日，美国总统特朗普接受C-Span专访时，解释了自己为何"沉迷"于发推特。特朗普称，由于媒体时常歪曲自己，他需要用推特为自己正名。

特朗普这种"推特治国"的做法，引起了国际社会的忧虑，更让美国传统主流媒体尴尬的是，特朗普成功赢得大选之后，追踪特朗普的推特是美国媒体公认的"最重要"的新闻线索之一。

特朗普频繁在社交媒体上发表"直率"或"无修饰"的言论，不断透过推特表达自己的许多"心情"和"意见"，有时甚至充满各种"政治不正确"。特朗普在推特上时不时冒出"惊人之语"，且与美国政策根基相左。他几乎已经把自己的社交网站"推特"账号当成一条与世界沟通的直接渠道。特朗普在接受NBC（美国全国广播公司）的采访时称，比起官方新闻稿或记者采访，社交网络能使自己更快速地表达想法。特朗普说道："这是一种现代化的交流方式，我在此发表意见要比通过新闻稿快得多。比起在工作中与那些不诚实的记者们交谈，我在社交网络上可以更真诚地发言。"

回顾美国政府2019年的重大新闻，许多都是由特朗普在推特上进行第一手发布的，例如ISIS（伊斯兰国，国际极端恐怖组织）头目巴格达迪的死讯、美国承认以色列对戈兰高地的主权公告、解雇总统国家安全事务助理博尔顿的消息……推特这个"自媒体"平台已经成为特朗普的执政工具，用以重塑美国总统的权力。

网络传播的个性化是碎片化传播的体现

碎片化已成为社会发展的趋势，影响到社会的方方面面。碎片化是受众追求自我、追求个性的必然发展，是传播者从事传播活动的主要依据。碎片化的传播方式满足的是受众以自我为中心构建的信息传播与接受体系。在这里，彰显的是受众的个人特性，任何观念都以是否满足了"我"的需要及喜好为衡量标准。

法国著名社会心理学家古斯塔夫·勒庞在其经典之作《乌合之众：大众心理研究》一书中指出，当人们聚集成群时，他们的感情和思想全都转到同一个方向，他们自觉的个性消失了，形成了一种集体心理。一个集体心理群体表现出来的最惊人的特点如下：不管构成这个群体的个人是谁，也不管他们的生活方式、职业、性格或智力是相同还是不同，他们变成了一个群体的这个事实使他们获得了一种集体心理，这使他们的感情、思想和行为变得与他们一人独处时的感情、思想和行为颇为不同。在传统的强势媒介话语环境下，个人一旦进入群体中，他的个性便湮没了，群体的思想占据统治地位；而群体行为表现为无异议、情绪化和低智商。群体行为还表现为集体的无意识、相互间的感染、易于接受暗示。群体在智力上总是低于孤立的个人，但是从感情及其激起的行动这个角度看，群体可以比个人表现得更好或更差，这全看环境如何。一切取决于群体所接受的暗示具有什么性质。

勒庞说，群体通常总是处于一种期待注意的状态中，因此很容易受人暗示。于是群体永远漫游在无意识的领地，会随时听命于一切暗示，表现出对理性的影响无动于衷的生物所特有的激情；他们失去了一切批判的能力,除了极端轻信外再无别的可能。群体只知道简单而极端的感情,提供给他们的各种意见、想法和信念,他们或者全盘接受,或者一概拒绝,将其视为绝对真理或绝对谬论。群体仅仅能够把感情提升到极高或极低的境界。

曾说出"人类一思考,上帝就发笑"的捷克作家昆德拉曾深刻地意识到,个人通常需要考虑大多数人的心态和做法,然后再把自己放到这个既定的思潮之中,把自己真实的意见隐藏起来。这种现象他称为"媚俗",网络上的媚俗会轻易地被人识破,所以网上更多的是愤世嫉俗。

网络的出现把个体的自我从群体中"解救"出来,自我的个性化通过网络绽放出了光芒。因为身体空间是有限的,所以个体的内在精神空间就具有极大的人生价值。网络提升了个人价值感,个体对自己的自我兴趣空前高涨,网络群体不再是像"乌合之众"那种"沉默的大多数",网络的低技术门槛使个体在网络上可以开辟出"自我空间",淋漓尽致地表达自我。德国哲学家黑格尔强调,个体发现自己的自我不是通过内省,而是通过他人,通过从个别向全体过渡的交往和活动。网络空间提供了这种交往和活动的平台,使个体的自我得到膨胀和宣泄。传统意义上的个体只有在自己和世界之间保持距离,才能够挽救和保存自我,网络世界这种"远在天涯,近在咫尺"的时空感,使个体的自我得以保持。

心理学家弗洛伊德把人格分成"本我""自我""超我",网络群体让个体在"自我"和"超我"的角色表达上拥有自由的空间,由于个体在网络上的自我释放,使网络群体表现出高度的智慧、机敏的判断、很大的能耐。网络中的个体均可以自我为中心充分表达,这种表达无论声量有多大,都有听众或观众,这种参与的"快感"、表达的"权利",让个体本身也成为媒体。网络个性化的表达和需求"撕裂"了传统媒体单一的教条,媒介只能以"碎片"的形式存在,传播成了对媒介碎片化下的碎片式信息的整合。

娱乐至死与寂寞的狂欢

"媒介决定论"创始人、加拿大学者伊尼斯认为一种新媒介的产生会改变或者影响文化的进程和历史的发展,媒介形态的改变,往往会导致新的社会关系的形成,进而影响整个社会、文明的发展。他认为,媒介对社会心理、社会形态和文明的进程都会产生深远的影响。他断言:"一种新媒介的长处,将导致一种新文明的产生。"伊尼斯的"媒介决定论"实质上是"技术决定论",当今网络技术的发展和网络媒体的现状从某种程度上印证了伊尼斯"媒介决定论"的论断。网络的发展对社会形态的影响将到达何种地步,无法预测,网络当前的繁荣背后是一种怎样的社会心理呢?实际上,早有人在近一个世纪前就进行了预言。

英国著名小说家赫胥黎在其发表于 1931 年的反乌托邦小说《美丽新世界》(*Brave New World*)一书中预言:人们在汪洋如海的信息中日益变得被动和自私!真理淹没在那些无聊的烦琐世事中!我们的文化成为充满感官刺激欲望和无规则游戏的庸俗文化!我们将毁于我们热爱的东西!

赫胥黎的预言成了美国著名的媒体文化研究者和批判家尼尔·波兹曼的经典著作《娱乐至死》(*Amusing Ourselves to Death*)一书的核心思想。书中提到,随着技术的不断发展,电子媒介不断取代传统的印刷术,使我们的主流媒介的特性产生变革,进一步控制了我们的传播、文化与思想。进而,作者发出了一个较悲观的论调,即我们传统、理性的以阅读为基础的文化即将演变成以娱乐业为核心的基于电子媒介的"不良"文化。这是对目前电子媒介飞速发展的强有力的批判。波兹曼不动声色地向人们描述着技术的发展如何使媒介潜移默化地影响我们的思想,我们身处于这样一个时代,"在这里,一切公众话语都日渐以娱乐的方式出现,并成为一种文化精神。我们的政治、宗教、新闻、体育、教育和商业都心甘情愿地成为娱乐的附庸，毫无怨言，甚至无声无息，其结果是我们成了一个娱乐至死的物种"。

尼尔·波兹曼在《娱乐至死》的序言里对比了英国小说家赫胥黎的作品《美丽新世界》与奥威尔的《一九八四》。奥威尔在《一九八四》中预言人们将会遭受外来压迫的奴役，失去自由，我们的文化成为受制文化。还记得苹果公司在 1984 年制作的经典广告片《1984》吗？那象征反叛的少女抡起大锤砸向象征桎梏的屏幕时，宣告了乔布斯式的离经叛道与彻底的创新将主宰世界的预言。赫胥黎则在《美丽新世界》中表达了另外一种忧虑：人们会渐渐爱上压迫，崇拜那些使他们丧失思考能力的工业技术。尼尔·波兹曼强调，可能成为现实的，是赫胥黎的预言，而不是奥威尔的预言。"有两种方法可以让文化精神枯萎，一种是奥威尔式的，文化成为一个监狱；另一种是赫胥黎式的，文化成为一场滑稽戏。""我们的文化是赫胥黎式的，而不是奥威尔式的，他想尽一切办法让我们不断看电视，但我们看到的是使信息简单化的一种媒介，它使信息变得没有内容，没有历史，没有语境，也就是说，信息被包装成娱乐。"波兹曼警告说，毁掉我们的，不是我们所憎恨的东西，而恰恰是我们所热爱的东西！该书写于20 世纪的 80 年代初，背景是电视时代，强调的是媒介塑造文化，电视作为媒体的出现不是要补充印刷术的不足，而是要从根本上取代后者。电视将一切视听觉符号化，用波兹曼的话说，"我们的问题不在于电视为我们展示具有娱乐性的内容，而在于所有的内容都以娱乐的方式表现出来"。

电视的语境拒绝一切高尚严肃的东西，它挖空心思将一切简单化，使得信息没有内容，没有历史，信息被包装成娱乐。"电视最大的长处是它让具体的形象进入我们的心里，而不是让抽象的概念留在我们脑中。""电视上的讨论，没有论点和反论点，没有依据的假设，没有解释，没有阐述，没有定义。""娱乐是电视上所有话语的超意识形态。不管是什么内容，也不管采取什么视角。电视的一切都是给我们提供娱乐的。""但我们这里想要说的不是电视的娱乐性，而是电视把娱乐本身变成了表现一切经历的形式。""整个社会沉浸在莫名的娱乐当中，我们娱人娱己，在狂热的娱乐中成为一个娱乐至死的物种。"

当代人在生活的重重压力之下，通过网络"恶搞""好玩"的娱乐内容得到排解，其实，娱乐至死的背后是寂寞。网络传播与寂寞有关。网络传播既是娱乐营销，也是寂寞营销，寂寞催生了无聊经济，以娱乐至死的精神填补网络人群寂寞的心灵。网络传播的精髓在于传播的内容是否"好玩"，目的是颠覆一本正经的说教，越娱乐至死越寂寞。网络传播的万象丛生创造了一个不同以往的传播生态，深深地影响着我们的文化和价值观。尼尔·波兹曼所忧虑的电视时代正在被网络时代所代替，当今迅速发展的移动互联网时代比起电视时代更是有过之而无不及！实际情况是，网络无孔不入，网络时代比电视时代更加娱乐至死。媒体变得更加碎片化和娱乐化，网络"恶搞"盛行，大众乐此不疲，再严肃的话题只要被放到网上，就会以娱乐的名义大行其道，需要接受电击疗法的不是网瘾少年，而是网络文化。

电影《她比烟花寂寞》中有句台词："生命中曾经有过的所有灿烂，原来终究都需要用寂寞来偿还。"波兹曼在《娱乐至死》中引用了《美丽新世界》中的一句名言：人们感到痛苦的不是他们用笑声替代了思考，而是他们不知道自己为什么笑，以及为什么不再思考，而网络时代没有痛苦，只有寂寞的狂欢！

第 4 章
认识碎片化传播的基础——网络

我们在谈到网络时,一般会回顾计算机和互联网的发展史,但是对于网络本身的认知并没有成为传播界关注的焦点,如果想深入理解网络的碎片化传播,对网络本身的认知历程是理解网络的碎片化传播的重要基础。

什么是网络?网络就是关系的总和。网络是一个包含了大量个体及个体之间相互作用的复杂系统。网络的性质决定了网络传播的特点。对网络传播的理解首先取决于对网络性质的理解,从表面上来看,网络传播的形式直接地影响着网络传播内容的变化,而网络本身的属性决定着网络传播的效果、范围及其形式。网络本身的发展是迅猛的,但对网络本身的理解却并没有像网络本身发展得那样快,理解网络的性质是以复杂的思维理解网络传播的基础。

形成网络的节点和边

"1969 年 10 月,美国加利福尼亚大学洛杉矶分校的一位程序员查理·克莱恩，奉命通过普通的电话线进行第一次计算机之间的通信实验，这个实验是试图连通当时互联网上的另外的唯一节点，该节点位于美国斯坦福大学。随后，在1969年11月和12月，美国加利福尼亚大学圣芭芭拉分校和犹他大学建立了第3个和第4个节点。1970年美国马萨诸塞州一个叫BBN的咨询公司建立了第5个节点。到了1970年夏天，美国麻省理工学院、兰德公司、系统开发公司和哈佛大学，分别建立了第6个、第7个、第8个和第9个节点。到1971年年底，互联网上有了15个节点。到1972年底，达到了37个节点，互联网从此展开了腾飞的翅膀。"这是复杂网络创始人巴拉巴西在他的《链接：网络新科学》一书中对世界上第一个节点诞生时的描述。网络是系统由简单向复杂演化的产物，网络从一个小小的节点开始，通过不断填充新成员，节点数目在网络的整个生命周期内都在增加。如今，互联网上已有亿万个节点和链接，平均每秒就诞生4个节点，并仍在快速增长中。

从1969到今天，互联网已经诞生了50多年，发展了半个世纪的互联网是一场席卷全球的人类新文明浪潮。2019年，中国互联网协会发布《中国互联网发展报告（2019）》，报告显示截至2018年年底，我国网民数量达到8.29亿人，互联网普及率达59.6%，超过全球平均水平（57%）2.6个百分点；截至2018年年底，我国手机网民规模达8.17亿人，其中网民中使用手机上网的比例达98.6%。

从广义上的网络概念来讲，真实生活中的社交圈子，作为人们与通常等级之外的人们相互交流的一种手段，早就以某种形式存在了。在移动终端迅速普及的今天，全网社会意味着真实生活中的网络被量化了、被扁平化了、被透明化了。全网社会成为一个有意识的、完全受反馈和互动驱动的泛IT（信息技术）时代。

网络的度和度分布

抽象地说，元素及其元素之间的关系作为一个整体就是网络。在数学和自然科学领域，网络被抽象成一些顶点和顶点之间的连线，即边。按照图中的边是否有向和是否有权，有四种类型的图：加权有向图，加权无向图，无权有向图，无权无向图。所谓的边是有向还是无向，是指点到点之间边的指向。边是有权还是无权，是指相应的两个节点之间的联系的强度。微博是有向网络。㊀

直观地看，网络的基本特征是连线纵横交织，形成许多闭合的网络眼或网格，还可能有内含多个网眼的较大闭合回路，不同回路可能有交叉。一个典型的网络是由许多节点与连接两个节点之间的一些边组成的，其中节点用来代表真实系统中不同的个体，而边则用来表示个体之间的关系，通常是当两个节点之间具有某种特定关系时连一条边；反之则不连边。有边相连的两个节点在网络中被看作是相邻的。

进出一个节点的边的数量被称为这个节点的度（degree）。网络上一个节点的度通常被定义为这个节点具有的连接边的数目，度严格地说应是"关联度"（degree of connection）。一个节点的度就是对其"邻域"规模大小的一种数值测度。度指的是网络中节点（相当于一个个体）与节点关系（用网络中的边表达）的数量；度的相关性指节点之间关系的联系紧密性；一个节点的度就反映了与这个节点（个体）相互作用的多寡，关注的重心是相互作用。度是刻画单个节点属性最简单而又最重要的概念之一。网络中有少量高连接度的节点，以及大量低连接度的节点。在社会网络中，这表明大部分人的朋友相对较少，极少的人会有很多朋友。高连接度的节点被称为中心节点（hub），它们是网络中主要的信息或行为的传递渠道。有向网络中节点的度包括出度（out-degree）和入度（in-degree）。出

㊀《网络科学导论》，汪小帆、李翔、陈关荣编著，高等教育出版社，2012年4月。

度是指从节点指向其他节点的边的数目。入度是指从其他节点指向这一节点的边的数目。在微博中关注与被关注的关系，本质上是网络的度分布。一个微博账号被关注得多，说明关注度高，反之则低，许多加V认证过的微博账号就是中心节点。

随机网络的度分布（degree distribution）是正态的泊松分布，而复杂网络的度分布是幂律分布。1999年，巴拉巴西小组在《自然》杂志上发表了一篇通讯，指出万维网上出度分布和入度分布都与正态分布有很大的不同，其服从幂律分布。

一个节点连接K个其他节点的概率，会随着K值的增大而呈指数递减。一个网页与其他网页之间的超链接数越多，网页的数量就越少。《网络科学导论》中写道："一个看似平凡实则寓意深刻的事实是：在有向网络中，尽管单个节点的出度和入度可能并不相同，网络的平均出度和平均入度却是相同的。对于系统中每个个体而言不一定成立的性质，却会在整个系统层面成立。"这实际上是复杂网络的涌现性。

网络群集系数

无论是在微博、微信还是抖音上，都有数不清的自媒体大号，各行各业都有拥有成百上千万"粉丝"的自媒体大号。网络上的一个自媒体大号就是一个网络集群。网络中存在的内部联系紧密、外部较松散的群体被称为集群（clustering）。我们熟悉社会关系网络中的"物以类聚、人以群分"的现象，而网络上的社区、圈子等是这种现象的网络化表达。网络群聚效应就是真实世界在网络虚拟世界的投射，由于不同节点的度数不同，同一网络图中不同局部的连线或稠密或稀疏，差别很大，社区、朋友圈等是典型的网络群聚效应。这种现象被称为网络的群聚性，反映的是大规模系统中组分的局部聚集倾向和大集团形态。网络群聚效应深刻地影响着网络信息传播。在统计物理学和网络分析中,科学家把将个体与相互作用直接抽象为顶点与边的系统称为网络。网络的择优连线是网络圈子形成的机制,节点之间边线的这种倾向性选择,代表一种整合机制,在演化中扮演重要角色。由于节点和边之间存在不同的连接方式,具有不同的拓扑结构并且可以有非常不同的特性和行为,因而需要用不同的数学模型来描述。网络中节点之间的关系往往是不对称的。群集系数(clustering coefficient)的概念用来刻画所关心的某个节点及它的直接邻居节点之间互相连接的稠密程度。网络群体的形成和规模可以通过网络的群集系统来衡量。我们熟悉的门户网站就具有非常高的群集系数。在一般意义上,社区结构是大规模网络中普遍存在的基本结构,即一个网络是由大量内部连接"紧密"、外部连接"稀疏"的子团组成,这些具有统计显著性的子团构成了一个网络的社区结构。

网络的蝴蝶结结构

两个节点之间的距离(distance)可以有许多不同的定义,其中最简单也最常用的就是它们之间最短连边的条数(average shortest pathlength)。网络结构的形成又是系统特性和行为复杂化的根源。系统结构的复杂性、性质的复杂性、行为的复杂性,都与网络性有关。系统复杂性与其结构的层次性有关。网络是连通性和稀疏性的统一。从网络观点来看,系统的生成和演化可归纳为两个方面:一是节点的改变,包括增加和减少(消除)节点,而生长或增长的主要特征是规模增大;二是连线的改变,包括增加、消除重连。网络平均距离和最短路径等概念严格来说只对于连通图才有限值。经验和实证研究表明,许多实际的大规模复杂网络都是不连通的，但是往往会存在一个特别大的连通片，它包含了整个网络中相当比例的节点。实际的大规模有向网络往往既不是强连通也不是弱连通，但是许多有向网络往往有一个包含了网络中相当部分节点的很大的连通片，称为弱连通巨片。这一弱连通巨片通常具有一种包含四个部分的蝴蝶结结构（见下图）。

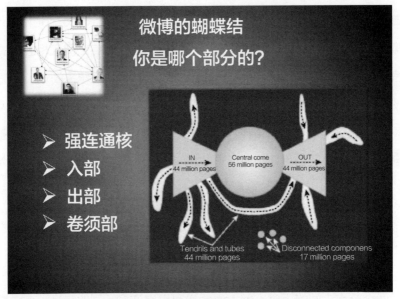

蝴蝶结结构㊀

（1）强连通核：称为强连通巨片，位于网络的中心。强连通核中任意两个节点之间都是强连通的，即存在从任一节点到另一节点的有向路径。

（2）入部（IN）：包含那些可以通过有向路径到达强连通核，但不能从强连通核到达的节点。

（3）出部（OUT）：包含那些可以从强连通核通过有向路径到达，但不能到达强连通核的节点。

㊀ 有关互联网的蝴蝶结结构的详细内容可参见汪小帆、李翔、陈关荣编著的《网络科学导论》一书第85页，高等教育出版社，2012年4月。

（4）卷须部（Tendrils）：包含那些既无法到达强连通核也无法从强连通核到达的节点。此外，还有可能存在从挂在入部上的卷须节点到挂在出部上的卷须节点的、通向强连通核的有向路径，这些串在一起的卷须节点称为管子（Tube），上图中最长实箭头所指的即是。网络的这种蝴蝶结结构也给我们讨论的网络传播的蝴蝶效应做出很好的暗示和伏笔。

网络介数

网络节点的介数（betweenness）衡量的是通过该节点的最短路径的条数，因此介数高的节点似乎也对传播起着相对重要的作用。这个概念测量的是一个节点在多大程度上位于图中其他点的"中间"：一个度数相对比较低的点可能起到重要的"中介"作用，因而处于网络的中心。这一概念是美国哈佛大学的理查德·弗里曼（Richard Freeman）于1979年提出的。介数分节点介数和不连边介数，前者定义为网络中两两相连的节点对之间通过该节点的所有连边的总数量，后者定义为网络中两两相连节点对之间通过该边的所有连边的总数量。从概念上来说，介数可以理解为在网络上通过所关心的节点或者连边的数据流通量。网络中某个节点的介数越大，说明在信息传播过程中通过该节点的信息量会越多。显然，在讨论网络数据流通管理控制时，节点介数比节点度更为重要。一个网络的节点连边平均介数就是网络上所有节点连边介数的平均值。一般来说，稀疏的网络介数低、稠密的网络介数高。一个网络的平均最短路径长度则定义为该网络上存在的所有节点距离的平均值。一般来说，全连接网络、小世界网络和随机网络都有比较短的平均最短路径长度，而链形、环形和树形等规则网络都有比较长的平均最短路径长度。

关于社会网络的同质性有两种基本的解释：一是选择（Selection），

即人们倾向于和相似的人成为朋友，所谓"物以类聚，人以群分"；二是影响（Influence），即人们由于成为朋友而互相影响，从而变得更为相似，所谓"近朱者赤，近墨者黑"。

为适应当今网络的进化和扩展所带来的影响，人们正在学习以新的形式进行合作，网络虽然具有普适的大众性、群体性，但在个体的网络成员层次上则具有更鲜明的自主性。有的网络的形成，主要是为兴趣相投的人传递信息；有的网络则特意设计，为导致分岔和新形态创造信息流。网络传播活力既来自网络的大众性，更源于网络个性化的充分表达和张扬。

第 5 章
理解网络发展的三个里程碑

人类认识网络的三个里程碑，第一个是规则网络，第二个是随机网络，第三个是复杂网络。网络既包含数学和复杂系统动力学，又与现实世界相关。在新浪微博上曾流传过这样一个段子："打工的圈子，谈的是闲话，赚的是工资，想的是明天；生意的圈子，谈的是项目，赚的是利润，想的是下一年；事业的圈子，谈的是机会，赚的是财富，想的是未来！你现在属于哪个圈子？"圈子就是一个社会化网络。一个社会化网络就是一群人或团体按某种关系连接在一起而构成的一个系统。微信的一个主要社交功能直接就叫朋友圈。

社会交往的关系网就是一个无标度网络。每个人都有自己的社交圈子，社交圈中的人是节点，人和人之间的交往是连线，社交网络中少数人的社交能力非常强，他们认识大部分的人，而更多的人则是仅仅与一个自己熟悉的小圈子交往。社交圈子之间的关系与圈子内之间的关系是怎样的呢？学者们把研究社交的规律推广到研究网络传播的规律上，开启了一个新的世界。

规则网络：从七桥问题开始

最简单的信息传播路径是直线传播，就好像二维平面的规则网络。规则网络（Regular networks）是指具有平移对称性的网络，常见的如一维、二维的晶格，规则网络也被称为欧几里得网络，只是真实网络世界中的特例。规则网络是最简单的，但也是人们研究历史最长的一类网络，其中每一个节点直接连接到一些相邻节点，而那些相邻节点也同样彼此连接。在规则网络中，通常节点的度分布为函数关系，节点的群集系数比较高，平均最短路径长度也比较长。

网络科学中理论模型的研究一直是最重要的课题之一，它的发展历史经历了三个里程碑，三个里程碑无一不是从理论模型取得突破的。第一个里程碑当属图论的诞生，归功于图论之父欧拉（Leonhard Euler）的开创性贡献。"图论"最早出现在欧拉1736年的论著中，他首先解决了著名的哥尼斯堡七桥问题和多面体的欧拉定理，从此开创了"图论"这门新的数学分支，这就是第一代科学家树立起网络科学的第一个里程碑，也是拓扑学的"先声"，因此关于哥尼斯堡七桥问题、多面体的欧拉定理、四色问题等成为拓扑学发展史上的著名问题。

在伟大的数学家欧拉令人惊叹和丰富的数学遗产中，有一个是他信手拈来的论文，讨论的是离欧拉所住的圣彼得堡不远的哥尼斯堡（今俄罗斯加里宁格勒）城中的七桥问题。这座城市建了七座桥梁，人们提出了一个关于七座桥梁问题的智力游戏："一个人怎样才能一次走遍七座桥，每座桥不重复地只走过一次，最后回到出发点？"我们知道在数学论证中，必要条件是指"非它不可，有它不一定行"；充分条件是指"有它一定行，没它不一定不行"；不论是必要条件还是充分条件，都不是最佳条件，最佳条件一定是充分必要条件："非它不可，没它不行。"充分必要条件是最节约、最省力的条件。1736年，20多岁的欧拉发表了论文《与位置几何有关的一个问题的解》，文中提出并解决了七桥问题，为图论的形成奠定了基础。欧拉提出了一个强有力的数学论证，证明了哥尼斯堡不存在只穿过每座桥梁一次就走遍全城的路线。这个发现是：图上带有奇数边的点，不是行程的起点，就是终点。而穿过所有桥梁的连续路线只能有一个起点和一个终点，起点和终点要重合，这是必要条件。中间经过的每一点总是包含进去的一条线和出来的一条线，除起点和终点外，每一点都只能有偶数条线与之相连。因此，如果要求起点与终点重合的话，那么能够一笔画出的图形中所有的点都必须要有偶数条线与之相连，这一条件是充分的。而从图中的四个点来看，每个点都有三条或五条线通过，都是奇数的，所以不能一笔画出这个图形。欧拉由此得出结论：不重复的一次走遍这七座桥是绝对不可能的。

巴拉巴西认为，欧拉最了不起的地方，是把哥尼斯堡桥梁问题看作点和连接起点的边组成的图。对于该问题，欧拉用点来代表每个由河流分隔开的陆地区域，分别用 A、B、C、D 来表示。接下来，他把桥梁看作连接陆地的边，这样他就得到了由点和边组成的图形。欧拉在不经意间开创了一个新的数学领域——图论，由此他被誉为图论之父。数学家研究抽象网络结构的学科被称为"图论"。

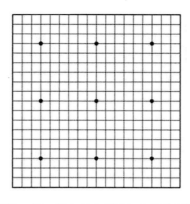

规则网络像围棋的棋盘一样，每个节点都只与它的欧氏距离最近的节点相连

上图提供了一种用抽象的点和线表示各种实际网络的统一方法，因而也成为目前研究复杂网络的一种共同语言。这种抽象的图有一个主要好处在于它使我们有可能透过现象看本质，通过对抽象的图的研究而得到具体的实际网络的拓扑性质（Topological property）。实际上，图论与网络有着天然的联系，对于一个网络，如果不考虑其动态特征，把每个网络节点视为一个点，节点间的连接关系视为边，而规则网络就是一个图，与网络相应的图包含了网络的全部结构特征。巴拉巴西在《链接：网络新科学》一书中评论到："欧拉无意中传递给我们的信息非常简单：图或网络具有自身的属性，这种属性隐藏在它们自身的结构中，可以限制或增强我们使用网络的能力。"1875年，哥尼斯堡城新建了一座桥，从此人们可以一次性不重复地走遍七座桥了。仅仅增加了一条边，就使七桥的布局得到改变。

所谓网络的拓扑性质是指这些性质与网络中节点的大小、位置、形状、功能等及节点与节点之间是通过何种物理或非物理的方式连接等都无关，而只与网络中有多少个节点及哪些节点之间有边直接相连这些基本特征相关。一般，几何对象的拓扑性质是指该对象在连续变形下保持不变的性质。所谓连续变形，形象地说就是允许伸缩和扭曲等变形，但不允许割断和黏合。七桥问题也是拓扑学发展史上的一个重要问题。

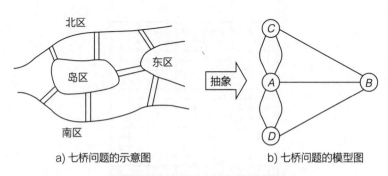

a) 七桥问题的示意图　　　　b) 七桥问题的模型图

七桥问题的示意图和七桥问题的模型图

在欧拉富有启发性的工作完成两个世纪后，科学界才从研究不同图形的属性转到研究图形或网络的形成原因上来，真正的网络是如何形成的？控制网络外观和结构的规则是什么？直到20世纪50年代，两位匈牙利数学家埃尔德什（Erdos）和雷尼（Renyi）对图论做出了革命性的贡献后，才提出了这些问题，以及针对第一个问题的解答。

随机网络：网络是静态均匀的

以往图论研究的都是规则网络，20世纪50年代末，匈牙利的两位数学家埃尔德什和雷尼第一次指出真正的网络图，如社会关系网络等都不是漂亮规整的，而是无比复杂的。鉴于这些网络图的高度复杂性，两位数学家认为这些网络都是随机的。1960年埃尔德什和雷尼发表了一篇经典论文，用相对简单的随机图来描述网络，建立了著名的随机图理论，简称ER随机图理论，应用于网络时则称为随机网络模型。他们想出了一种新的构造网络的方法，用这种方法，两个节点之间连边与否不再是确定的事情，而是根据一个概率决定。数学家把因此生成的网络叫随机网络（Random networks）。

该论文首次探讨了"图形成网络是如何形成的"这一重要的问题。在探讨网络图或网络中的节点的连接数量的时候，他们使用随机性来解决图论问题的特色就显现了出来。规则网络图的特别之处就在于每个节点都有恰好同等数量的连接。在二维的垂直交叉直线构成的网络格中，每个节点正好都有4个连接；在六角形的网络中，每个节点都正好和另外3个节点相连。而在随机网络中，根本不存在这样的规则性。随机网络中的每个节点随机地与少数其他节点连接。随机网络在节点之间有较低的聚集度。同时，随机网络在网络的任何两个节点间也有较低的分离度。随机连接更可能令网络中远距离的部分彼此靠近。随机网络模型的前提是平均主义：我们完全随机地安排连接，因此所有的节点都有等同的机会获得连接。

因此，随机图论预言，如果我们随机安排社会连接，那么所得到的社会就是非常民主的，所有人都处于中间状态，我们的网络是一个非常一致的结构。随机网络的特征是，大多数节点拥有的连接数是一样的，并没有一个高度连接的节点存在。

在埃尔德什和雷尼的随机图理论里平均值占主导地位，该理论预言大多数人认识的人数量相当，大多数网站的访问量也大体相同。"由于自然界是闭着眼睛向外'抛洒'连接，从长远来看，不会有特别走运或特别不走运的节点"巴拉巴西评论道，"该理论将复杂性与随机性看作一回事"。

以一个平均值就能表征出整个群体特性的分布，我们称之为泊松分布。随机网络的节点的度服从泊松分布，因而比较"均匀"，即大部分节点的度相差不多，而且具有较小的平均最短路径长度和较小的群集系数。它们成功地揭示了随机网络的许多重要性质都是随着网络规模的增大而突然涌现的，ER 理论对于网络科学理论的影响长达 40 年之久，埃尔德什被誉为 20 世纪的欧拉，并于 1984 年获得沃尔夫奖。用图论的语言和符号精确简洁地描述各种网络，为数学家和物理学家等提供了描述网络的共同语言和研究平台，至今仍然是网络科学研究的有力方法之一，这是网络模型发展史上的第二个里程碑。

埃尔德什和雷尼的随机图理论自 1960 年问世以来，就主宰了有关网络的科学思考。但真实的网络世界经验告诉我们，我们生活的世界远没有那么随机，在复杂系统背后，一定还存在某种秩序。随机网络模型的建立是在两个简单的，但同时也容易被人忽视的假设基础之上。首先，从一系列节点出发，一旦有了所有的节点，假设节点的总数就确定了，而且在网络的生命周期内不会改变，即网络是静态的。其次，所有的节点都是一样的，由于看不出节点之间的差别，我们只是随机地将它们连接起来，网络是均匀的。我们知道在现实生活中，网络是不断扩张的，会不断接收新的节点。但在网络研究的 40 年时间里，没人对这些假设提出疑问。随机网络成了网络模型的主导，人们普遍相信真实的复杂网络从根本上来讲都是随机的。但小世界网络和中心节点的发现改变了人们对随机网络的认识。

人与人之间的最短路径：六度分离

1991 年，美国百老汇上演了约翰·格尔写的舞台剧《六度分离》。这部舞台剧获得巨大成功，随后被改编为同名电影。电影中的男主角提到人们之间的关系时，对他的女儿开玩笑说："这星球上的每一个人都不过是被其他六个人分隔开来，也就是在我们与这个星球上的另外任何一个人之间的六度分离关系，只需六个人，我们就可以和这个星球上的任何人产生关系，每个人都是一扇门，打开它就可以进入其他人的世界！"从此，六度分离成了一个著名的社会学名词，但这个名词的产生要早很多年。

我们常说"有人的地方就有江湖"，江湖就是复杂的社会网络的通俗称谓。其实，社会学家们早已经意识到社会网络的重要性。20 世纪 50 年代，美国麻省理工学院的政治科学家伊锡尔·德索拉·普尔和数学家曼弗雷德·柯亨研究了美国社会中政治力量被动员的过程。他们希望了解个人是如何掌握政治力量的，是通过何种人际传播方式组织起来的。普尔和柯亨提出了一个有关社会关系网络的理论，并预言说，人与人之间的联系，实际上可能要比自己设想的密切得多。

他们两个人合写了一篇论文，但从未正式发表。不过，这篇论文在精英文化圈中被广泛传阅，读者之一的美国哈佛大学社会心理学教授斯土里利·米尔格拉姆（Stanley Milgram）在这篇论文的启发下，产生了社会关系网络研究中最有名也最优美的成果：六度分离（six degrees of separation）。

1967年，心理学教授米尔格拉姆做了一个别出心裁的实验，要求所有参试者把一封信通过熟人传送给某个指定的人，目的是探明熟人关系网络中路径长度的分布。在实验中，一个城市中随机选择的被试者被要求将邮件传递给另一个城市中的指定接收者。传递的方式是将邮件传递给被试者认为最有可能认识该接收者的熟人（同时给米尔格拉姆发送一封明信片以便他可以追踪进度），并让其以类似方式进行传递。虽然大部分信件被丢弃，只有大约1/4被送往指定的收信人，但对结果进行统计分析时他发现，到达接收者的信件平均经历了5.5个人的手。平均通过6个熟人就可以从起点到达目标人。米尔格拉姆因此说明人类社会是一个小世界，人与人之间的间隔并没有原来认为得那么大。米尔格拉姆的实验是小世界网络概念的直接源头，他自己并没有使用"六度分离"这个词来描述这个现象，而是后来的研究者发明了这个词并使之广泛传播。"六度分离"概念已成为相关研究的基础概念。这个实验广为人知，充分说明了人际社会网络是一个小世界，人际社会中人与人之间的平均最短路径是相对较短的。

该实验的另一个有意义的结论，是人在有限的目标信息下，能够有效地找到通往接收人的最短路径，这为网络搜索提供了社会学依据。在该实验中，信件接收者的信息只有名字、城市名和职业。在这么有限的信息下，人们最终却能传递成功，这对研究社会网络的传播方式具有很大的启示。

六度分离的研究也启发了互联网的研究者们。美国微软的研究人员在2006年利用网络信息对六度分离理论进行了网络实验，微软对2006年一个月通过MSN发出的300亿个即时信息的地址进行了研究。计算发现，发出的78%的信息都可以通过6.6个信息联系在一起，也就是说，在网络上，最多通过6.6个人就能接触到任何一个陌生人。网络的力量来自于连接，有了连接，我们就能够在网上"冲浪"、采集信息，这些连接将大大小小的网站串成一个巨大的网络。

2016年，全球复杂网络研究专家巴拉巴西在我国的一次讲座中，介绍了六度分离理论。他提到，据研究，现在一般的社会人有1 000个朋友，1 000个朋友中每个人又有1 000个朋友，所以是1000^2，继续往上乘，就是非常庞大的数字。通过六度分离以后，世界上所有的人都可以联系在一起，这就是六度分离的理论基础。

2011年，美国社交网络巨头Facebook和米兰大学共同宣布了它们关于六度分离理论的最新研究成果：它们已经确定世界上任何两个独立的人之间平均间隔的人数为4.74。Facebook的研究对象是一个月内访问Facebook的7.21亿活跃用户，超过世界人口的10%。研究表明，用六度分离理论来描述实际中两个人之间联系的间隔稍微显得有点大，实际在Facebook上，任何2个用户之间只有5度间隔的概率是99.6%，任何2个用户之间只有4度间隔的概率是92%。

弱关系的强度：强关系提供信任，弱关系提供信息

2008年，美国著名的快餐连锁品牌店汉堡王（Burger King）推出一款新的汉堡包叫"Whopper"。为了推广这款新的汉堡包，汉堡王公司想到了利用网络上的社会化媒体Facebook。Facebook是全球最大的人际关系网络，正是基于这一点，汉堡王公司别出心裁地想出了一个促销方案："友情诚可贵，汉堡价更高。"

这个方案是让Facebook上的网友们认真地思考：哪些在我朋友列表上的人可以被删除，每删除10个朋友，你就可以得到一个免费的汉堡，而每个人只有一次参加机会。这项活动与Facebook的倡导背道而

驰：不是添加好友，而是要求网友"无情地"删除好友。结果活动推出后，在不到一周时间内超过 23 万的"朋友"光荣地被删除，也就是说大约有 22 000 人参加了活动，并吃到了汉堡王免费提供的汉堡。这个活动利用了用户对社会关系网络和滥用"友情"概念的潜在不满，吸引了眼球，这个活动的效果如此之好，甚至导致 Facebook 都向汉堡王表示了抗议。这个案例从一个侧面让我们看到网络上的人际圈子并不十分"牢靠"，是弱关系的网络，实际上也正是由于网络的弱关系使网络世界连成一体。

微博用户之间的关系是"关注"与"被关注"的弱关系。微博用户间不需要进行双向的好友确认，只需要选择"关注"，就可以让微博用户以单向入度或出度的关系相连接，但是这种关系是非常"弱"的，因为这种"关注"可以随时单方面取消。在微博的碎片化传播中，绝大多数的关注是开放、陌生的关注。正是微博用户间简化的开放性社交关系，可以让微博用户即时获取被关注对象的信息，或通过评论、私信进行互动，这使六度分离理论在网络上展示出全新的境界。也正是微博用户之间"关注"与"被关注"的"弱关系"，使网络连成一片，一个碎片化的信息可以产生网络传播洪流。

1973 年 5 月，美国的《美国社会学杂志》（*American Journal of Sociology*）发表了一篇署名为马克·格兰诺维特（Mark Granovetter）的论文，题目是《弱关系的强度》（*The Strength of Weak Ties*），这篇论文被公认为最有影响力的社会学论文之一。在这篇文章里，格兰诺维特提出了一个乍看十分荒谬的观点：若论起找工作、获取消息、开饭馆，或是传播潮流，我们较弱的社会关系比起自己所珍视的坚实的友谊能起到更重要的作用。生活经验告诉我们，有时找熟人办事不如找不熟悉的人办事效率高。在随机网络中不存在朋友和圈子，因为我们和其他节点的连接完全是随机的，相互之间的关系较冷漠和平均。但在格兰诺维特的眼中，社会组织成一个度相关的集体,是一个节点串,或称为圈子。每个人都有自己的节点串,或者说每个人都是某个节点串的一部分,在节点串构成的圈子里的人相互都认识,这个圈子通过少数的向外连接与外部世界连为一体,不至于处于隔绝状态。

格兰诺维特在 1974 年写的《找工作:关系人与职业生涯的研究》(*Getting A Job*)一书中,探讨了人们通过哪些方式利用其非正式的社会关系获得关于工作机会方面的信息。他感兴趣的是在信息传递方面的关系类型,这些关系是"强"还是"弱"。强关系的重要性早已被理解。与一个人密切接触的人拥有很多重叠的接触者,他们相互认识并在很多场合下互动。因此,他们拥有的关于工作的信息也趋于一致,其中任何一个人获得的信息也容易传遍全体。反之,他们一般不会为网络之外的人提供什么新信息。他们获得的信息容易变得"陈旧",是其他人已经获得的信息。我们都与一个强关系构成的核心群联系,并与群中的人频繁交流,此外还存在联系不频繁的弱关系。格兰诺维特有关"弱关系的力量"的假设是:弱关系促成了不同群之间的信息流动。正是通过不经常接触的一些弱关系及处于不同工作环境的人,才可能提供新的不同的信息。在格兰诺维特看来,在获取有用的职业信息方面,短的弱关系链居于重要地位。强关系可能与我们有着同样的传播路径,但弱关系却是完全不同的传播路径,所以与弱关系的一丁点联系,都可以让我们感受到世界的新鲜和好奇。1983 年,格兰诺维特在一篇文章中强调:事实上,在社会网络中,弱关系比强关系更为重要。网络中圈子内的关系是强关系,而圈子与圈子之间的联系是弱关系,但不是断的,只要是有联系的,就保证了传播路径的存在。在网络传播的弱关系中包含着大量的不确定性,同时也隐藏着大量的通向确定性强关系的路径,弱关系中存在的随机性和无意性使所有传播的细节都有可能成为强关系的传播线索。网络传播中的大量个案许多都是通过陌生关系的传播产生的，发一个帖子，很可能就会被一个"陌生的""无关紧要的""不认识的"人转帖，并传播开来，形成传播规模，产生出人意料的传播效果。

2012年1月，Facebook在官方博客中发表署名为艾唐·巴克什（Eytan Bakshy）的研究报告"Facebook研究报告：重视社交网络'弱关系'"，称通过量化分析和理论研究不难发现，社交网络中的用户分享的更多信息来自弱关系，并因此成为重要的新观点传播媒介。报告称："我们发现，尽管人们更有可能消费并分享经常互动的密友发布的信息（如讨论前一天晚上聚会的照片），但绝大多数信息都来自他们并不经常接触的人。这些远距离联系人更有可能分享新颖的信息，证明社交网络可以成为一个分享新观点、突出新产品并讨论时事的强大媒介。""人们分享Facebook强关系发布的内容的可能性高于弱关系。""弱关系传播了人们原本不太可能看到的信息。""总体而言，人们最终从弱关系好友那里分享了更多的信息。"结论是："人们更有可能分享来自强关系的信息，但由于基数更大，Facebook中的多数信息传播仍然来自弱关系。上述数字表明，尽管强关系的个体影响力更大，但总体而言，多数的影响力仍然来自弱关系。"

中国传媒大学沈浩教授在2012年中国网络科学论坛上提出：强关系提供信任，弱关系提供信息。沈浩教授在主题为"发现数据应用之美：数据挖掘和社会网络分析"的演讲中指出：关系就是数据，人的关系结构是可以量化的，通过网络结构、位置、角色及态度和行为进行双向思考。在该论坛上，海银资本创始合伙人王煜全提出，弱关系负责传播不负责行为，强关系负责行为不负责传播。对比微博和微信我们可以看到，微博的强关系很弱，弱关系很强；微信的强关系很强，弱关系很弱。在该论坛上，清华大学社会学系罗家德教授提出：社会网络的结构和行为是互为因果的，他认为社会网络研究的愿景,是建立集体行动与个体行动的"桥"。罗教授特别提到美国和我国的社会网络之间的区别,他认为美国社会是以社会小团体(Community)为主的,美国的社会网络以不同的社团分类构建关系网。在我国,则有所谓"能人"现象,我国的小团体以个人为中心,或是以个人资源为中心,他特别提到了我国人类学家费孝通提出的"差序格局"。费孝通教授在 1947 年出版的《乡土中国》一书中,对传统我国社会中的社会结构和人际关系做出理论上的概括,提出了著名的"差序格局"概念。费教授认为差序就是"伦",认为:"社会范围是从'己'推出去的,而推的过程中有着各种路线,最基本的是亲属:亲子和同胞。""在差序格局中,社会关系是逐渐从一个一个人推出去的,是私人联系的增加,社会范围是一根根私人联系所构成的网络。""差序格局"这一概念十分契合我国社会人际关系的本质,"差序格局"这一概念的提出对我们认识和分析我国的传统社会无疑具有开创性的意义。○ 总之,格兰诺维特的弱关系理论使网络看起来既不平静又不均匀,而是有点破碎。要想更好地理解网络,有必要把随机网络理论与格兰诺维特描述的朋友圈子的弱关系理论结合在一起,而这种结合花去了 30 年的时间,并且是由一位研究蟋蟀的学者开创的。

小世界网络:埃尔德什数与昆虫蟋蟀

六度分离理论给了我们两个重要的启示,一个是大量的社会连接能够将无比巨大的网络缩小成小小的世界,另一个是网络间的传播一定有一个最短路径。微博的快速普及则告诉我们六度分离还是"远"了,微博可以"一下子"找到你要找的人!

○ 费孝通:《乡土中国》,三联书店,1985 年。

随机网络的创始人之一埃尔德什是数学历史上仅次于欧拉的多产数学家，将全部生命和热情献给了纯粹数学，是数学史上一位伟大的传奇人物，平生创作了1 500多篇论文和若干著作。他最大的特点是与其他数学家的合作，在他发表的1 500多篇论文中，有2/3是合作发表的，与他直接合作的数学家高达500多人，遍布世界。他有句口头禅："My Brain is open（我的大脑敞开了）"。这种合作的风气已成为一种学术规范，而只要能够成为他的数百位合作者中的一位，都可以拥有巨大的荣耀。有数学家发现，埃尔德什的合作网络可以用他所喜爱的图论进行精确的描述，数学家们发明了埃尔德什数，每一个直接与埃尔德什合作发表论文的人被说成有埃尔德什数1，任何与有埃尔德什数1的人合作过的人则有埃尔德什数2，以此类推。埃尔德什喜欢说："如果我与某人有K篇合写的论文，则他的埃尔德什数就是$1/K$。"埃尔德什数越小说明离大师越近。美国密歇根州的奥克兰大学的数学教授杰罗德·格罗斯曼（Jerrold Grossman）编制了一个可以正式发布的埃尔德什数表，并制作了一个网页，上面有详细的埃尔德什数信息，涵盖了数千名数学家，使所有发表过论文的数学家都可以计算自己的埃尔德什数。埃尔德什数的影响远远超出了数学领域，经济学家、物理学家、计算机科学家们也很容易与他联系上，爱因斯坦的埃尔德什数是2，诺贝尔经济学奖得主保罗·萨缪尔森的埃尔德什数为5，微软创始人比尔·盖茨的埃尔德什数为4，DNA双螺旋结构发现者之一的詹姆斯·杜威·沃森的埃尔德什数为8。埃尔德什数存在的本身，就表明科学界形成了一个高度相关的网络，在此网络中，所有的科学家都通过他们写作的论文而连接到一起，大多数人的埃尔德什数都很小，说明这个科学网络是一个小世界。㊀ 埃尔德什数这一数学家们用以开玩笑的数学工具，正成为严肃工作的对象。

㊀ 《我的大脑敞开了》，[美]谢克特（Schechter, B.）著，王元、李文林译。

小世界网络理论的提出者、应用数学家和社会学家邓肯·瓦茨（Duncan Watts）的父亲有一次跟他说："你与美国总统之间只有六次握手的距离"，这个有趣的问题一直在瓦茨的头脑中徘徊，并引导他把目光从研究蟋蟀转向研究网络。

20世纪90年代中期，邓肯·瓦茨在美国康奈尔大学攻读应用数学博士学位，当时导师让他研究一个特殊的问题：蟋蟀如何同步发出鸣叫？瓦茨认为，要想充分理解蟋蟀如何同步鸣叫，就得理解它们如何能注意到其他的蟋蟀。蟋蟀是不是尝试倾听所有其他蟋蟀的叫声？影响蟋蟀或是人类相互影响的网络结构是什么样的？瓦茨渐渐注意到自己对网络越来越感兴趣，对蟋蟀越来越没有兴趣，于是，他怀着"忐忑不安和几乎绝望"的心情找自己的导师——应用数学家史蒂文·斯托加茨（Steven Strogatz），希望能把研究重点放在网络上面。斯托加茨是混沌理论和同步理论的专家，也是一位能包容奇思妙想的导师，他们很快超越了随机网络理论的界限。

瓦茨从思考"我的两个朋友相互认识的可能性有多大？"开始了网络理论的研究。根据随机理论，由于节点是随机连接的，所以他们相识的可能性很小，但真实的网络世界并不是这样。根据"弱关系"理论，人们会形成自己的社交圈子，圈子与圈子之间有联系。所以，为了测量圈子形成的群集属性，瓦特与斯图加特兹引入了群集系数的概念。群集系数能说明你的朋友圈子有多紧密。在格兰诺维特眼中的社会包括许多高度联系的群集，群集与群集之间由较弱的关系联系起来。

社会群集是我们凭直觉所能感受到的，在互联网上群集现象更是无所不在。真实的世界具有小世界的特点。邓肯·瓦茨与斯托加茨率先从数学上定义了小世界网络的概念，并且研究了怎样的网络结构会具有这种特性。为了确定网络的小世界程度，瓦茨和斯托加茨计算了网络的平均路径长度。

两个节点之间的路径长度就是两个节点之间短路径的边的数量。平均路径长度则是网络中所有节点之间的路径长度的平均值。

瓦茨和斯托加茨想知道，如果我们对这样的规则网络稍做改动，将少量相邻节点连接的边改成长距离连接，平均路径长度会受到怎样的影响呢？他们发现，影响相当剧烈。

瓦茨说："只需很少的随机连接就能产生很大的效应，不管网络的规模有多大，前5个随机重连会将平均路径的长度平均减少一半。"这解释了小世界性：一个网络如果只有少量的长程连接，相对于节点数量来说平均路径却很短，则为小世界网络。小世界网络也经常表现出高度的集群性。

1998年，瓦茨和他的导师斯托加茨在《自然》杂志上发表《小世界网络的集体动力学》一文，引起了网络科学的研究浪潮，之后他又在《小小世界：有序与无序之间的网络动力学》一书中给出系统的总结。他们首次将群集现象与随机网络的偶然性统一了起来，在规则网络的基础上加入随机性，提出了小世界网络（Small-world networks）模型，描述从完全规则网络到完全随机网络的转变，使得生成的新网络具有所谓的小世界特性。

在随机世界里，虽然也有个小世界，但是对朋友构成的群集不够友好；而在规则网络里，节点间的距离太过遥远。小世界网络就位于随机和规则网络的两个极端之间的一个连续体中，小世界模型发现：即使只是添加少数几个连接，也能把所有节点之间的平均分隔大大降低，这少数几个连接不会改变网络的群集系数太多。这一特性说明了人们在网络传播的时候虽然范围比较有限，但只要其中有少数人的网络圈子交往比较广，拥有远距离的连接，网络信息传播系统就能构成小世界。巨大的网络无须充满随机连接，就能显示出小世界的特性，只需少数几个远程连接就够了。这一发现的中心含义是，在网络连接中相对微小的改变就可以在整体网络结构中产生巨大的变化。瓦茨在他的著作《小小世界：有序与无序之间的网络动力学》一书中关于复杂系统的阐述，对小世界网络微观层次变化和宏观层次属性之间的细微联系进行了进一步探讨。

  网络的小世界性质在不同尺度之下表现为信息传播路径结构的相似性，是指同一信息存在和传递的不同形式，无论是微博、微信、抖音、群还是社区等，这些不同的传播形式在传播同一信息时，由于这些形式是嵌套连环相通的，使信息的传播结构由简单到复杂、由局部到整体的紧密性非常坚固，信息传播系统可瞬间坚不可摧，也可顷刻间"塌陷"，这都取决于信息的"注意力"聚焦的程度。物以类聚，人以群分。在基于互联网的社交网络中，大大小小的社群，形成了形形色色的特定情境和主题的虚拟社区。人们用网络科学研究这些社区，发现复杂网络中常常具有大规模分布却又小世界聚集的性质，甚至是超小世界聚集的性质；这些网络常常是无标度的，或者在多尺度上表现出幂律分布的性质；网络有鲁棒性和脆弱性并存的性质，以及网络内部的自相似性质等。在网络传播中，每一个网友个体的行动都会受到其相关小世界网络圈子或社区中个体的影响，这些相对简单的即时信息沟通与协作可以完成相对复杂的传播任务，而这种传播的机制往往很简单，网上的个体只要效仿它的圈子而不需要全局信息就可以使网络传播系统整体产生自组织涌现行为。

  2012年7月，为了探究互联网这个庞大的"宇宙"，俄罗斯工程师鲁斯兰·艾尼基维（Ruslan Enikeev）根据2011年年底的数据，将196个国家/地区的35万个网站数据整合起来，并根据200多万个网站链接将这些"星球"通过关系链联系起来——全球互联网地图（The Internet Map）。与普通地图不同，全球互联网地图是以二维的方式来呈现互联网网站之间的联系。每一个网站都是地图中的一个圈（"星球"），而圈的大小则根据其网站流量来确定，流量越大，圈就越大。用户在网站之间的切换形成了连线，连线越粗，网站之间的关系就越紧密。而"星球之间"的距离远近则根据链接出现的频率、强度和用户跳转时创建的链接而定。

总之，小世界网络既具有与规则网络类似的群聚特性，又具有与随机网络类似的较小的平均路径长度，即同时具有较小的平均最短路径长度和较大的群聚系数，后者明显有别于随机网络模型。小世界网络有两个基本特征：一是群聚系数大，即局部集团化程度高；二是平均最短路径小，资源或病毒在网络中流动速度快。凡同时具有高群聚程度和最短路径的网络，都具有小世界特性，都是小世界网络。

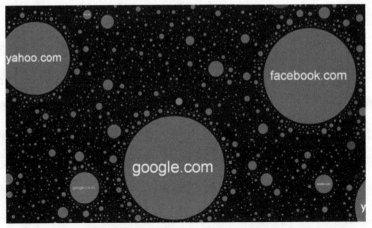

全球互联网地图（The Internet Map）

人是万物的尺度：自我网络

网络社会化媒体具有强烈的小世界性质。小世界网络的六度分离理论强调的是通过熟人的熟人认识更多的熟人，这是一张放射状的网络。网络世界虽然漫无边际,但每个个体在网络上只会与特定数量的人群交流。美国的 Facebook 是世界上最有影响力的 SNS（社交网络服务）网站,全球用户超过 8 亿,2009 年 4 月 8 日,Facebook 的首席执行官马克·扎克伯格（Mark Zuckerberg）在他的博客中提到"平均每个用户有 120 个朋友"。扎克伯格提到的 Facebook "平均每个用户有 120 个朋友" 意味着每个人构成了一个小世界圈子,同时由于"平均每个人有 120 个朋友",那么每个人就有 120 个小世界圈子,以此类推,圈子的数量是呈指数级扩大的,每个人的小世界圈子又被嵌套在圈子的圈子中,交错复杂,数目庞大,信息传播的路径深不可测,其传播的性质捉摸不定,同时信息在其中的传播瞬间进行。在移动互联网时代,微信的好友上限可以加到 5 000 人,真正实现了"再小的个体,也有自己的品牌",但随之而来的就是人们要面对人际传播复杂关系的烦恼。

古希腊哲学家普罗泰戈拉（Protagoras）说:"人是万物的尺度。"每个人都以自我为中心来衡量所认知的事物。古希腊哲学家柏拉图对"人是万物的尺度"这样解释说:"对我来说,事物就是对我所呈现的样子,对你来说,事物又是对你所呈现的样子,而你和我都是人。因而可以说,对于每个感知者而言,事物就是他所感知的那个样子。"在网络上,每个人均可以自己为中心,建立网络上的社交圈子,这种以自我为中心的圈子,通过弱关系连成一片,形成网络大世界中的小世界,网络上就形成了无数个以个人尺度为中心的小世界网络。美国知名互联网博客史蒂夫·哈蒙（Steve Harmon）在关于社交网络未来发展的言论中,提出了"自我网络（me networks）"的概念。他提到在这样的网络中,用户以极高的相关性和目标性,通过各种方式获取信息,而不是通过社交网络看到一些随机信息。同时个人将会放弃电视、广播及报纸等媒体信息来源,把所有的个人信息整合到一起,并按照一定的方式排序。这样,不同的中心节点形成不同的尺度，大尺度包含着小尺度，并相互嵌套在一起，形成错综复杂的网络格局。互联网和移动互联网的 SNS 网站是典型的小世界网络，由于数据规模巨大，信息传递很接近于传统的社会关系网络，具有明显的"海内存知己，天涯若比邻"的小世界特征。

第 6 章
理解复杂网络：适应是一种坚强

为什么现实世界中会有小世界结构？有假说认为至少有两种相互矛盾的选择压力导致了这种结果：在系统内快速传播信息的需要，以及产生和维持可靠的远程连接的高成本。小世界网络具有较短的平均路径长度，同时又只需相对较少的长程连接，从而解决了这两个问题。

进一步的研究表明，根据瓦茨和斯托加茨提出的方法，从规则网络开始，对一小部分边进行随机重连，产生的网络与许多真实世界网络的度分布并不一样。很快不同的网络模型被提出来了，其中就包括无标度网络，一种更类似现实世界网络的小世界网络。复杂网络创始人巴拉巴西在《链接：网络新科学》一书中评论埃尔德什和雷尼之所以把网络描绘为完全随机的原因是，他们从来没打算提出放之四海而皆准的网络形成理论，他们更醉心于随机网络的纯数学之美。而真实的网络远非随机网络那么平静和均匀，而是具有小世界的特点，但小世界只是真实网络的一部分。巴拉巴西团队的发现彻底否定了随机网络的平均主义模式，让人们开始窥见真实网络世界的真容。1999 年，巴拉巴西教授和他的博士生阿尔伯特（Albert）从统计物理的观点出发，发现了复杂网络的无标度性质，提出了许多实际的复杂网络的连接度分布具有幂律形式。由于幂律分布没有明显的特征长度，该类网络又被称为无标度网络（Scale-Free networks）。

无标度网络：网络搜索

在当今的互联网时代，人们主要通过四种途径上网获取信息：一是门户网站，二是搜索引擎，三是社交，四是算法。

网络搜索改变了人们获取知识的方式，知识变得唾手可得。在谷歌出现之前，搜索引擎的做法是在索引上搜索你查询的单词，索引将所有可能的英文单词对应到包含有这个单词的网页的列表。当时在一大堆不相关的网页中寻找你想要的信息是一件让人充满挫折感的事情。20世纪90年代，谷歌改变了这一切。谷歌的创始人拉里·佩奇和谢尔盖·布林提出了一种革命性的思想，用一种称为"网页排名（PageRank）"的方法对网页搜索结果进行排序，真正找到计算网页自身质量的完美数学模型。在互联网上，如果一个网页被很多其他网页所链接，说明它受到普遍的认可和信赖，那么它的排名就高。其核心思想是网页的重要性（和可能的相关性）与指向这个网页的链接数量（入度的数量）有关。吴军博士在《数学之美》一书中，描述佩奇谈到他和布林发明网页排名算法时说："当时我们觉得整个互联网就像一张大的图，每个网站就像一个节点，而每个网页的链接就像一个弧。我想，互联网可以用一个图或者矩阵描述，我也许可以用这个发现写一篇博士论文。"佩奇这里谈到的"弧"是指网络上那些隐含在文字背后的网址"超链接（Hyperlinks）"。有了超链接，可以从任何一个网页出发，用图的遍历算法，自动地访问每个网页并把它们存起来，完成这个功能的程序叫网络爬虫（Web Crawlers）。

2019年，今日头条推出了全网搜索的功能。这是今日头条"信息创造价值"理念的延伸。用户可以通过今日头条最上面的搜索框进行搜索，查询站内外的信息。今日头条的推荐策略，囊括了"算法＋热点＋关注＋搜索"等多种功能的通用信息平台。"算法""推荐"的业务场景都是处理海量资讯。"算法"是指通过个性化推荐技术，用户可以看到自己感兴趣的内容；"推荐"是指面对海量内容时，如何帮助用户高效地选择、消费内容。2012年上线今日头条如今已演化成一款日活过亿的国民级产品。今日头条是基于个性化推荐引擎技术，根据每个用户的兴趣、位置等多个维度进行个性化推荐，推荐内容不仅包括狭义上的新闻，还包括音乐、电影、游戏、购物等资讯。

"自从有了搜索引擎,就有了针对搜索引擎网页排名的作弊（SPAM）。结果用户发现在搜索引擎中排名靠前的网页不一定就是高质量的、相关的网页，而是商业味非常浓的作弊网页。""有了网页排名以后，作弊者发现一个网页被引用的链接越多，排名就可能越靠前，于是就有了专门买卖链接的生意。从动机上来说，作弊者无非是想让自己的网站排名靠前，然后获得商业的利益。而帮助别人作弊的人自称是搜索引擎优化者（Search Engine Optimizer，SEO）。"近年来，随着主流搜索引擎对反作弊持续不断的投入，在世界上大多数国家/地区，作弊的成本越来越高，逐渐赶上甚至超过了花钱在搜索引擎上做广告的费用。现在希望提高网站排名的商家越来越多地选择通过购买搜索广告的方式获取流量，而不是作弊。

总之，网页排名的高明之处在于它把整个互联网当作一个整体来对待。如果将互联网看作一张大图，节点是网页，边是网页之间的超链接，我们就能发现网页排名之所以有效是因为这个网络具有特定的结构：同典型的社会网络一样，大部分网页为低连接度（入度相对较少），极少部分网页具有高连接度（入度相对较多）。此外，网页之间的入度数量差别很大，这样才使得排名有意义，能真正对网页进行区分。换句话说，万维网具有前面描述的那种度分布和中心节点结构，而且它也具有高度的集群性，一些网页"群体"内部相互连接。用网络科学的术语来说，万维网是无标度网络。

中心节点和神秘的长尾

网络科学家发现，在他们研究过的自然、社会和技术网络中，大部分都具有这些特征：高度的集群性、不均衡的度分布及中心节点结构。这些特征的出现显然不是偶然的。如果将节点随机连接起来生成一个网络，则所有节点的度数都会差不多。同样的，网络中也不会有中心节点和小的集群。

在随机网络思维的统治下，对网络访问量做大量统计实验之前，科学家假设，连接数应当服从泊松分布或正态分布，即每个网站的被访问量差异不会太大。钟形曲线也被称为正态分布，正态分布有特定的尺度。在正态分布中，平均值同时也是频率最高的值，然而，实验结果推翻了这个假设：网页的度分布是无标度而不是钟形曲线。巴拉巴西的研究小组设计了一种软件，可以从一个节点跳到另一个节点，收集并记录网上的所有连接。在对几十万个节点进行统计之后，他们发现了令人惊异的结果：在绝大多数网站的连接数都很少的情况下，有极少数网站拥有高于普通网站百倍、千倍甚至万倍的连接数。在互联网中，其结构也是被一些高度连接的中心节点所主导，如新浪、网易、腾讯等，其中心节点的存在颠覆了网络空间是平等的这一幻象。中心节点的存在使网络呈现小世界的特点，而中心节点和众多节点之间的连接，为网络传播系统中任意两点创造了传播路径。无标度网络有四个显著特征：①相对较少的节点具有很高的度（中心节点）；②节点连接度的取值范围很大（度的取值多样）；③自相似性能；

④小世界结构。所有的无标度网络同时也具有小世界特征，但不是所有小世界特性的网络都是无标度网络。

2016 年巴拉巴西在"混沌研习社"的讲座中提到，在 2001 年只有一个网页，现在已经有一万亿个，因为所有人只要用了万维网，就会创造出一个网页，但是新的节点不会随机选择连接，他们希望能够连接到那些有更多人连接的网页上去。你希望连接到你知道的东西，那你知道哪些网页？百度、谷歌，这些是所有人都知道的网页。你更可能连接到那些高度连接的枢纽上去，这就是我们所谓的优先情结。所以这些节点不是随机连接的，更偏向于在那些已经有很多连接的点上。这是一个富人越富的现象，所以大节点会比小节点增长更快，最后成为真正的中心枢纽。

但是互联网中到底是什么机制，使它偏离了随机网络的平均主义预言呢？

1999 年，巴拉巴西小组发现无处不在的中心节点具有等级差别，并且符合幂律分布。在微博中，账号名为"琢磨先生"的用户，把微博形象地分成了九个层级。"微博的层级：第一层被牢牢地掌控在娱乐明星手里；第二层被各行业的领袖、投行的"教父"及明星经济学家占据；第三层被营销账号占领，是各'水军'聚集的地方；第四层是各种情调的小资活跃的地方；第五层为明星企业的中高层；第六层是草根领袖；第七层是资深草根；第八层是草根；第九层是'受苦受难'的群体。"

所谓等级差别，是指许多节点仅有几个连接，少数几个中心节点拥有众多的连接，缓慢降低的幂律分布很自然地能和高度连接的中心节点结合起来。无标度网络一定遵循连接度幂律分布。幂律是指在网络中随机抽取一个网页，它刚好会有某个数目的进入或者发出的超链接的概率，与它所拥有的超链接的数目，两者满足乘方关系。网页的入度分布大致是：入度为 k 的网页数量正比于 $1/k^2$；即 "k 的指数为 -2 的幂律分布"。幂律分布

的形式一般为 xd，其中 x 是入度这一类的量。描述这种分布的关键是指数 d，不同的指数会产生不同的分布。无标度网络＝连接度幂律分布。

幂律告诉我们，网络的连接与尺度没有关系，无标度网络没有"特征尺度"。无标度的英文叫 Scale-Free，其中 Scale 是刻度、比例的含义，Free 是自由的意思，其潜在的意义是说，如果是任何标度或刻度都可以的话，那么就跟没有标度是一样的。如果幂律分布的网络是无标度的，那么是否有新的测度来测量这类网络呢？答案是有的，这就是分数维度。幂律分布的复杂网络系统具有标度不变性和自相似特点，即网络结构是"破碎"的分形结构。关于分形的内容将在下文中详细讨论。

幂律的曲线像一条长长的尾巴，在幂律分布的网络中，缺乏峰值，说明在真实网络中，不存在带有普遍性的典型节点。这种"长尾"分布表明，绝大多数个体的尺度很小，而只有少数个体的尺度相当大，这种分布的共性是绝大多数事件的规模很小，而只有少数事件的规模相当大。

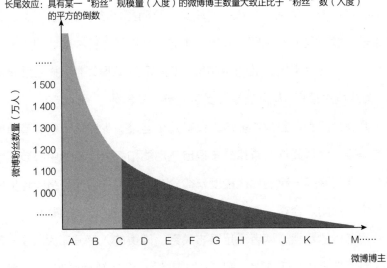

微博"粉丝"量的幂律分布（长尾效应）

在连续的等级分布中，无法找到一个特定的节点，说它能代表其他节点的特性。这样的网络不存在内在的尺度。因此，巴拉巴西研究小组把符合幂律分布的网络称为无标度网络。"无标度"通俗的解释是指用我们熟悉的普适标准和尺度无法测量。这里所说的"我们熟悉的"是指我们习以为常的欧几里得空间（欧氏空间）、我们日常生活的空间，只要有空间，就有测量，就有测量的标准和尺度。在欧氏空间中我们最熟悉的普适标准和尺度是以两点距离为基础的"米"，以此为基础建立的标度体系成为我们习以为常的东西。但真实的客观并不仅仅是欧氏空间，还有豪斯多夫空间、希尔伯特空间、混沌分形空间，复杂网络所存在的空间，是非欧几里得的混沌分形空间，这样的空间是无标度的。

随机网络的度分布是泊松分布，度值比平均值高许多或低许多的节点，都十分罕见，是一种高度"民主"的网络，而无标度网络的度分布则是幂律分布，节点度值相差悬殊，往往可以跨越几个数量级，是一种极端"专制"的网络，两者有本质的区别。在过去的40多年里，科学家们一直想当然地认为现实中的网络都是随机的，但无标度特性的发现打破了这种构想。

无标度是复杂网络混沌本质的反映。无标度性是蝴蝶效应产生的属性。我们所讨论的网络传播实质上是探讨复杂网络传播的规律，互联网与移动互联网为一个无标度网络，而网站、博客、网友等均是网络中的节点。网友从数量上占网络中节点的绝大多数，但他们仅与网络中少数的网站或社区相联系，因此属于分散节点；而门户网站尽管仅占少数，但它们却与网络中大多数节点相联系，因此属于无标度网络中的集散节点。

在2012年中国网络科学论坛上，复旦大学电子工程系李翔教授在其名为"籍有限的无线记录探究人类集群动力学"的演讲中提出，人类集群事件研究的重要性，即人类动力学。在演讲中他提到复旦大学Wi-Fi集群的研究实例，研究事件交互和时间演化；通过Wi-Fi的行为数据记录反向记录人的活动行为，发现社会关系。他特别提到了美国复杂网络学者巴拉巴西小组通过研究手机的行为数据发现：93%的人的行为可以预测"。

瓦茨于2007年在《自然》杂志上发表的一篇题为《21世纪的科学》的文章的主旨就是：如果处理恰当，关于在线通信和交互的数据有可能会对于我们理解人类集群行为产生革命性的变革，手机、GPS（全球定位系统）和互联网等能够捕捉人类通信和行踪的电子设备的日益普及，使我们最有可能在真正的定量意义上首先攻克的复杂系统可能并不是细胞或互联网，而是人类社会本身。

长尾理论是网络时代兴起的一种新理论，由美国人克里斯·安德森提出。长尾理论认为，由于成本和效率的因素，过去人们只能关注重要的人或重要的事，如果用正态分布曲线来描绘这些人或事，人们只能关注曲线的"头部"，而处于曲线"尾部"、需要更多的精力和成本才能关注到的大多数人或事实往往被忽略。而在网络时代，由于关注的成本大大降低，人们有可能以很低的成本关注正态分布曲线的"尾部"，关注"尾部"产生的总体效益甚至会超过"头部"，即众多小市场汇聚成可与主流大市场相匹敌的市场能量。安德森认为，网络时代是关注长尾、发挥长尾效益的时代。《长尾理论》中主要谈的是：如何在信息化的网络时代低成本、大规模、高质量地满足个性化需求。这里要强调的是，在商业上电子商务不仅仅是网络零售，B2C（Business to Customer，企业对消费者）的商业模式是传统工业时代大规模、流水线、标准化、低成本的运作模式。长尾理论告诉我们，未来真正的商业模式应该是C2B（Customer to Business，消费者对企业），即如何让目标消费者自己主动找到需要的个性化服务和产品才是数字时代面临的商业挑战。本质上，长尾理论是对复杂网络幂律特点的通俗解释。

"粉丝"规模的度分布

以微博为例,在我国,微博上流传着这样的说法:"粉丝超过100,你就好像是一本内刊;粉丝超过1000,你就是一个布告栏;粉丝超过1万,你就好像是一本杂志;粉丝超过10万,你就是一份都市报;粉丝超过100万,你就是一份全国性报纸;粉丝超过1000万,你就是电视台;粉丝超过1亿,你就是CCTV(中央电视台)了。"许多做网络公关的公司发现,微博上的意见领袖具有惊人的人气。只要"掌握"20%的知名博主,就可以"控制"80%的流量,对舆论产生巨大的影响。如果微博作者提出的主张得不到粉丝的支持或重视,它的信息传递就会戛然而止,在粉丝的页面中被沉没下去;而信息一旦获得"粉丝"的认可,"粉丝"们就会拼命地转发,形成信息流瀑,产生病毒式传播,这种模式被称为混沌分形的蝴蝶效应。产生蝴蝶效应的机制与复杂网络的幂律分布相关,微博博主与被关注"粉丝"量的分布呈幂律分布。微博上的连接有两种:入连接(被关注)和出连接(关注)。如果我关注了你的微博,而你却没有关注我,则我有一个出连接而你有一个入连接。我们可以将微博的入连接数量(被关注量即"粉丝"量)称为微博的入度(in-degree),这一定义是从通用的网页的入连接数得到的。一些网络学家通过采样和巧妙的网络爬虫(Web-crawling)技术得到了近似结果。研究者发现网页入度分布可以用非常简单的规则来描述:具有某一入度的网页数量大致正比于入度数平方的倒数。如果用字母 k 表示入度,则入度为 k 的网页数量正比于 $1/k^2$。这个规则实际上只适用于入度(k)为数千或更大的情形。该规则同样适用于微博,即具有某一"粉丝"规模量(入度)的微博数量大致正比于"粉丝"数(入度)的平方的倒数。不同规模微博"粉丝"数的分布具有无标度分布和自相似结构特点,实际这种结构是分形的,分形结构是产生混沌的蝴蝶效应的重要条件。

北京师范大学的狄增如教授在其名为"社会网络的空间结构"的演讲中提到,网络空间分布是幂律的,不同的幂律指数取决于空间优化的条件,网络产生涌现性是相互作用的结果,网络是产生相互作用的基本结构。他指出距离并未死亡,互联网时代社交网络和地理空间中距离的关系相似,并提到了"信息熵"在社会网络空间中的作用。

微博作为社会网络空间的杰出代表,其空间分布是幂律分布已是共识。为了更清楚地看到千万级、百万级和十万级"粉丝"博主的分布规模,现把纵轴定义为微博"粉丝"数,横轴为具有相应"粉丝"量的微博博主,根据微博的幂律分布特点,可以想象到,不同级别的"粉丝"规模,微博博主的分布应是呈现幂律分布的,也就是人们常说的长尾效应。不同规模的分布是一样的被称为是自相似的,因为不管在哪种"粉丝"尺度上进行绘制,形状都是一样的。说得更专业一点,就是"在不同尺度下具有不变性",这就是无标度一词的由来。自相似这个词与分形有关。关于分形我们将在下文中详细讨论。

复杂网络的节点增长和择优连接

没有谁有意识地将互联网设计成无标度分布。互联网的连接度分布,是网络在形成过程中涌现的产物,是由网络的生长方式决定的。1999年,巴拉巴西和他的学生阿尔伯特提出了一种网络生长机制——择优连接,用来解释大部分真实世界网络的无标度特性。其中提到,网络在增长时,连接度高的节点比连接度低的节点更有可能得到新连接。网页的入度越高,就越容易被找到,因此也更有可能得到新的入连接。换句话说,就是富者越富。巴拉巴西和阿尔伯特发现,择优连接的增长方式会导致连接度的无标度分布。

数学家告诉我们一个非常有意思的现象，所有网络的出现并不是循序渐进的，而是一种爆发式的增长，一开始的连接非常小，零散、孤立，没有任何影响，到了一个临界点，就会形成网络，所有的小小世界会结合在一起，圈子就被打通了。

巴拉巴西与阿尔伯特通过追踪万维网的动态演化过程，发现了许多复杂网络具有一种惊人规模的高度自组织特性，形成无标度特性的主要机制是网络节点增加和随机择优连接两条规则，而且随机择优（偏好）是产生无标度特性最重要的机制。特别是后者，无标度网络模型在生成的过程中，先从一个全连接的小网络最简单情形，也就是单个节点开始，每一步以某种概率增加一个新的节点，而新节点要与网络中已经存在的一些节点进行随机连接，连接的概率和被选节点的度成正比则称为择优连接，这样动态形成的网络就是无标度网络。无标度网络的特征是：许多的节点只有少数的连接，只有少数的中心节点有大量的连接。

无标度网络模型中为什么会出现中心节点和幂律分布？首先，节点增长在其中起了重要作用。网络的增长意味着早先的节点比后来者有更多机会积累连接：假如某个节点最后一个加入网络，那么网络中的其他节点就没有机会和它建立连接；假如某个节点是最早存在于网络的，那么后来的所有节点都有机会和它建立连接。因此，节点增长特性会给先存在的节点带来明显的优势，使其成为连接最丰富的节点。但这还不足以解释幂律的出现。中心节点还需要另一个定律的帮助，即择优连接（preferential attachment）。节点永远在为获得联系而竞争，因为在相互联系的世界中，连接数量就代表了生存能力。因为新节点乐于和连接多的节点建立连接，早到的连接多的节点会经常被选中，也会比晚到的连接少的节点增长得更快，由于越来越多的节点添加进来，它们也都选择连接多的节点，最早存在的一批节点必然会变得与众不同，它们会变成中心节点。这种择优连接的情结，在网络中就导致出现了真实网络的那条"长长的尾巴"，即幂律。当我们把网络认为是随机的时，就会把网络理解为静态的，无标度网络模型反映了人类在网络认识上的进步，认识到网络是动态系统，由于节点和连接的增加而不断变换。巴拉巴西说："在复杂网络中，无标度结构不是例外，而是常态。"

节点增长和择优连接实质反映的是信息结构自组织的表现，也是网络自组织动态演化的手段。在微博的发展初期，人们发现微博的商业应用中有一个重要的经营内容，就是"粉丝"的经营。微博"粉丝"的度分布已经告诉我们"富者越富"，许多人开通微博后先通过各种方式使自己的"粉丝"看来非常多，这样就会吸引更多的真实"粉丝"关注。专注于研究我国微博舆情的清华大学的沈阳教授将微博"粉丝"分成四类："钢丝、弱丝、恶丝和僵丝"。许多大号微博的"粉丝"就由这四类"粉丝"构成。沈阳教授认为，"钢丝"通常给予稳定的感情支持，关注博主自身的感情生活；而"弱丝"则能够对博主的观点进行相对客观评价，给出较多的不同意见；"恶丝"则言辞激烈，恶言恶语锤炼博主挨骂的能力，考验博主的修养，让博主"越挫越勇"；"僵丝"则是滥竽充数的人。

在复杂网络中，幂律描述的正是曲线的自相似与放大倍数的比例关系。"无标度"形容少数节点连接数大大超出普通节点的现象。几个超级节点拥有了多数的连线，而大部分节点则拥有很少的连线，这样的网络就是无标度网络。在一个无标度网络中，节点彼此之间的联系不是随意或平均分布的。无标度网络模型的一个显著特点是它们结构的"不均匀"性，即少数节点有很高的度，但大部分的节点的度却很小，这种无标度网络的平均最短路径长度和群集系数也较小，但比同规模的随机网络的群集系数要大。也就是说，如果这个社会是完全随机的，那么每个人的情况就非常相像，拥有朋友数量也大致平等。但我们可以看到，人跟人的差别其实很大，有的人朋友非常多，有的人朋友则非常少，所以网络不是随机的。

巴拉巴西在《链接：网络新科学》一书中写道："网络并不处于随机到有序的路上，它们也不处在随机性和混沌的边缘。相反，无标度拓扑结构证明了在网络形成过程中，一直有一些组织原则在起作用。这里毫无神秘之处，因为节点增长和择优连接能够解释自然界网络中的基本特性。不论网络多大、多复杂，只要存在择优连接和节点增长因素，它就会保持中心节点和无标度拓扑结构。"

网络空间幂律分布的分形结构

如果说巴拉巴西在《链接：网络新科学》中，向大家展示了幂律是如何构造复杂网络空间的，那么在《爆发：大数据时代预见未来的新思维》一书中，巴拉巴西则向人们深刻地揭示了幂律在网络传播中是如何切割时间的。巴拉巴西在书中提到一个钞票游戏，人们在钞票上标记记号，然后花出去，研究人员追踪钞票传递的路径和时间规律。研究发现，被标记的钞票在长时间的消失之后会出现短时间的密集活动。短时间的活跃和长时间的静默相互交替出现，形成一个时间上精确的规律：幂律。一旦时间幂律出现，就会出现活跃的"爆发"点。本质上，被标记的钞票相当于网络传播中的信息，被花出去的钞票相当于微博上被"转发"的信息，只不过钞票"走"得较慢。巴拉巴西在书中阐述"爆发"现象时特别强调这种现象遵循"列维飞行（Levy Flight）"理论。鲍尔·列维（Paul Levy）是法国伟大的数学家、概率论的奠基人之一。"列维飞行"理论是指符合幂律分布的随机运动，而幂律分布是区别"列维飞行"与其他随机运动的特征。"列维飞行"的宏观轨迹是一系列折线或者孤立的康托尔集。"列维飞行"的轨迹是典型的分形。"列维飞行"理论早在爱因斯坦研究布朗运动的原子轨迹时就被发现了,布朗运动轨迹是分形的。"列维飞行"正是分形理论的创造者曼德博命名的。巴拉巴西所说的"爆发",即时间间断的幂律规律,也相当于"阵发"现象,这在曼德博早期的噪声研究中就已经发现,"爆发"的实质是"康托尔集",是分形的。

在过去的数十年中,人们在各种复杂系统中发现了花样繁多的幂律,或称临界现象。在这背后隐藏的是系统的无标度性或自相似性。除了空间和时间,宇宙中的万事万物还需要用一个基本的量去刻画,这就是标度。一只蚂蚁和一头大象看到的世界是不一样的,因为它们在不同的标度上。而有意思的是,大自然中的很多复杂事物都具有标度对称性。也就是说,当你拿着一个放大镜去看整个系统,无论放大镜的倍数有多大,你所看到的都是非常相似的景象——这就是分形。于是,作为一个观察者,你已经无法分辨自己在什么样的标度下,这就是标度对称性或无标度性。

幂律与分形有密切关联。幂律分布的结构是分形,幂律指数则是相应的分形维,维数量化的正是分布的自相似与放大倍数的比例关系。复杂网络的无标度伴随着自相似结构向极限延展。人们看到的是连续的、有等级的节点,从罕见的中心节点到无数的小节点一级一级分布开来,呈现不同等级具有相似结构的特征,它们在所有缩放尺度上都有自相似性。最大的中心节点后面紧跟着两三个较小的中心节点,然后是十几个更小的节点,以此类推,直到最后的无数的小节点。少数人的微博拥有过百万或过千万的"粉丝",而同时又有巨量"僵尸粉丝"存在。以网页被点击次数的分布为例,尽管我国向近 5 亿网民提供的网站过百万个,但只有为数不多的网站,才拥有网民一次访问难以穷尽的丰富内容,拥有接纳许多人同时访问的足够带宽,进而有条件演化成热门网站,拥有极高的点击率,像新浪、搜狐、腾讯、网易等门户网站。80% 的显示广告点击流量来自不到 20%

的网站，二八定律在这里也适用。因此，我们可以说，网络的度分布具有分形结构，因为它是自相似的和嵌套的。结论就是，分形几何结构是产生幂律分布的一种方式。

分形几何的主要价值在于它在极端有序和真正混沌之间提供了一种可能性。分形最显著的性质是：看来十分复杂的事物，事实上大多数均可用仅含很少参数的简单公式来描述。其实这并不简单，它蕴含着复杂。分形几何中的迭代法为我们提供了认识简单与复杂的辩证关系的生动例子。分形高度复杂，又特别简单。无穷精致的细节和独特的数学特征（没有两个分形是一样的）是分形的复杂性的一面；连续不断的，从大尺度到小尺度的自我复制及迭代操作生成，又是分形简单的一面。

要强调的是，"网络是幂律分布的模型"是过度简化的，因为不管是小世界还是无标度模型，所有节点都被当作是一样的，除了连接度；所有的边的类型和强度也是一样的。而边和节点类型的区别，以及边的强度，对于信息在网络上的传播有很大影响，所以简化的网络模型无法抓住这种影响。

在2012年中国网络科学论坛上，上海大学史定华教授在其题为"论网络的标度和对称——结构与功能的和谐统一"的演讲中，对无标度网络的定义进行辨析，以他的实际测量分析了无标度网络中的节点分布和幂律分布的关系。他认为增长网络不是幂律分布，而是华林分布！模型中的简化假设在现实世界中的网络也许不成立。但不管怎样，网络的幂律分布让我们窥见网络传播结构和传播过程的秘密。

2011年5月8日，美国特种部队在巴基斯坦击毙本·拉登的消息轰动世界，推特成了这一新闻的主要来源。为了理解推特是如何传播本·拉登之死消息的，美国一家名为SocialFlow的研究公司对近1500万个与本·拉登事件相关的推特信息进行了分析，并制作了可视化传播路径图。图中最显眼的是传播本·拉登死讯的第一个人，即美国前国防部长拉姆斯菲尔德的总参谋长凯斯·厄本（Keith Urbahn）。在本·拉登被击毙的消息正式发布前一小时，凯斯·厄本率先通过推特证实了本·拉登被击毙的猜测。他的微博发出一分钟内，推特上有5万名关注者的《纽约时报》记者布兰·斯特尔特（Brian Stelter）就进行了转发，随即产生蝴蝶效应。随之而来的转发和评论超过了主流媒体，也超过了白宫正式发表的声明，引发了推特新闻传播的大爆炸。

这张推特传播路径图看起来很美，它的学名叫混沌分形图。图中每个转发的人均是其传播圈子的中心节点，这些大大小小的传播转发是自相似的，不同数量级的关注数量的推特转发的尺度是不固定的、无标度的，并且是层级嵌套的，它们之间通过"弱连接"连成一片，使传播信息"遍历"尽可能多的节点账号，产生了蝴蝶效应。

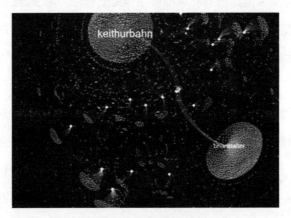

混沌分形图的分析

在网络科学中，有两大类图，一类是复杂网络的关系演化图，如前文提到的全球互联网地图；另一类是复杂网络中的信息传播路径图。在网络科学发展的初期，人们并没有把这两类图明确地区分开，这两类图本身有许多相似之处。但如果要深刻理解混沌分形的思想，复杂网络中的信息传播路径图还是非常有特点的。

第 6 章
理解复杂网络：适应是一种坚强

在 2012 年中国网络科学论坛上，中国传媒大学的沈浩教授演讲的题目是"发现数据应用之美：数据挖掘和社会网络分析"，他在演讲中特别提到了知名品牌杜蕾丝官方微博的传播路径图。笔者在现场向他求证数据的真实性，沈教授亲口确认数据取自杜蕾丝的官方微博。同时沈教授认为这张传播路径图有种"六度空间"的感觉，具有震撼人心的美。确实，根据复杂网络的特点，这张图中的每个圈都代表着一个中心节点，每个圆盘形成了一个小世界空间，圈与圈之间是"弱连接"，图中的圆圈无论大小，形状上是相似的，这叫自相似，并且这种自相似是嵌套的，每个圆圈的边缘任意取一点放大，仍然是大图的结构。笔者认为这张图充分体现了微博的碎片化传播，准确无误地显示了微博在幂律分布的复杂网络中传播的分形路径，无标度的伸缩对称性和自相似性。英国 BBC 的纪录片《神秘的混沌理论》中，把曼德博的那张具有标志性的混沌分形图称为"上帝的指纹"，从此人们从艺术的角度把这类图称为"上帝的指纹"图，在学术上叫"混沌分形图"。

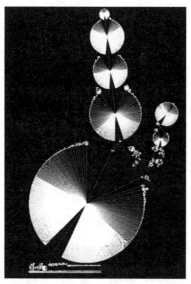

"上帝的指纹"图（来源：中国传媒大学沈浩教授）

齐普夫定律：敲键盘的猴子

20世纪30年代，哈佛大学的语言学教授齐普夫（Geroge Kingsley Zipf）研究了语言的许多有趣的属性。随意在小说或报纸中取一大段文字，将所有词根据出现次数排序。词频大致正比于其排名的倒数（也就是1/排名）。这个关系现在被称为齐普夫定律（Zipf's Law），这可能是最著名的幂律。

齐普夫提出，一方面，人们一般都遵循"最省力原则（Principle of Least Effort）"：一旦用到了某个词，对类似的意思再用这个词就比换其他词要省力；另一方面，人们希望语言没有歧义，又需要不同的词来表示相似却又不完全一样的意思。齐普夫从数学上证明了这两种倾向在一起会产生观察到的幂律分布。

美国作家米歇尔·沃尔德罗普在《复杂：诞生于秩序与混沌边缘的科学》一书中曾提到复杂适应性系统自我演化的难度，好比大英博物馆地下室的猴子从乱敲键盘开始，进化到能够创造出莎士比亚全集，需要远远超过宇宙的时间年龄，是不可能完成的复杂任务。但心理学家乔治·米勒（George Miller）使用简单的概率论证明，让猴子在键盘上随意敲击，如果（偶然）敲到了空格键就断词，这样得出的文本遵循齐普夫定律。这个结果让所有人都大跌眼镜，暗示着复杂的乱七八糟的行为遵循某种自然规律。

20世纪50年代，因发现分形而闻名的曼德博从信息量的角度提出了不同的解释。借鉴香农的信息论，曼德博将词视为"讯息"，发送者在将信息量最大化的同时尽量将发送信息的成本最小化。曼德博证明，如果同时优化信息量和传送成本，就会导致齐普夫定律。

在网易公开课《唐诗鉴赏》第6集中，东南大学王步高教授提到，在中国的格律诗里面，警句多出现在第二联，数量大概在 70% 左右，警句出现在第三联的概率为 20%~30%，警句出现在尾联的概率为 5% 左右。这让我们看到了幂律和黄金分割的影子。

科学家们一般都假定大部分自然现象都服从正态分布。然而幂律却在很多现象中都被发现，以至于一些科学家说它"比'正态'还要正态"。中国著名的广告大家吴晓波先生在与笔者的一次交流中谈到，老子在《道德经》中早已指出人类社会的幂律分布特征："天之道，损有余而补不足；人之道，则不然，损不足以奉有余。"数学家沃尔特·维林格（Walter Willinger）说："在复杂的自然和工程系统中获得的数据中发现幂律分布，应当视为正常而不是意外。"中国传媒大学沈浩教授曾在新浪公开课中，引述了一个极端的说法："自然科学遵循正态分布，社会科学遵循幂律分布。"

科学家对自然界中正态分布的成因有很好的理解，但幂律在一定程度上却还是个谜。对于自然界中观察到的幂律有种种解释（如择优连接、自组织临界性、高度容错等），但对于是哪种机制导致了幂律现象则很少有共识。理解幂律分布的根源、意义和在各学科中的共性，是目前许多复杂系统研究领域最为重要的问题。

网络稳健性：中心节点除外

无标度网络有一个非常重要的特性，在节点被删除时具有稳健性。也就是说，如果随机删除一些节点，不会改变网络的基本特性：仍然会有多样的度分布、很短的平均路径及很高的集群性，即使删除的节点很多也不会有什么变化。原因很简单：如果随机删除节点，则极有可能被删除的是低连接度的节点，因为网络中绝大部分节点都是低连接度节点。删除这种节点对总体的度分布和路径长度的影响很小。

虽然网页和连接不断被删除，但上网不会受到什么影响。不过，这种稳健性是有代价的：如果删除了中心节点，网络就有可能会失去无标度特性，并且无法正常运转。总之，无标度网络对节点的随机删除具有稳健性，但如果中心节点失效或是受到攻击就会非常脆弱。

择优连接机制会形成作家马尔科姆·格拉德威尔（Malcolm Gladwell）所说的引爆点（tipping point）——论文引用、时尚流行等过程通过正反馈循环开始剧烈增长的点。另外，引爆点也可以指系统中的某处失效引发系统全面加速溃败的点。

马尔科姆·格拉德威尔在《引爆点：如何引发流行》一书中，以社会上突如其来的流行风潮研究为切入点，从一个全新的角度探索了控制科学和营销模式。书中指出，一个流行潮的爆发，起因于三个条件，他称之为个别人物法则、附着力因素法则、环境威力法则，其中任何一个条件的变化都可能引爆一场流行。个别人物法则可以是通常所说的"意见领袖"，很多流行起源于"意见领袖"掀起的口头信息传播的浪潮，网络中的知名博客即是如此，同时个别人物法则在网络上还可以引申为"中心节点"，几大门户网站和著名网络社区这些"长尾的头"是创造流行的发源地。附着力像是指事物本身的吸引力，但不完全取决于事物的内在质量，附着力因素法则指出，简单改变事物的结构和形式，就有可能大大增强事物的附着力，使之更易流行。网络中的附着力因素与"注意力"是相通的，但网络中的附着力与表现形式关系密切，如图片的质量、下载的手段和难易程度。网络中的环境威力是指在"意见领袖"和"中心节点"的引导下，各种圈子、社区、群构成的小世界传播环境对引爆流行有潜移默化的影响。在网络上，任何细微的因素都可能成为传播流行的引爆点。反过来，对网络传播的控制可以通过对这三条法则进行"干预"，实现"有计划、有目的"

的传播，达到商业上的、政治上的目的。《引爆点：如何引发流行》一书实质上谈的是流行文化的蝴蝶效应，这三条法则是从三种视野考察引爆流行的"初始条件敏感"的因素，从泛网络的角度看，这是复杂网络的混沌分形传播。

复杂网络：适应是一种坚强

对复杂网络的研究正在不断地深入。2012年，俄罗斯裔的美籍数学家克里奥科夫（Dmitri Krioukov）和希腊科学家帕帕多普洛斯（Fragkiskos Papadopoulos）在《自然》杂志发表了一篇题为《生长网络中的流行性及其相似性》（*Popularity versus similarity in growing networks*）的长文，构造了一个双曲几何空间中的生长网络模型。他们长时间合作研究复杂网络的双曲几何模型。更重要的是，双曲几何自然蕴含着无标度网络。基于双曲空间的局域连接结构就天然是无标度的。该模型不仅复现了小世界、高集群性、无标度等性质，而且还能涵盖几乎所有重要的网络模型。他们的研究成果可以用著名荷兰版画家埃舍尔的作品《蝴蝶》来直观表现。

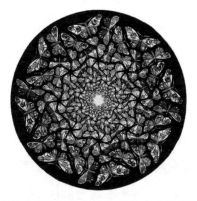

著名荷兰版画家埃舍尔的作品《蝴蝶》

埃舍尔的《蝴蝶》表现了一个无限的非欧几何空间（双曲空间），这个双曲空间把无限的空间压缩到了一个有限的时空中。图中所有的蝴蝶都是全等的，但是，由于双曲空间存在着扭曲变形，这就使得边缘区域的蝴蝶显得更大一些，中心区域的蝴蝶显得非常小，以至于在中心处，有限的空间有无穷只蝴蝶，这些蝴蝶的表观面积趋向无穷小。《蝴蝶》这幅作品形象地表现了复杂网络可能存在的模式。

规则的东西看似有序，实际上那只是一种平庸的有序。世界需要规则，同样需要随机；世界需要有序，同样需要无序。巴拉巴西说："还原论作为一种范式已是'寿终正寝'，而复杂性作为一个领域已'疲惫不堪'。基于数据的复杂系统的数学模型正以一种全新的视角快速发展成为一个新学科：网络科学。"网络科学所要研究的是各种看上去互不相同的复杂网络之间的共性和处理它们的普适方法。

"网络中的信息传播"指的是节点之间的所有交流。信息的传播包括谣言、流言、流行时尚、思想、流行病（通过病毒传播）、万维网上的数据包、卡路里（在食物网中传递）。网络的连接度无标度分布、集群性和存在中心节点这些特点使得网络具有小世界的通信能力，并且在随机删除节点时具有稳健性。所有这些特点都有助于理解科学和技术领域的复杂系统。

小世界效应和无标度特性等发现标志着网络科学发展的第三个里程碑，表明网络无处不在，并具有普遍的规律，由此诞生网络科学。许多现实网络的实证研究表明，真实世界网络既不是规则网络，也不是随机网络，而是一大类确定性与随机性混合的网络，兼具小世界和无标度两种特性，这样的一些网络被称为复杂网络（Complex networks）。网络系统的复杂性既包括子系统节点的复杂性，也包括在子系统之间互联结构的复杂性。我国科学家钱学森给复杂网络下了一个较严格的定义：具有自组织、自相似、吸引子、小世界、无标度中部分或全部性质的网络称为复杂网络。

复杂网络研究的内容主要包括：网络的几何性质、网络的形成机制、网络演化的统计规律、网络上的模型性质，以及网络的结构稳定性。

复杂网络的研究，在大量网络现象的基础上抽象出两种复杂网络：一种即小世界网络，另一种即无标度网络。这两种网络都同时具有两个基本特征：高平均集聚程度、小的最短路径，而无标度网络的度分布又具有幂律分布特征。因此，无标度网络的复杂性程度高于小世界网络的复杂性程度。高平均集聚程度反映了事物在小世界的境况下自发走向有序的态势，小的最短路径特征反映了演化速度快的特征。系统的低层次的因素之间的局部交互作用会更密集，作用会更频繁，在系统层次会涌现出更多的性质。实际网络的复杂性特征：一方面，它具有无序演化的特征；另一方面，它也具有增加有序程度的演化特征。它具有分形和混沌的特征，具有自组织演化的特征。复杂网络的小世界和无标度特性的发现是近年来网络研究的一次重要突破。网络思想为描述自然界复杂系统的共性提供了新的语言，也使得从不同领域得到的知识能相互启发。就其本身来说，网络科学是它自己所说的那种中心节点，它使得本来相隔遥远的学科变得很近。

网络的传播是网络自组织自发地转发、评论推动的，而被传播的信息的生命力取决于"粉丝"自组织们对信息适应性的发自内心的拥护，传播信息内容的质量和受欢迎程度代表了传播的适应性，信息生命力的适应性是自下而上的传播状态。

达尔文说："适应性是变化着的过程而不是最后的最优化状态。"所以适应在某种程度上是一种坚强。信息在复杂网络传播系统的冷热交替中，传播的适应性在于节点的适应性分布。所谓适应性就是传播的能力。每个网络都有独特的适应性分布，这种分布告诉我们网络中的节点相似性或差异性有多大。一些网络中的大多数节点适应性大体相当，其分布符合正态分布；而另一些网络的适应性范围差别很大，少数节点比大多数节点的适应性强很多，如百度、腾讯。网络传播的适应性将节点处于竞争前沿的能力进行量化。网络传播适应性的来源在于增长的节点和节点之间的择优连接。在复杂网络的无标度结构中，节点的适应能力与其连接数目相关，节点的适应性与连接数目进一步影响择优连接的方向，出现节点连接的马太效应，网络随时呈现出等级节点的分布符合幂律的现象，从而使最适应的节点成为中心节点。

从生物学角度说，适应是生物体调整自己以适合环境的过程。不同的适应过程具有不同的时间尺度，在网络传播中，个体发生的适应性变化的间隔从数秒到数小时。传播的适应性在于传播从开始到消亡的过程。复杂网络信息的传播既追求局部的最佳适应性也追求整体的最佳适应性，同时网络传播是与环境（线上或线下）共同演化、创造和改进的，网络传播的互动性为这种演化提供了具体的方法。适应性系统是由用规则描述的、相互作用的主体组成的系统。这些主体随着经验的积累，靠不断变换其规则来适应。在复杂适应性系统中，任何特定的适应性主体所处环境的主要部分都由其他适应性主体组成，所以，任何主体在适应上所做的努力都是要去适应别的适应主体的。

信息在复杂网络的碎片化传播中总是处于不可逆的演化过程中。复杂系统演化的不可逆性是指，一个复杂系统永远不会准确地回到它曾经处过的状态，否则它就是一个简单的周期系统。网络信息在连续被转发的传播演化过程中有发生"爆发"突变的可能性，网络信息传播的长期行为是不可预测的。复杂网络的信息传播总是处于发展、演化之中，信息传播的结构和行为随时间而变化。复杂网络系统有许多共性，一条简单的网络信息可以引发复杂的集体行为。

第7章
碎片化传播的蝴蝶效应

2016年2月14日情人节那天,两只鹅的照片成了新年第一对"网红",引起全民关注。在这张照片中,一只鹅被绑在摩托车上,一只鹅站在摩托车下,两只鹅嘴对嘴,被网友解读为是在"亲吻"。此后,这张照片便迅速在网上发酵,引起广泛传播,网友们脑洞大开,延伸出多个版本的结局。一个版本是,装载鹅的摩托车出了故障,最终两只鹅幸福地在一起了。网上不断出现了网友自己创作的两只鹅的后续情节和版本,我的微信朋友圈有一位朋友为这张照片创作了一首《无言的结局》:

待来世,魂还乡,

交颈相拥话衷肠。

生死别,太哀伤,

曲项叹求永成双。

我们觉察不到的极其轻微的原因决定着我们看到的显著结果，但我们却说这个结果是由于偶然性。偶然性是无法预测的现象，它们好像不服从所有的定律。研究表明，当传播网络规模无限增大时，无标度网络的信息扩散临界值趋于零，这意味着在服从幂律分布的复杂网络中，即使很微小的、偶然的信息扰动，也足以在庞大的网络中迅速蔓延和传播。这就是碎片化传播中的"蝴蝶效应"。网络碎片化传播中的"蝴蝶效应"无处不在，众多令人瞠目结舌的网络事件，不断地见证着"蝴蝶效应"的巨大威力。网络碎片化传播中的"蝴蝶效应"一般可从两个方面来理解，一个是微小的因素引发的巨大结果，一个是由偶然因素引发的传播规模和声量的巨大无比。为了深刻理解这两个方面，有必要对"蝴蝶效应"概念的来龙去脉进行追本溯源。

蝴蝶效应的来历

2008年4月16日，一些报纸报道了一条不起眼的新闻，一位美国气象学家在家中去世，享年90岁，这位美国气象学家就是最初提出蝴蝶效应并影响混沌理论建立的爱德华·诺顿·洛伦茨。

1960年，世界知名的动力气象学家、美国麻省理工学院的爱德华·诺顿·洛伦茨用计算机求解一组描述地球大气的非线性微分方程。为了检查某些细节，他作了一项重复预测，把温度、气压和风向等数据输入计算机，这次他将方程中变量的有效小数位由原来的6位减为3位。他让计算机运行方程，而当他喝了一杯咖啡以后回来再看时竟大吃一惊：本来很小的差异，结果却偏离了十万八千里！计算机没有出问题，于是，洛伦茨认定，他发现了新的、后来被称为"混沌"的现象："对初始条件的敏感依赖性"，即著名的蝴蝶效应。

在科学界，若一个现象的运动可以用以微分方程表征的因果模式加以解释，则它就是有秩序的。牛顿首次引入了微分思想，在他的著名运动定律中，他把变化率与各种力联系起来。科学家们很快变得信赖线性微分方程。无论是多么不同的现象，如植物生长、动物繁衍、弹簧开关等，都可以用这些方程描述，其中小的变化产生小的效应，可以通过累加许多小的变化来获得大的效应。19世纪的科学家们对线性方程很熟悉，但对另一类方程却知之甚少，那就是非线性方程。非线性方程特别适用于不连续事物，如爆炸、突变等。问题在于，处理非线性方程需要数学技巧和直觉。19世纪的科学家们坚守还原论的教条，而"线性近似"掩盖了非线性方程混沌的一面，这种坚守一直到20世纪70年代。在非线性方程中，一个变量的微小变化对其他变量有不成比例的、甚至灾难性的影响。线性方程与非线性方程的一个主要差别是反馈或者迭代，即非线性方程具有自我重复相乘的性质。反馈体现了秩序和混沌之间的一种本质的张力，反馈互动让我们对世界的认识更深刻。尽管有关微分方程的话题已有300多年的历史且其成果充满了图书馆，也从未有人认为微分方程会像洛伦茨在他的实验中发现的那样，具有混沌特征。

洛伦茨认识到，正是非线性与迭代的组合，把两次计算机运行中的三位小数位的差别放大了。结果相差如此之大，意味着像天气这样复杂的非线性动力系统必然是相当敏感的，连细节上最小的差异也能影响它们。洛伦茨和其他科学家突然意识到，在确定性的因果性的动力系统中，生成混沌不可预测性的潜在可能性蜷伏在每一个细节当中。洛伦茨认识到的是，由于非线性方程（表示动力系统相互联系的本性）的迭代特性，附加再多的细节也无助于改善预测，也就是我们常常感叹的"世事难料"，洛伦茨首次通过偶然性研究清楚了迭代是如何生成混沌的，从此把人类的理性世界正式投向了非线性的混沌世界。

洛伦茨后来告诉《发现》杂志："我那时很清楚，如果真实大气的行为正如这个数学模型所描述的，则长期天气预报是不可能的。"他将这一事实写成文章，于 1963 年在《大气科学》杂志上发表了《决定性的非周期流》一文。洛伦茨在发表的文章中指出：在气候不能精确重演与无法长期预报天气变化之间必然存在着一种联系，这就是非周期性与不可预见性之间的联系。他认为：一串事件可能有一个临界点，在这一点上，小的变化可以变为大的变化；而混沌的意思就是这些点无处不在。洛伦茨进一步说明："我用混沌这个术语来泛指这样的过程——它们看起来是随机发生的，而实际上其行为却由精确的法则决定。"这表明混沌行为的重要属性是确定性，而不是随机性。

1979 年 12 月，洛伦茨在华盛顿的美国科学促进会的一次演讲中提出：一只蝴蝶在巴西扇动翅膀，有可能会在美国的德克萨斯引起一场龙卷风。他的演讲和自然科学界最早认定的奇怪吸引子（The image of Lorenz attractor）给人们留下了极其深刻的印象。从此以后，所谓的"蝴蝶效应"之说就不胫而走了。

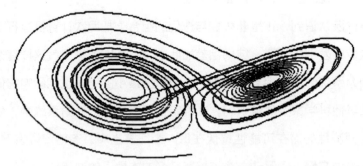

自然科学中最早认定的奇怪吸引子是 1962 年发现的洛伦茨吸引子
（the Image of Lorenz attractor）

在随后的几年，洛伦茨又以同一主题发表了三篇论文，现在它们已经成为研究耗散系统混沌现象的经典文献。在很早的微分方程的定性理论里面，庞加莱已经提出了非线性复杂系统的混沌现象，他已经隐隐约约地感到在自然界当中，在所谓的无序当中，表面上是无序的，实际上有新的规律。但他没有深入地研究，他已感到用微分方程会有困难，所以提出用微分方程整体的、定性的数学拓扑的方法进行研究。但是这仅仅是一个想法。与庞加莱相比，洛伦茨对初始条件的敏感依赖性要精确很多，并发现了第一个奇怪吸引子。洛伦茨对奇怪吸引子的发现是源自对一组微分方程的数值分析，这组微分方程是他从测试天气预报的数学模型中提炼出来的，现在称为"洛伦茨方程"。洛伦茨发现这组方程的解有奇怪吸引子，即在微小的干扰下，在一定的空间内轨道变化极其强烈，在原来"并肩"围绕一个中心"盘旋"的轨道中会有一些轨道突然改变"航向"离开其他轨道，加入到另外一组轨道之中，围绕另一个中心旋转，甚至在两个中心之间跳来跳去，好像蝴蝶的翅膀，并且这类轨道并非个别，而是密密麻麻到处都有。这种轨道的行为破坏了原有轨道的秩序，并表现出某种不可预测性，这在数学上叫初始条件敏感，在数学的直觉上叫拓扑的不可预测，就是在已经建立的轨道上，在微小的干扰下，运动轨道会产生巨大的偏差。

当科学家说一个系统有奇怪吸引子时，他们的意思是如果在数学空间中绘出系统的变化或行为，则图形将显示系统在重复着某种模式，系统被"吸引"到那种行为模式。一个演化系统各要素之间的相关性可以在很大数值范围内保持相对不变，但在某些临界点处会分裂，刻画系统的方程跳入了一种新的形态。吸引子是涌现的创新。在非线性的世界里，即包括了我们大部分的现实世界，精确预测在实际和理论中都是不可能的。非线性打破了还原论者的坚守。奇怪吸引子图显示系统行为不可预测并且不是机械的，因为系统向外部环境开放，所以它能够有许多运动的细微差别。每个吸引子各有其特定的测度。洛伦茨吸引子已经成为混沌学的重要标志。

洛伦茨是一位具有很强数学背景的气象学家，事实上，他在哈佛大学的一个老师乔治·D.伯克霍夫（George D. Birkhoff），曾是美国数学会主席。此外，更具创举的是他采用了计算机来进行运算，将数值计算方法与庞加莱的几何化图形相结合，从而成功地打开了混沌科学之门。

奇怪吸引子是混沌和分形以一种最自然和不可避免的方式会合的：作为几何图形，奇怪吸引子是分形的；作为动态对象，奇怪吸引子是混沌的。奇怪吸引子提供了对微博碎片化传播路径的某种新的理解。另外，从审美的角度看，奇怪吸引子有令人目眩的美学感召力，即混沌分形图。中国传媒大学的沈浩教授在2012年中国网络科学论坛的演讲中，特别提到了杜蕾丝官方微博的传播路径图"上帝的指纹"图，本质上是微博传播路径的奇怪吸引子，学术上叫"混沌分形图"。

从科学的角度来看，蝴蝶效应反映了混沌运动的一个重要特征：系统的长期行为对初始条件的敏感依赖性。经典动力学的传统观点认为：系统的长期行为对初始条件是不敏感的，即初始条件的微小变化对未来状态所造成的差别也是很微小的。可混沌理论向传统观点提出了挑战，混沌理论认为在混沌系统中，初始条件的十分微小的变化经过不断放大，对其未来状态会造成极其巨大的差别。

蝴蝶效应的引爆点：初始条件敏感

在没有大事件发生时，网络上也并不是风平浪静的，而是在各个小世界的局部范围内产生"爆发"式的信息波浪。巴拉巴西的《爆发：大数据时代预见未来的新思维》一书向人们深刻地揭示了幂律在网络传播中是如何切割时间的，幂律是把时间切成碎片的一把快刀，碎片化时间在幂律分布中的信息"爆发"点，是网络的碎片化传播产生蝴蝶效应的对称破缺点，这些对称破缺点是"初始条件敏感"节点。复杂网络的幂律空间结构，让能产生"爆发"的对称破缺点无处不在，这些无处不在的"爆发"点能否产生蝴蝶效应取决于这些点的"敏感"性。在网络的碎片化传播中，产生蝴蝶效应的点一定是来自"爆发"点，但以幂律分布的"爆发"点却不一定能产生蝴蝶效应！

在2012年中国网络科学论坛上，武汉大学数学与统计学院的陆君安教授在他的"网络传播中最有影响力的节点"的主题演讲中指出，度大的节点不一定是最有影响力的节点。大家一般认为中心节点（hub）一定影响大，其实未必如此，度大不一定影响力大，传播的行为需要多次强化才能产生效果。他提出高聚集网络更适合行为传播。陆教授提出衡量网络中一个节点的影响力大小使用三个变量：度、中心度（key shell，即剥洋葱般能够得到的一个节点所处的网络层次）、介数。陆教授的演讲给我们的启示是，虽然复杂网络有中心节点，但不一定是最有影响力的节点，这个观点非常正确，因为从混沌动力学来看，产生蝴蝶效应的点不一定是中心节点，在网络的碎片化传播中，每个节点都可能是引发巨量传播的初始条件，处处都可能是中心节点。所以在微博营销中，微博大号是万能的吗？所有产品都能找大号推吗？答案是否定的！利用微博大号推产品是传统单向思维中的片面方法，微博的碎片化传播更多的是普通节点产生的巨大影响力。

网络传播的因果关系中包含了过去和未来的不对称性，在对应于过去的一端，存在着可以打破对称性的触点，可以看作是传播的初始条件。初始条件也是相对于传播效果而言的，网络传播的初始条件可以是与传播信息相关的任何一个微小的点，由于网络的耗散互动性，使得那些看起来微不足道的点极其"敏感"，可以轻易地被触发和扰动。网络传播过程是不可预测的，即使是运动的路径初始条件有微小的变化，也会产生巨大的路径变化。网络传播中的信息传播条件极其敏感，对信息的微小干扰都会产生巨大的信息传播动荡，众多的网络传播个案均说明了这一点。初始条件指能够启动系统演化确定系统路径选择的那些随机偶然事件的发生，它们一般是无法预料的。一些系统外部偶然性事件会突然出现，如许多网络红人可能会因为一张照片、一条评论、一个短视频而出名，网络传播的初始条件不仅是指这种事件本身，更重要的是能够引发快速传播的"环境"，比如微博、微信、抖音等就是一个个巨大的"敏感池"，许多网络传播事件的初始条件都是在这类"敏感池"中引发了巨量的传播。所以，网络传播的蝴蝶效应具有四两拨千斤的效果。网络状态变化的轨迹敏感依赖于网络的初始状态。

网络传播系统中存在的启动机制对传播中敏感的初始条件的触发产生传播的引爆点。网络传播系统中的启动机制通过"蜂拥控制""关键标志"展开，通过点击产生流量，使信息迅速变"热"，信息在传播路径的各个分叉节点被"分流"出去，引爆流行。由此，网络推手便可以系统地建立启动机制，使网络传播的效果最大化。网络的互动使传播的正反反馈机制开始启动，网络传播便按照给定的条件和启动的正反反馈机制进行演化，假如原来系统朝何方向演化还不确定，那么这时，系统的演化路径和方向便越来越确定了，其演化方向的不确定性此时变得越来越小，传播的整体涌现性开始形成。

在网络传播中，任何事件都有无数的"初始敏感条件"等待着人们去触发，任何一个看似无关紧要的细节，都有可能成为网络传播的引爆点，一个小小的"过失"可以引发一个"巨大"的结果。网络传播的力量在不同层面、不同角度向我们展示其威力，无论在社会层面还是在市场层面，网络碎片化传播所带来的效应都不能忽视。

评论与转发：对称的破缺

我们去饭馆吃兰州拉面时，会看到拉面不断地被厨师细分下去，每根面条的部分与整体的面是对称自相似，面条不断地被拉细即是以对称破缺的方式进行的。非线性动力学揭示，系统造就多样性的内在机制之一叫分叉。兰州拉面所构成的非线性动力系统，在拉、压、折叠的混沌过程中，使面团不断地在状态空间中面临分叉，进而细分拉面，出现分叉的地方叫分叉点。运动中的系统一旦走到分叉点，就面临着选择走哪一条分支路线的问题。在没有做出选择之前，走不同道路的可能性一般不相上下，即具有对称性，选择就是要打破这种对称性，发生对称的破缺，故称为对称破缺选择。

在微博上，从一个群体到另一个群体的信息传播，主要就靠转发。微博的"转发"这一功能可以将原始微博的全文在传播过程中保存下来：当关注者点击"转发"，再添加上自己的评论，就能在自己的微博主页上形成一条"评论 + 原始博文"的新微博；如果此微博被再次转发，原转发者的评论还能被保留下来，成为再转发者新微博中的一部分内容。与早已存在的网络社区的帖子转发不同，微博的转发是横向、浅显、轻快、碎片式的，而社区的帖子转发是纵深、垂直、完整、集中式的，微博的转发加评论更加明快和多点式，微博的碎片式转发能引起巨大的传播效应，其传播速度异常快速，是一种呈几何倍数增长的网络传播。大多数的微博信息都是转发的产物。这种转发机制更容易促使围观的产生，人们对一条有争议的微博可以广泛转发，并且加注自己的态度和观点，论点的争锋和意见的碰撞很容易就聚合起人们的注意力，形成围观效应。

如果网络是绝对均匀、静止的，信息状态也是对称的，那么每种传播方式都可以被视为一个内部竞争现象。与此同时，这个传播过程又被邻近的与之竞争的过程所抑制。传播在空间和时间的对称破缺在形态上是多样化的。在网络上，一条信息被放在网站上，或以博客的形式，或以播客的形式，或以跟帖的形式，等等，如果这一信息只是以其最初的形式存在，未以另外的形式传播出去，则这一信息是对称的；如果该信息以点击链接的形式被转发、转帖、转载，信息存在状态的对称性就被打破了，形成了这一信息的对称性破缺，其传播路径及参与互动的网友与该信息产生围绕着这一信息传播的复杂系统，就形成了网络信息传播。

网络的碎片化传播过程是对称破缺式的裂变传播："双微一抖"的用户通过手机或者计算机等终端将信息发布到自己的账号主页上，其关注者通过各自的终端获取到这一信息，如果信息被认为有传播价值，就可能被转发到自己的自媒体上，与自己的关注者分享，新的关注者又可以再度转发……每一次转发都是对信息平衡状态的一次打破，网络信息的存在是一种动态的对称状态，转发是对称的破缺。

网络信息的每一次被转帖、被链接、被评论使网络信息系统产生了多样性和复杂性，形成了信息传播的分叉节点。网络传播的结构错综复杂，互相嵌套，社区套社区，组群套组群，朋友圈套朋友圈，互相包含；互相被包含，互相搜索，互相被搜索，相对封闭又完全开放，是畅通无阻的连通系统，所以网络信息传播的对称性破缺处在信息被传递的每个分叉节点"附近"，一个小小的评论或跟帖，通过互动反馈和反复迭代，可以放大到出现岔道的程度，网络信息传播系统可以沿着一个新的方向发展，所以网络传播系统的分叉是至关重要的。在此期间，网络信息传播的分叉点要么使该信息系统瓦解、冷却，要么经过周期倍化通向混沌，要么让新变化与其环境互动使信息的注意力达到稳定，一旦为其互动反馈所稳定，通过信息内部分叉的系统会抵御长时间的进一步变化，直至某个新的临界扰动把反馈放大，产生新的分叉点。

在分叉点处，与环境有能量流通的系统实际上正赋予秩序一次"选择机会"。有些选择的内部反馈过于复杂，结果实际上存在无穷多的自由度。换言之，所选择的秩序太高了，它就是混沌。另一些分叉点提供耦合反馈在此产生较少自由度的选择机会。这些选择会使系统表现得简单且规则。但这是虚伪的，因为在像孤波那样的貌似简单的秩序中反馈亦是难以捉摸的复杂。

网络传播信息系统在出现分叉的时刻，蕴含了精确的环境条件。时间是无情的，但在分叉中，信息被不断轮回，其在一定意义上被保持，因为它靠反馈、互动、关注、转发等所取得的岔道得以稳定。分叉节点是网络信息传播系统演化中的里程碑，它们"记录"了网络传播系统的历史。

网络的碎片化传播往往是一条看似平常的信息，经过反复的互动"加热"，使其意义被丰富，信息在"冷""热"转换过程中创造出全新的传播意境，充满了"意外"和"惊奇"。我们可以把网络的碎片化传播过程想象成一棵树在成长过程中不断分叉，从树根到树叶，树的每一次分叉就代表将一个节点展开生成更细节的节点。原则上，一棵树可被视为一个移动极为缓慢的闪电（见下图），它的时间尺度慢了 10~12 倍，但网络上信息的传播速度是瞬间的、跨越时空的。下图被旋转了 90°。横着看，从左到右，树干相当于不动点，然后是清晰可见的周期性和倍周期分叉，越往右边随机性分叉随处可见，最终形成混沌。碎片化传播中的转发好像树的每一个分叉，都有一个对称破缺点，形象地表现了一条信息被不断转发产生混沌的"涌现性"。

不断分叉的树

混沌的碎片化传播：混乱中有秩序

混沌（Chaos）概念的提出是人类对客观世界探索过程中的直觉表现，其中或许包含了更多的迷茫与困惑的成分。在古代人类的探索中，他们既接触到了世界的必然性与确定性的一面，也接触到了随机性与偶然性的一面。在古希腊神话中，混沌一词被定义为"有序（Cosmos）"的反义词。混沌原意为某种深不可测的、破裂的东西，以及空间的虚空。中国人对于混沌的理解广泛存在于思想领域，用来形容人类认识过程中的某种状态。例如：混沌常常被理解成"未开化""糊涂"和"无知无识"的思想状态，但同时又认为这一"混沌"状态是一个可以转化的暂态过程。

日常生活中混沌的含义已有了常识性的共识，但在讨论网络传播中，混沌并非是简单的混乱意义，混沌不是混乱与无序，混沌是在混乱表观下蕴藏着多样、复杂、精致的结构和规律，是一种看似无序的复杂而高级的有序，一种与平衡运动和周期运动本质不同的有序运动，一种非平衡的有序。混沌事实上是非线性系统较普遍存在的一种行为。对混沌的了解，在近年来发展得非常快。对混沌的研究极大丰富了我们对事物演变的认识，不仅使我们对一些非线性系统的复杂行为有了正确的认识，也使许多长期以来无法解决的复杂现象的研究有了新的希望。混沌现象在很多系统中都被观测到了，如心脏、湍流、电路、水滴，还有许多其他看似无关的现象。变化、难以预测的宏观行为是复杂系统的标志。现在混沌系统的存在已成为科学界公认的事实。

美国气象学家洛伦茨对混沌的定义强调了初始条件的敏感性，他认为混沌系统是指敏感地依赖于初始条件的内在变化的系统。英国生物学家罗伯特·梅则认为混沌是确定性非线性系统的内在随机性，强调了混沌系统的确定性成分。我国的混沌分形专家郝柏林教授的描述更为清晰，他认为混沌是确定性系统的内在随机性,是对初值细微变化的敏感依赖性在确定性系统中的长时间行为,混沌是没有周期的有序。而科学家钱学森则认为混沌是宏观无序、微观有序的现象。

郝柏林教授在他的《混沌与分形:赫柏林科普文集》一书中写道:"混沌绝不是简单的无序,而更像是不具备周期性和其他明显对称特征的有序态。在理想情况下,混沌状态具有无穷的内部结构,只要有足够精密的观察手段,就可以在混沌态之间发现周期或准周期运动,以及在更小的尺度上重复出现的混沌运动。""混沌更像是没有周期的次序。"㊀"混沌有它非常确切的、数学上可以描述的内容。"混沌的概念,让我们对复杂网络的微博传播有了更深刻的认识。微博的碎片化信息经过自组织突变进入具有时空结构的混沌状态,网络传播的混沌状态可能并不比时空有序的状态更"无序"。网络信息传播的过程就是信息被不断分叉的过程。当信息在网络上被组群不断地链接、推荐、评论、转发时,信息传播在网络分叉点上已做出了不可逆的抉择,网络传播系统对这些分叉点的放大或导致秩序,或导致混沌。混沌过程是"破坏"秩序的过程,是"创造"的过程,但也会产生"新"的宏观有序,即涌现。网络碎片化传播是复杂的,过程是混沌的,其路径是分形的。

《混沌七鉴》一书中提到:"混沌指的是貌似随机的事件背后存在着的内在联系。混沌科学着眼于发现隐藏的模式、细微的差别、事物的'敏感性',还有那些不可预测的事物千变万化的'规则'。"混沌的这种内涵对于描述和理解网络传播非常有帮助,这是一种新的科学视野。网络传播过程好像捉摸不定,混乱不堪,用传统的思维方法无法理解。我们说网络传播过程是混沌的,并不是指它的混乱,混沌作为一个科学观念与概念,是指一个系统对它的初始状态具有敏感的依赖性,从而在系统中出现一种内在的随

㊀ 《混沌与分形:郝柏林科普文集》,P141。

机性。混沌是从有序开始，经历无序再通过有序结束的过程。网络传播的混沌性体现在微观无序和宏观有序上。

混沌理论之父洛伦茨认为，混沌与复杂性的区别是，混沌涉及时间上的不规则性，而复杂性则意味着空间上的不规则性。真正使混沌与分形成为主流理论的是美国IBM公司研究中心物理部研究员、哈佛大学数学系教授本华·曼德博（Benoit B. Mandelbrot），他明确提出，但是没有用数学公式表达。1975年，曼德博首次提出"分形几何"概念，建立起混沌分形的理论基础。"分形"作为一个集合，一般可把它看作大小碎片聚集的状态或结构，是没有特征长度的图形和现象的总称。我们直觉看到的一些复杂现象，如图形和图像，一些奇怪的曲线，如谢尔宾斯基垫片、希尔伯特曲线、魏尔斯特拉斯和科克曲线等，表面上是无序的，其实这里面也隐匿着反映自然界重大规律的内容。由于在许多学科中的应用与迅速发展，混沌分形理论已成为一门描述自然界中许多不规则事物的规律性学科。

混乱中的有序，看似乱七八糟的字母合在一起形成古希腊大卫像（朱弘毅画）

网络的碎片化传播过程是网络自组织互动传播产生涌现的混沌动力学过程。经验告诉我们，网络的信息传播不存在确定的因果关系，网络的碎片化传播存在大量无处不在的随机因素，正是因为网络的复杂耗散的特点，使众多细小的随机因素可以引发大量的转发，产生网络碎片化传播的蝴蝶效应。

碎片化传播的路径依赖

对于我国的网络传播现状，有网友总结了具有代表性的微博所具有的某种"轮回"的周期性：社会事件→微博讨论→小秘书删帖→微博疯狂讨论→小秘书来不及删帖→问责呐喊声四起→传统媒体跟进→微博谣言四起→政府辟谣→产生新的流行语→意见领袖发文→段子出炉→辟谣→讨论进入高潮→重要人物现身→网友在微博上纷纷谅解→删帖，噤声→搞笑段子出炉→下次继续。

在电视剧《水浒传》热播之际，有网友在微博上调侃道："假如潘金莲不开窗户，就不会遇见西门庆；不遇见西门庆便不会出轨；不出轨，武松就不会上梁山；武松不上梁山，方腊就不会被擒，就可取得大宋江山；就不会有靖康之变、金兵入关，就不会有大清朝；就不会闭关锁国，不会有鸦片战争、八国联军。我国将是世界上唯一的超级大国，其他诸侯都是浮云。"在这个玩笑话中，我们看到了一个微小的原因导致的结果，或者说任何影响巨大的结果的产生都有可追溯的路径根源，无论它多么微不足道，这就是混沌传播过程蝴蝶效应的路径依赖。路径依赖的概念叙述了小历史事件发生对于演化结局的影响，发生、放大、锁定，这就是路径依赖的复杂隐喻意义。第一个使路径依赖理论声名远扬的是美国经济学家道格拉斯·诺思。由于用路径依赖理论成功地阐释了经济制度的演进，道格拉斯·诺思于 1993 年获得诺贝尔经济学奖。路径依赖的思想可以在网络传播中解读碎片化传播。

蝴蝶效应的本质是说一切事物都是相互关联的，都处在一个巨大的相互关联的复杂网络系统中。洛伦茨和其他科学家意识到，在确定性的动力学系统中，生成不可预测性的混沌潜在可能性潜伏在每一个细节当中。蝴蝶效应的机制可通过路径依赖这个概念进一步解释。路径依赖是指系统演化的路径敏感地依赖于系统的初始条件或初始状态。路径依赖主要强调偶然性的历史事件对于传播的影响、作用及它的后续性效应，路径依赖更多是从时间的宏观尺度描述复杂网络系统的传播行为。网络传播中的路径依赖还指传播路径的不可分割性，我们已经知道复杂网络的无标度特性，中心节点是构成网络的有机构件，它们的实际数量很少，但却高度连通，使它们将所有节点连成一体，不可分割。网络信息只要一触网，即不可与网分离，自行蔓延。

一条信息的网络传播系统是由信息的发布者对网络传播路径的秩序进行安排，如对发布信息的博客、播客、网站、SNS 等网络传播组分进行组织、整合，未曾组织或整合不当的网络传播系统，其结构是混乱无序的，这主要体现在信息在网络发布后出现的转发、评论、关注、跟帖等的蔓延和渗透。

网络传播本身是一种创造性活动。在网络信息传播过程中，一条热信息可以瞬间广为人知，其传播的路径看似"乱七八糟"，却是以跃迁形式膨胀的，以"长尾"方式蔓延。看似无序的信息传递经历了混沌的状态，然后自己稳定在一个新的、更高级的有序"涌现"状态。这正是网络信息传播系统在所有传播分叉点上发生的事情，信息在各种网站、博客、群落、社区之间传递，随机性与秩序性交叠着，简单性内蕴含着复杂性，复杂性内聚藏着简单性。秩序和混沌在越来越小的尺度上不断重复着，从网站到分类网站，到垂直网站，再到社区，再到各个群，直到每个网友。在网络上，网络传播系统一旦触动某个敏感的传播点，或者进入某条传播路径，该传播系统的传播路径便会依赖于以前的路径和状态。网络传播的路径依赖是从对初始条件敏感开始的。

第 8 章
碎片化传播的路径图:"上帝的指纹"图

如果说网络的碎片化传播过程是混沌的,那么任何一条网络信息的传播必有其传播的结构和路径。巴拉巴西在《链接:网络新科学》中,向大家展示了幂律是如何构造复杂网络空间的,在《爆发:大数据时代预见未来的新思维》中则向人们揭示了幂律在网络传播中是如何切割时间的。巴拉巴西所说的"爆发",在网络的碎片化传播过程中,是指任何一条信息在产生蝴蝶效应之前的时间分布状态,即间断的幂律规律,其路径符合列维飞行(Levy Flight)。我们得到的启示是,网络的传播路径是分形的。

碎片化传播的路径之美:分形

《混沌:开创新科学》一书在描述美国气象学家洛伦茨时这样写道:"他仰望浮云时,感到看见了某种结构。"浮云的结构一定是不规整的。大自然中的许多形状都很不规则,甚至是支离破碎的,但仍然服从某种尺度伸缩幂律。我们生活的世界并不是规则的,而是不规则和破碎的。例如天空中的云彩不是球体,地面上的海岸线不是圆弧,山脉不是锥体,树皮不是曲面，动物体内血管的分布更是错综复杂。这些不规则的几何形状也经常出现在自然科学的各个领域中。雪花、闪电、星系、水系、晶簇、蜂窝石、冻豆腐、小麦须根系、树冠、支气管、大脑皮层……它们的形状、结构都不是"整形"的。自然界中的江河、湖海、森林、山脉、雪花、湍流的形状极其不规则，但它们的存在和演变并不是没有规律，对它们的描述如果不能用"整形"，就得采用"分形"的几何来描述。

"分形"首先是由美国科学家曼德博提出来的，体现了自然界无限细分的思想，曼德博认为那些表面上看起来杂乱无章、高度无序的现象蕴含着深刻的规律性。曼德博认为空间并不像传统认为的那样是光滑、平直或弯曲的，而是破碎的。"分形（fractal）"一词，就是由曼德博创造出来的，它来源于拉丁语。据说曼德博在翻阅他儿子的拉丁文字典时，碰巧看到了 fractus 这个形容词，它的意思是"破碎""不规则""零碎""断裂"等。曼德博认为这个词能很好地描述他的研究对象的特征，所以他就从中引出了 fractal 这个词，意为"分形"或"分数维"。

曼德博创立了独特的分形几何理论来研究自然的复杂度。他在《大自然的分形》一书的开篇中写道："为什么几何学常常被说成是'冷酷无情'和'枯燥乏味'的？原因之一是它不能描述云雾、高山、海岸线或者树木的形状。云雾不是球体，海岸线不是圆周，树皮不是光滑的，闪电也不是直线传播的……"自然界的许多图形是如此的不规则和支离破碎，以致与欧几里得几何相比，自然界不仅仅具有较高程度的复杂性，这些客观存在的图形挑战被欧几里得忽略了的"无形"的东西,使我们不得不去研究"无形"中的"有形"。曼德博曾指出："分形语言和'老的'欧几里得语言分别为完全不同的目标服务。"曼德博开创的分形几何学正是提供了一种描述这种不规则复杂现象中的秩序和结构的新方法，是大自然本身的几何学，成为当代最具有吸引力的科学研究领域之一。分形的形状是支离破碎、参差不齐和凹凸不平的不规则形状。这些不规则形状构成了我们多彩的世界，我们生活在一个分形的世界里。

本书书名中的"碎片化"并不仅是比喻性的描述。碎片化（Fragmentation）一词原意是指完整的东西被破解成诸多的碎片，后来引申至传播学领域，成为描述当今社会传播语境的一个形象性说法。当前人们对网络传播碎片化的理解是表面上网络传播中零零碎碎的语言形式，实际上网络传播碎片化的深层含义还指网络传播路径的"破碎化"。复杂网络中"破碎化"路径导致的碎片化传播有着很深的数学渊源，这种渊源可以追溯到一个多世纪以前，网络传播本身遵循着自然规律，是自然规律在网络传播中的投射。

分形所具有的特征是：第一，具有任意小尺度下的比例细节，即在任意小的尺度之下，它总有复杂的结构，即具有"精细结构"；复杂网络的传播过程也是信息在不同尺度的"无标度"下的传播，从大尺度的门户到小尺度的空间、社区，再到更小尺度的频道、圈子、即时信息，通过互动、即时、个性化使信息得以传播。第二，分形具有不规则性，使得它的整体和局部都不能用传统的几何语言来描述，它既不是满足某些条件的点的轨迹，也不是某些简单方程的解集；网络传播的多种形式和形态体现了传播过程的不规则性和"零碎性"，这也是网络传播碎片化的客观基础。第三，具有某种自相似性，网络传播中的自相似性更主要地体现在传播路径的嵌套结构中。第四，在大多数令人感兴趣的情形下，分形可以通过非常简单的迭代产生。复杂网络传播信息的路径形成是通过信息的反复互动而推进的，几何数学中的迭代也是网络传播中的互动。

如果说混沌主要在于研究过程的行为特征，那么分形更注重于对传播路径本身结构的研究。混沌是产生时空结构的物质的非线性运动，分形是指由混沌动力学系统形成的轨迹、路径、标志和形态。混沌与分形是同一问题的两个方面，是有机结合、不可分割的。混沌理论在系统尺度上对系统的演化过程进行研究，以发现影响其变化的内在因素，以及在不同时间标度下的变化，并进行描述。而分形，则是以不规则过程和形式作为研究对象，其研究对象刚好与混沌系统中的稳定结构相符合。

由前文的介绍，我们知道复杂网络的幂律与分形密切相关。互联网是一个无标度网络，互联网的拓扑结构使我们无法看到网络的全貌。互联网不是随机连接的，而是由亿万个中心节点、节点和连接构成的。同时，在这一大尺度的结构中，还有无数的小尺度结构，幂律隐藏在节点的丛林中，长尾里面套着更细小的长尾，交织在一起，网络的混沌传播就是在这种空间结构中游走。在数学上，把这种空间结构称为分形。复杂网络传播的过程是混沌的，网络传播的路径则是分形的。

在网络的碎片化传播研究中，出现了大量的可视化传播路径图，这些图千姿百态，但总体来说是分形的。如果强调了网络的传播路径具有分形的结构，那么网络的碎片化传播路径到底具有什么特点呢？这要先从分形本身的性质来看。大自然的外貌、结构是非线性动力过程所造成的结果，我们也只能在非线性现象中，才能找到分形的踪迹，而分形几何与非线性动力学有着密不可分的关系。曼德博为什么会产生分形这个想法？因为在迭代过程中，他发现了自相似性和无标度性。分形具有任意尺度意义下无法测量的自相似性和标度不变性。这种局部和整体的特殊的、不可微的、无穷嵌套的自相似性，为人类认识自然和控制自然提供了新的工具。从局部看整体乃至控制整体，这是人类认识史上的又一次飞跃。

理解了分形的意义，可以通过分形的思想来理解网络传播的结构。网络中存在的社区、群等各种聚集，具有这种无穷嵌套的自相似性和标度不变性，有明显的分形特征，网络信息传播的路径可以说是分形的。分形的思想告诉我们，复杂网络本身具有分形的特点，网络作为媒体本质上是"破碎"的，所以网络的碎片化传播有着深刻的数学和几何意义。

碎片化传播的分形对称性：自相似性

1986 年，曼德博给出了分形的定义：分形具有在某种方式上部分与总体相似的形状特征。这个定义强调了分形集具有某种自相似性特征，通常将具有某种方式的自相似性的图像或集合称为分形。所谓自相似性，就是指局部与整体相似。这里的某种形式的自相似性，不只限于严格的几何自相似性，也可能是通过大量的统计而呈现出的不是很严格的自相似性。

碎片化传播的分形结构是不规整的

网络传播信息的条件并不是完整和规矩的，传播的维度是碎片化的，出其不意的。网络信息存在的结构多种多样：朋友圈、短视频、群、空间、社区、网站等，一条网络信息游离于这些错综复杂、互相嵌套的网络结构当中，这些不规整的网络传播结构只是信息存在的不同网络时空状态，是复杂网络进行混沌传播的网络路径。以分形的思想来考察网络传播，网络传播的时空不是规整的，而是"破碎"的。

网络传播的自相似性

对于同一个信息在网络传播中的分形结构，信息的自相似性就是传播的结构尺度一层一层缩小的嵌套重复性，它们不仅在越来越小的尺度里重复细节，而且是以某种固定的方式将细节缩小尺寸，造成某种循环重现的复杂现象。信息在门户网站和社区交流并在微信或微博上传播，就是同一信息在传播尺度上的缩小，但经反复的互动振荡，逐渐蔓延开来。

对称性是科学中美的一个集中体现，用数学的语言就是对称是在某种变换（群）下保持不变的属性。比如我们熟悉的镜像对称、旋转对称、平移对称等都是这样，这些都是精确的对称变换。但当我们研究复杂的非线性系统的时候，一种奇妙的自相似现象使我们不得不把对称性的意义延伸过去。一个对象的任意局部都有与整体很强的相似并且是无限地重复下去，科学家自然要把这样的现象纳入他们的简单性原则里，于是便有了标度对称，把相似性用一个简单的常数表示出来。

分形的对称性表现了传统几何的上下、左右及中心对称，同时它的自相似性又揭示了一种新的对称性，即系统的局部与更大范围的局部的对称，或说局部与整体的对称。这种对称不同于欧几里得几何的对称，而是大小比例的对称，具有仿射性，即系统中的每一元素都反映和含有整个系统的性质和信息。

自相似是一种特殊的对称性。所谓自相似性，就是指局部与整体相似，是指某种结构或过程的特征从不同的空间或时间尺度看都是相似的。另外，在整体与整体或局部与局部之间，也会存在自相似性。由于局部中又有其局部，而它们都是相似的，这样整体与局部都具有无穷尽的相似的内部结构，且每一小局部中所包含的细节并不比整体所包含的少。因此，分形是有无穷自相似性的图形或集合。一般情况下，自相似有比较复杂的表现形式，而不是局部放大一定倍数以后简单地与整体重合。

前文中介绍的沈浩教授制作的杜蕾丝官方微博传播路径图，准确无误地让我们看到网络传播的自相似特点，从图中可以看到，在每个圆形的边界任取一点放大，都是同一个圆的缩小，体现了无标度的伸缩对称性。这是杜蕾丝官方微博发布后，被其他微博大号转发的结果，并且这个过程是无限的。

碎片化传播的尺度无关性：标度不变性

在杜蕾丝官方微博传播路径图中，帖子被不同量级的粉丝转发，无限延伸，体现出微博幂律分布中的长尾特点。而每一个转发中心都形成了自己的小长尾，没有固定的尺度，是无标度的。对于同一个分形结构，以不同大小的量尺来度量可观察的区域，分形会具有一致的分形维度，这是分形结构的重要特征。

网络的碎片化传播所形成的路径图，是自然规律在人类社会化网络实践的投射。大自然中的所有形状和人们考虑的一切图形，可以分为两大类。一类是具有特征尺度的，例如，人的身高，球的半径，建筑物的长、宽、高等，具有特征尺度的几何体有一个重要性质，即构成几何体的线或面都是光滑的。另一类是没有特征尺度的，即必须同时考虑从小到大的许许多多尺度（或者叫标度），例如，夏季天空中翻滚的积雨云，北方冬季玻璃上的冰霜，以及普遍的湍流现象，小到静室中缭绕的青烟，大到木星大气中的涡流。这些所谓"无标度"的几何体，其实是分形的一个重要特征。标度不变性是指在分形上任选一局部区域，对它进行放大后，得到的放大图形会显示出原图的形态特性。在杜蕾丝官方微博传播路径图中，我们看到的正是这一特征。因此，对于分形，无论将其放大或缩小，它的形态、复杂程度、不规则性均不会变化，所以标度不变性又称为伸缩不变性。

"人是万物的尺度"这一哲学命题，已经暗示了整个世界是无标度的，所谓标度是以大家公认的假设为基础，根据某套标准进行测量。人们熟悉两点间的距离，在欧几里得空间可轻易地测量长度，因为人们已经有了距离的标准假设，但是在混沌分形空间，在任意小的两点范围里，都隐藏着不可数的无穷集合在其中。换句话说，也隐藏着不可数的图形和曲线在其中，无标度性指的是现有两点距离推广出来的所有尺度都无法精确测量，如果在混沌分形空间进行测量，科学家称之为测度。

不能用两点距离来测量不同的分形结构，度量两个分形集的"不规则"程度和"复杂"程度的客观工具是分形维数（简称分维），而分维就是新的测度。分形维数的重要性在于它们能够用数据定义，并且能通过实验手段近似地计算。分形维数已突破一般拓扑集的整数维的界限，引进了分数维，给出了一个分形集充满空间的复杂程度的描述。每个分形集都对应一个以某种方式定义的分形维数，这个维数值一般是分数的，但也有整数维的分形集。

碎片化传播的结构：长尾

在"上帝的指纹"图中，杜蕾丝官方微博转发是在每一环级无限延展的，体现了传播路径无尺度嵌套结构的无限自相似性。网络传播具有有限区域的无限结构。任何一条信息无论是存在于门户网站，还是存在于空间，或朋友圈等，看似有限的区域，实际趋向于无限结构，由于参与传播的个体是随机和海量的，复杂网络的无标度性使网络的节点不断增长，网络节点的增长使先来的节点比后来的节点有更多机会被连接，择优连接使连接数量增加，产生了无数的节点嵌套结构，网络结构的这种分形特点，使得网络信息的传播结构趋向于"长尾"的无限结构。

分形是观察手段的相对结果。人们往往把云彩、海岸线、湍流等变化无常、无规则的自然形态都用分形来描述，实际上，上述自然形态没有一个是真正意义上的分形。在真实世界中，自相似在无穷小的尺度上并不成立。当用充分小的比例观测时，它们的分形特性就消失了，然而，在一定的比例内，它们又表现出许多分形的性质。正是在此条件下，通常将它们看成分形，严格地说应该是"类分形（fractal-like）"。正如自然界中没有真正的圆和直线一样，自然界中也没有真正的分形，但是分形理论仍然是描述这类不规则自然形态的最有效理论。总之，分形可视化了混沌内部无限多个极限点精细结构，分形的无标度和自相似让我们看到了"长尾"形成的过程。分形为"长尾"问题的解决提供了新的途径，让我们能从一个不断发展的、全新的角度去理解碎片化传播的结构。一方面，分形可以利用反馈过程让极限可视化；另一方面，一些分形图形以其最完美的形式来展示自相似性。

网络的碎片化传播路径是按时间分布的，前文提到巴拉巴西所说的"爆发"，即时间间断的幂律规律，长时间的消失之后会出现短时间的密集活动。短时间的活跃和长时间的静默相互交替出现，会形成一个时间上精确的规律：幂律。一旦时间幂律出现，就会出现活跃的"爆发"点。我们已经知道幂律与分形密切相关。所以，网络传播的混沌过程是以分形的形式传播的。网络传播的路径如果是分形的，它的图形一定是混沌分形图。在网络传播的分形结构中，我们可以了解到，分形图在复杂网络的传播中所表现出来的图像可以看作信息在复杂网络传播的路径，比如微博分形传播路径连绵不绝、彼此嵌套、以任意尺度，呈现出一种炫目的美（见下图），网络信息传播的路径居然这么具有艺术特色，这给了我们什么样的启示呢？

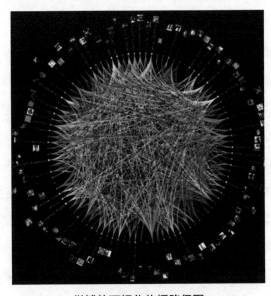

微博的可视化传播路径图

微博的可视化传播路径图在2012年年初陆续出现在网络上,许多图具有极强的视觉冲击力,令人震撼。2012年6月27日,《参考消息》官方微博发布一条微博并配了一张微博的可视化传播路径图,标题是:"新技术让微博传播状况可视化"。《日本经济新闻》于2012年6月27日称,日本东京大学开发出一项分析网络传播情况的技术,该技术可通过关键词等将微博内容按话题分类,用画面显示其传播的情况,这样就可随时掌握网络空间中哪些微博账号发言具有影响力,以及披露正确信息、遏制谣言。该技术还可用于社会分析和商品促销等领域。

在2012年中国网络科学论坛上,中国传媒大学沈浩教授制作的一组微博传播的路径图,非常具有美感和艺术性,引发了众多的关注。人们发现在我们原来看不见的网络空间中,信息的传播路径是如此之美,不禁令人赞叹网络的科学魅力。笔者看到沈浩教授制作的"上帝的指纹"图后,更加坚信网络的碎片化传播规律是在复杂网络的混沌分形的框架之下的。从微博传播路径的可视化研究,可以证实网络传播中的蝴蝶效应和路径依赖,让我们直观地看到网络传播规律。分形图通常是由计算机迭代出来的,是通过简单的数学公式算出来的,而微博的可视化传播路径图,可以启发我们反过来通过可视化图,探究出生成此类图的数学公式,使网络的碎片化传播走向定量研究之路。

混沌与分形是同一事物的两个方面

大物理学家约翰·惠勒说过,在过去,一个人如果不懂得熵是怎么回事,就不能说是科学上有教养的人。惠勒坚信,将来"一个人如果不能同样熟悉混沌与分形,他就不能被认为是科学上的文化人"。到目前为止,混沌和分形虽然还没有形成精确的理论体系,但是却揭示了事物的内在本质。

混沌作为一个科学观念与概念,是指一个系统对它的初始状态具有敏感的依赖性,从而在系统中出现一种内在的随机性;它是一门关于过程和演化的科学。在混沌运动的过程中,不同的运动有不同的结构。物体运动过程当中会产生形形色色不同的物质分布结构,这个结构就是空间。混沌空间的投影和静止状态就是分形,混沌动力系统的吸引子即奇怪吸引子是一种稳定状态,可以用分形来描述。分形是关于状态和存在的科学。混沌运动过程的结构本身就是分形。混沌与分形是同一事物的两个方面,是有机结合、不可分割的。混沌理论在系统尺度上对系统的演化过程进行研究,以发现影响其变化的内在因素及在不同时间标度下的变化,并进行描述。而分形,则是以不规则过程和形式作为研究对象,其研究对象刚好与混沌系统中的稳定结构相符合。

　　混沌空间的投影和静止状态就是分形,或者说运动过程的结构本身就是分形。混沌是在时间方向上的分形,分形是在空间形式中的混沌。分形学与混沌学有分不开的渊源。它们虽然有不同的起源和不同的发展过程,但是这两门学科的本质与内涵决定了它们必须紧密地联系在一起,混沌学研究的是无序中的有序。许多现象虽然遵循严格的确定性规则,但是由于系统对初始条件的敏感依赖性,所以混沌系统是不可预测的。混沌事件在不同的时间标度下表现出相似的变化模式,这与分形在空间标度下表现的相似性十分相像。混沌主要讨论非线性动力学系统的不稳定的发展过程,但系统状态在相同空间中总是收敛于一定的吸引子,这与分形的生成过程又十分类似。分形与混沌的一致性并非偶然,在混沌集合的计算机图像中,常常是轨道不稳定的点集形成了分形,所以这些分形由一个确切的规则(对应一个动力系统)给出:它们是动力系统的混沌集,是各种各样的奇怪吸引子。

　　20世纪70年代是混沌科学发展史上光辉灿烂的年代。在这一时期,作为一门新的学科——混沌分形学正式诞生，科学家们对混沌作了大量的研究。进入 20 世纪 80 年代中期以后，各个数理学科几乎同时认识到了分形概念的价值，人们惊奇地发现，哪里有混沌、湍流和混乱，分形几何学就在哪里登场。对混沌分形理论研究的重要性由此凸显出来。今天混沌与分形的结合日益紧密。混沌和分形理论的诞生是 20 世纪数学和物理学的一次革命，是对传统的数学和物理学及思维方式的突破。

在 2012 年中国网络科学论坛上，中国原子能科学研究院方锦清教授作了"科学—艺术—人文携手并进，共创世界和谐之未来！"的演讲，他提到："任何科学、艺术和人文都源于自然界和人类社会，都是从不同方面描述真实的自然界和人类社会，对真、善、美的追求和表达……人类的创造力和想象力是科学、艺术和人文发展的本质源泉和动力，科学—艺术—人文好像孪生兄弟，具有'同根生、同源发、同愿望'的'三同'特点。"方锦清教授在演讲中饱含深情地讲道："未来属于懂得科学、艺术、人文和勇于创新的人，让我们携手在人类理性的浪漫长河中，荡起创造的双桨，乘风破浪，纵情歌唱，共创未来，迎接 21 世纪最伟大的中华复兴！拥抱科学、艺术、人文和谐统一时代的到来！"

第 9 章
碎片化传播的整体涌现性

"每一个正常思维的人,都有一种感觉外界精神的能力。"舆论是一种人们能感觉到,但又时常难以进行确切分析的精神集合现象。网络传播的效果往往出人意料,一条信息在网络上传播可以引发完全背离信息发布者初衷的整体效应,网络作为信息传播的复杂适应性系统,网络信息引发的整体性行为并不是由单个的自组织网友左右的,而是通过众多网友的聚集、整合、组织涌现出来的。网络传播的涌现性有着深刻的社会背景和社会价值观,具有超越于个体判断的"普适的"价值判断,网络传播效果所呈现的是信息被传播后"人心所向"的解读和理解。

舆论是公众关于现实社会以及社会中的各种现象、问题所表达的信念、态度、意见和情绪表现的总和,具有相对的一致性、强烈程度和持续性,会对社会发展及有关事态的进程产生影响。其中混杂着理智和非理智的成分。[一]碎片化传播效果是通过网络舆论表达的,是通过整体涌现性传递的。所有复杂系统都具有涌现性质(Emergent Properties)。英国的系统论大师艾什比在他的《控制论导论》一书中举了这样一个例子:"碳、氢、

[一] 《舆论学:舆论导向研究》,陈力丹著,P11。

氧几乎都是无味的，但它们的一种特定化合物——糖却具有一种甜味，是三者都没有的，三种气体放在一起，产生了奇妙的整体涌现现象。"系统的这种整体涌现性是"整体具有部分及其总和所没有的属性"。所以，涌现是一种创新。网络传播的新奇性正是通过涌现展示出来的。

碎片化传播的整体涌现性

长期以来，传统大众传播媒介对于社会舆论的影响一直是人们关注的重点之一。传统的传播理论认为，舆论的形成与大众传播媒介营造的意见氛围直接相关。根据德国女社会学家伊丽莎白·诺埃尔－诺依曼认为，传统的大众传播有三个特点：多数传播媒体报道内容的相似性，由此产生共鸣效果；同类信息传播的连续性和重复性，由此产生累积效果；信息到达范围的广泛性，由此产生气候效果。传统大众媒体的这三个特点使舆论可以被预先设置和控制。网络传播的兴起，给传统的大众传播媒体带来了冲击，也给传统的大众传播理论提出了新的课题。

中国人民大学的陈力丹教授在他的经典论著《舆论学：舆论导向研究》一书中提到："舆论是一种群体意见的自然形态，因而它带有较强的自发性和盲目性，它的变化、发展在一定程度上是被动的，文化和道德的传统对它的影响相当巨大，同时各种偶然的外界因素也会经常引起它的波动。"

传统理论认为："舆论有时带有较多的传统成分，并非总是代表社会良知和发展方向。"而网络舆论比传统媒介环境下的舆论稍微主动一些、更有目的性一些。清华大学沈阳教授曾在主题演讲"微博传播规律与舆情演进"中提到，微博就是一个自在的"小宇宙"。公共事件发生时网络上更多关注政府行为，对于微博传播中的舆情推演和舆情风险控制，需要根据微博的特点实施关注策略、话语策略和互动策略。对于网络微博舆情的跟踪监测需要落实到人。

钱学森说过："在组织一个大系统的过程中，系统内部的信息传递是个非常重要的问题，信息的准确程度对整个系统的功能关系极大。"凡高层次具有而低层次不具有的特性，即在高层次上观测到的属性，一旦还原到低层次就不复存在，这样的属性就是涌现特性。涌现性就是系统所具有，而其组成部分所不具有的新性质，即系统在宏观上所表现的整体性。

涌现是复杂系统的一种整体模式。所谓涌现，就是一种新体系的产生，但却又无法根据先前的条件加以预测或解释。涌现的机理实质上就是实现跨层级，即从局域的、低层级的行为主体到更高层级的整体模式的跨越，涌现机理揭示了复杂系统层级之间的因果关系脉络。

网络传播的整体涌现性是网络舆论形成的结果。现代科学认定系统具有整体涌现性。整体涌现性，是指系统整体具有而它的元素或组合及其总和却不具有的特征。

"整体大于部分之和"强调了宏观系统中形成的一种强大决定关系，自上向下地决定其微观部分。强调从结构低层次到高层次的自主性，以及整体结构对部分结构的宏观决定性。在网络分析中，整体论强调整体组织结构独立于组成网络的特定个体，同时认为网络结构影响着网络中个体的行为。○

网络传播中无数的关联节点、众多的网友形成了海量的组分效应，为网络信息传播的涌现性打下了基础。经验表明，通过网络群体中网友们个体之间的相互作用，个体在低级组织中的集合常可产生新的特征。该特征不仅是个体的叠加，而且是总体上新"涌现"的特征。以海量的组分为基础的网络信息传播形成了巨量的个体自组织规模，自组织规模是形成网络

○ 《传播网络理论》，彼得·R.芒戈，诺什·S.康特拉克特著，陈禹等译。2009年8月，中国人民大学出版社出版。

传播系统整体涌现性的必要根据。而网络传播结构的开放性，为信息在线上和线下相互缠绕的互动式交流创造了环境条件。网络复杂系统的嵌套分形结构，使网络信息在传播过程中产生无数的分叉，持续的对称性破缺，让信息在网络上的传播充满了新奇性和创造性。

碎片化传播的涌现性由涌现性的主体、涌现性的客体、涌现性本身、涌现的质量、涌现的强烈程度、涌现的持续性和涌现的功能来表现。涌现的数量即网络舆论的一致性程度。涌现的质量是指网络舆论所表达的价值观、具体观念及情绪的理智程度。舆论的强烈程度有两种表现方式：一种是用行为舆论来表达，通常行为舆论比言语舆论的强烈程度大些，如静坐、游行示威。另一种除了部分通过言语表达外，相当程度上表现为没有用言语表达的内在态度，其强烈程度需要通过舆论调查来测量其量级。碎片化传播的涌现存在时间或持续性是网络舆论存在的另一标志，短则几小时，长则几年。传播涌现的功能表现是自在的，而引导网络舆论则是自为的。

传统的传播理论："议程设置"和"沉默的螺旋"

美国传播学者麦库姆斯（Mc Combs）和肖(Shaw)在研究美国大选时发现，在选民对当前重要问题的判断与大众传媒反复报道和强调的问题之间，存在一种高度的对应关系。大众传媒作为"大事"加以报道的问题，同样也作为"大事"反映在公众的意识当中；大众传媒给予的强调越多，公众对该问题的重视程度也越高。麦库姆和肖认为大众传播具有一种设定社会公共事务"议程设置"的功能，传媒的新闻报道和信息传达活动以赋予各种"议题"不同程度的显著性的方式，影响着人们对周围世界的"大事"及其重要性的判断。

传统的传播效果分为认知、态度和行动三个层面。"议程设置"功能假说的着眼点是这个过程的最初阶段,即认知层面上的效果。"议程设置"功能假说所考察的,是作为整体的大众传播具有较长时间跨度的一系列报道所产生的中期的、综合的、宏观的社会效果。"议程设置"功能理论暗示了一种媒介观,即传播媒介是从事"环境再造作业"的机构;即传播媒介对外部世界的报道不是"镜子"式的反映,而是一种有目的的取舍选择活动。"议程设置"功能是在李普曼"拟态环境"及拉斯韦尔关于传播的"环境监视功能"概念的基础上,通过实证研究提出的一个理论假说,它的概念不断趋于细致化和明确化。不同媒体的"议程设置"有不同的特点。如报纸的"议程设置"对较长期的"议题重要性顺序排列"影响较大,电视的"重大事件效果"比较突出,而网络的"态度影响"则比较广泛。

舆论对个人的独立意识来说,是一种无形的精神压力,它可以迫使个人从众而失去自己独立的精神人格,一些社会心理学家就是从这个角度深刻地分析了舆论的威力。"沉默的螺旋"是指已有的多数人的舆论对少数人意见的无形的压力,形成一方公开疾呼而另一方越发沉默的螺旋式过程,于是更为强大的舆论生成。⊖"沉默的螺旋"这一理论最早是德国女社会学家伊丽莎白·诺埃尔-诺依曼于1974年在《传播学刊》上发表的一篇论文中提出的,1980年以德文出版的《沉默的螺旋:舆论——我们的社会皮肤》一书中对该理论进行了全面的概括。伊丽莎白·诺埃尔·诺依曼认为个人的意见在很大程度上依赖于他人的想法,舆论的形成就是这种依赖行为的表现和后果。她以人害怕在社会中孤立的心理为主要依据,认为为了防止孤立和受到社会制裁,一般人在表明自己的观点之际首先要感觉一下"意见气候(opinion climate)",如果自己的意见与现有的多数人意见相同或相近,便会较为大胆、积极地发表;如果发觉自己处于少数,便会迫于无形的舆论压力而趋向于保持沉默。于是舆论的形成,

---

⊖ 《舆论学:舆论导向研究》,陈力丹著,P83。

便成了一个"一方越来越大声疾呼，而另一方越来越沉默的螺旋式过程"。她显然是以社会心理学的认知取向来界定舆论的，强调个体对舆论的知觉，外界已有的多数人的舆论压力对于形成更为广大的舆论，在这里具有决定性意义。

就这点而言，舆论具有社会整合作用。大众媒体对问题的报道在多数情况下会具有相对一致的看法，这种一致会形成一种"共鸣"的效果，使受众对周遭的情形进行观察，了解哪些观点是占优势的、受到支持的，哪些意见是不占支配地位的。然后决定是大声表明自己的观点，还是保持沉默、不敢表达自己的相反意见。当他相信自己的观点属于前者，便会理直气壮地表达出来，而当他相信自己的观点属于后者，就会保持沉默。这种情形越来越明显，直到形成一种螺旋。公开表明自己意见的声音越来越大，完全取得优势地位，而其他的声音越来越小，从公开表达的领域消失，最终沉默不语。诺依曼的"沉默的螺旋"理论，亦属于从社会心理学角度对舆论形成的研究。

与大家意见不同的人保持沉默的原因，是人们努力与所有的人站在一起，以免自己被冷落，害怕孤立在这里形成了一种动力，使得"沉默的螺旋"运转起来，从而发表意见的人越来越大声，而不同意见的人越来越沉默。"沉默的螺旋"的运转过程，其实就是舆论产生的过程，大众传播对某些问题的报道会形成一种"主流化"的印象，对社会成员产生压力和影响，从而扩张了"主流化"观点的势力，形成舆论压力，而舆论压力又进一步扩大了舆论的力度，最终产生统一社会成员行为和思想的效果。

诺依曼通过"沉默的螺旋"理论，重新提示了一种"强有力"的大众传播观：①舆论的形成是大众传播、人际传播和人们对"意见环境"的认知心理三者相互作用的结果；②经大众传媒强调提示的意见由于具有公开性和传播的广泛性，容易被当作"多数"或"优势"意见所认知；③这种环境认知所带来的压力或安全感，会引起人际接触中的"劣势意见的沉默"和"优势意见的大声疾呼"的螺旋式扩展过程，并导致社会生活中压倒优势的"多数意见"——舆论的诞生。在"沉默的螺旋"中，传统的大众媒介扮演了重要角色，是人们获得舆论传播的来源。陈力丹教授认为："诺依曼的论证角度对于舆论导向研究具有意义，她提供了一种引导非主流舆论转向主流舆论的思路。"㊀

碎片化传播中的"议程设置"与"沉默的螺旋"

"从广义上说，舆论是一种控制机制。"传播学中的"议程设置"和"沉默的螺旋"理论是关于大众传播宏观效果的两个主要理论。"议程设置"，即媒介通过对某些议题报道量、报道顺序的不同，影响了受众对它们的重要性的认识，从而为受众设定议程。"沉默的螺旋"理论认为，意见的表明和"沉默"的扩散是一个螺旋式的社会传播过程，大众传播通过营造"意见环境"来影响和制约舆论。这两个理论都意在论证大众传播和大众传媒具有强大的影响和社会效果。

"议程设置"和"沉默的螺旋"在网络传播中仍大行其道。只不过由于网络的特性，使网络传播中的"议程设置"和"沉默的螺旋"与传统大众媒介完全不同，其中最主要的是"媒介的权力"网络化。

网络的复杂传播系统是由自媒体的网友构成的，网络的开放性和互动性、低成本和非对称，使任何自媒体的发布者均可以"议程设置"，网络推手大行其道，这样使很多"议程'被'设置"。因为"议程设置"强调的是传播过程的认知阶段，所以网络上的注意力聚集管理是"议程设置"的主要动力，剩下的就留给蝴蝶效应了。问题是传统的"议程设置"是为

㊀ 《舆论学：舆论导向研究》，陈力丹著，P40。

了控制或引导传播效果,但是网络上的"议程设置"引发的却是整体涌现性。

我国已经形成以央视等传统媒体为代表的主流舆论场,和以微信、微博、抖音、快手等为代表的"草根"舆论场两大传播生态格局。

"沉默的螺旋"理论认为只有那些"被认为是多数人共有的",能够在公开场合公开表明的意见才能成为舆论。此理论强调舆论的社会控制功能,从传播效果研究的角度来看,"沉默的螺旋"理论强调大众传播具有强大的社会效果和影响,并正确地指出了这种影响来自于大众传播营造"意见环境"的巨大能力。而在网络传播过程中,网络就是随时随地的"公开场合",网络上意见领袖随处可见,传统媒介对舆论的影响在网上可以被轻易地颠覆。只要你的言论触网,都可以成为某种舆论形成的基因。在网络传播中,由于自组织网友拥有自己的"媒介的权力",网络上"沉默的大多数"可以发出自己的声音,所以"沉默的螺旋"在网络上可称为"嘈杂的螺旋",网络传播是在"议论纷纷"的过程中向前推进的。"沉默的螺旋"假说的重要意义之一是,它把对舆论形成过程的考察从现象论的描述引向了社会心理分析的领域,强调了社会心理机制在这个过程中的作用。网络上的社会心理机制反应更敏感,相对于传统媒介的控制性,网络上"沉默的螺旋"向着整体涌现性方向"旋转",网络传播的整体涌现性相对于传统媒介"沉默的螺旋"的主观性,更倾向于传播的"客观性"。

碎片化传播的整体涌现性:碎片的聚合

涌现是在宏观层次上出现的现象。涌现性是一个自组织系统中的显著性质。涌现现象的本质体现在:复杂的事物是从小而简单的事物中发展而来的。涌现最基本的特征就是系统具有了其组成部分所不具有的一种整体性质,复杂系统涌现的这种整体性则主要表现为一种全局模式的整体性。

复杂系统涌现的这个特征与一般系统涌现的整体特征是一致的，只是在复杂系统中表现得更加突出。

网络的碎片化传播涌现性是自组织网友对所传播信息自身的信念、态度、意见和情绪表现的总和，是碎片化信息的聚合。"就一种舆论而言，它的较为明显的存在形式当然是公开的言语意见，但是有时人们感觉到的存在的舆论并不是明显而清晰的言语，而是一种情绪，由体态语、行为语和流露的冲动性只言片语等形式来表现。"⊖ 网络信息传播系统各种涌现特性的呈现和消失仅仅是信息的创生、传送、转换、增殖、损耗、消除的结果。网络传播整体涌现性的来源和奥秘在于信息可生可灭这种不守恒性，网络传播新系统的生成，旧传播系统的衰亡，网络传播系统的维持、演化、发展，一种传播系统转变为另一种传播系统，这些归根结底是信息的创生、传送、转换、增殖、损耗、消除。网络信息代表传播系统的整合力和整合方式，牵动着传播系统的组织力和组织方式，信息的一切运作都不可能造成物质和能量的增减、生灭，却可能改变物质存在和能量转换利用的方式。

复杂系统涌现性是依随层次关系强调上一个层次依附于下一个层次，但它也强调上一个层次是从下一个层次中涌现出来，具有与下一个层次不同的"新颖性"，并从低一个层次的描述中不能推出也不能预言高一个层次的新特征。网络传播既简单又复杂是指"一对一的传播"，在网络上可以演化成"所有人对所有人的传播"，网络的复杂适应性系统特性使其传播的涌现性层出不穷，在不同的传播层次上都有涌现性产生。

涌现是一个自组织的层次跃迁过程。一条网络信息通过博客发布，是单个自组织的行为，当被转发、转载、之后，到群、社区等网络空间的层层跃迁，经过持续的互动，不断地蔓延，开始涌现出全新的特征。网络传播的复杂适应性系统自组织之间的作用是非线性的，网络传播的整体行为

⊖ 《舆论学：舆论导向研究》，陈力丹著，P14。

无法通过相对独立的各组成部分行为的简单叠加得到。网络传播的整体涌现性无法通过分别考察自组织的传播行为而得到,网络传播的涌现性是创造性的。

通常情形下,网络传播的涌现既出人意料,又在情理之中,出人意料是"热信息"被关注、聚集的过程,情理之中是"冷信息"的趋势,网络传播的涌现性深切地表现了信息传播的微观无序宏观有序的表象。

网络传播环境的开放性以及信息的冷热变换,使传播的涌现性与环境密切相关,网络结构的开放本质在于互动,巨量的网络组分和海量的网友自组织非线性的互动,使网络信息传播的效果总是展现出惊人的涌现力。

从传播的角度看,"环境"主要是指社会文化的环境,文化环境所形成的语境和对话语权的解读对网络传播的整体涌现性起着不可估量的影响,社会环境与网络传播的涌现性是相互影响、相互依赖的。任何外露的言语、情绪都是一种特殊的态度,而态度是由一定的信念决定的。信念,这里是指人们在接触外界之前,头脑里已经存在的关于现实世界的图像、信条和价值观。信念在舆论本身的各种存在形式中处于核心位置,也是在得到外界信息刺激后,进行逻辑推论的大前提。态度的表现形式是多样的,以言语形式的表达,构成显舆论;以情绪形式的表达,构成潜舆论;以规模行为来表达,构成行为舆论。无论是信念、态度还是价值观,都与我们的社会环境密切相关。

如果事件影响到人们的生存方式,那么事件对人们就具有某种意义。2011年,广东佛山发生了"小悦悦事件"。2岁女童小悦悦接连被两辆车碾过,当场无人搭救,不幸去世,全国网民纷纷在微博、论坛为小悦悦祈福、寄托哀思。而关于小悦悦事件所引发的全国性各个社会阶层关于道德、法律、人性等方面的讨论和反思也随着小悦悦的离世达到了一个高潮,"小悦悦事件"反映了社会的冷漠,激起的涌现性是主流舆论倡导的拒绝冷漠的宣传。有媒体评论认为,从对于"小悦悦事件"的反思力度来看,整个舆论已经完成一次道德启蒙。总之,事件的意义是如何应对事件的依据。

　　复杂系统的涌现性表现为"从简单中生成复杂"的新颖性。系统的复杂性是由简单生成的,传播的复杂适应性系统的初始条件均为简单条件,初始条件敏感性可以触发复杂的传播涌现性,而涌现性表现为一种进化中的新颖性。复杂系统涌现的新颖性是不断创新的。对于复杂系统来说,涌现就是从个体的、简单的行动主体产生出整体的、复杂的新系统的过程。整体性与新颖性是涌现的最基本特征。

第 2 篇
PART TWO

互联网思维是一场伟大的"文艺复兴"

第 10 章
互联网思维的本质：范式革命

碎片化传播，如果用一句话来概括就是：网络传播是复杂网络的传播，复杂网络传播的结构是开放、互动、自组织的，网络传播的过程是混沌的，网络传播的信息是通过对称破缺向前推进的，网络传播的路径是分形的，网络传播的效果是涌现的。随着新媒体时代汹涌而来，以及传统媒体的崩溃式瓦解，突然之间，媒体的"威权话语"消失了。同时，碎片化传播时代的来临让我们身处在信息的海洋中，从微博到科技博客，从微信到意见领袖，从专栏到朋友圈等，信息无所不在。互联网把这个世界变扁平了，它压缩了信息的层级；互联网的增长速度又使我们置身于一个信息爆炸式增长的空间中，我们可以快速地获取、分享信息。互联网改变了一代人的生活方式，改变了传统企业的商业模式，甚至改变了我们的思维方式。

互联网精神与互联网思维

1994 年 4 月 20 日，互联网第一次进入我国，自这天起，人们就开始体验"互联网精神"，即开放、平等、协作、分享、包容。曾任阿里巴巴集团参谋长的曾鸣认为,互联网精神是平等、开放、互动、迭代、演化。经过二十年多的发展,互联网精神在移动互联网的推动下升级演化出具有中国特色的互联网思维。

当下之所以提出互联网精神与互联网思维,其原因就在于,人类在大工业时代所形成的思维方式与理念、价值观正在显得不合时宜。互联网技术的使用与普及大大提升了信息的传播效率,进而形成了新的信息传播系统与新的社会结构,作为建立在此基础上的理念与思维自然也要随之改变。

每个人所处环境不同对互联网精神和互联网思维的理解也就不同。当然,理念与思维的形成是建立在对规律的认识与把握的基础上的。也就是说,只要把握住互联网对传统信息传播系统和社会结构所带来的变化就可以大致把握住互联网精神与互联网思维的精髓了。

"互联网 +"早已超越了工具与技术层面的含义,就其本质而言,"互联网 +"是一个庞大的系统工程,大致包括三个层面的内容,最外围是工具与技术层面,这个层面是最容易理解,也是人们讨论最多的,大数据、云计算都包含在这个层面当中。中间则是制度层面,上至国家政策、法律,下到组织规定、章程都包含在其中,所谓"无规矩不成方圆",制度的存在就是要使所有成员遵守相同的行动准则,以提升效率、维护秩序。最后一个层面,也是最关键的就是理念与思维层面,看似无形却指导着人们的一切行为。互联网思维正是对传统思维的扬弃与超越,是思想上的一次颠覆与革命,是全新的世界观。

在我国,是自媒体引发了所谓互联网思维的爆发。在如今的碎片化传播时代,传统思维如何拥抱"互联网 +",正在挑战着每个层面上的决策者。互联网思维其实就是新的范式、新的信念。当我们用互联网思维的时候,我们到底在谈什么?百度说互联网思维是降低维度,让互联网产业低姿态主动去融合实体产业。小米公司创始人雷军说互联网是一种理念,互联网

碎片化传播
——网络舆论背后的传播规律与认知方法

思维的核心是七字诀"专注、极致、口碑、快"。混沌大学李善友教授认为互联网思维是产品型社群,也有七字诀"产品、社群、自组织"。《罗辑思维》节目的主讲人罗振宇认为,产品是入口、人是流量、自媒体社群是商业模式。"当下是'小时代、大世界'","不同的社群,就是自己的小时代,通过弱连接,小时代变成了大世界"。

碎片化传播时代,形式大于内容。随着移动互联网的发展、自媒体的普及,每个人都能充当内容的生产者,随时随地在网络上发表自己的见解,并且能分享给别人。在微信自媒体传播中,微信公众号的口号是"再小的个体,也有自己的品牌;再小的企业,也有自己的媒体"。如何在碎片化传播时代进行传播积累"粉丝",是一个重大课题。安迪·沃霍尔曾有句名言可以代表互联网思维的宣言,就是"每个人都能流行 15 分钟","随着手机的不断普及,手机媒体引发了自媒体的爆发,最后引发了互联网思维的总爆发"。

李善友教授在他的《互联网世界观:思维的起点,商业的引爆点》一书中说:"互联网是新的工具,还是新的世界?这就是世界观。杨元庆说,'互联网好比是推动前两次革命的蒸汽机和电力,它是解放生产力的工具。我们可以用它来改善业务模式,提升效率。'他把互联网看作工具。而梁信军却把互联网看作是新世界,他说'我不太赞成杨总的提法,我过去跟杨总的观点完全一样,我认为互联网是一个工具,什么人都可以用。而近两年来我发生了深刻的变化,我已经无条件向移动互联网全面投降,全面拥抱。'"

当前思维不能解决当前问题,因为当前问题就是当前思维的结果。哲学主要被看作一种思维方式。互联网思维是时代的哲学。如果一种思维方式正在成为普遍性的原则,则这种思维方式就是时代的哲学。关于什么是哲学的标准观点而言,哲学应当对一般实践活动发挥重要的指导作用,包括提供世界观和方法论等。与将哲学看成知识体系相比较,我们更应强调哲学的思维功能。奥地利哲学家维特根斯坦说："对于不可说的东西我们必须保持沉默，凡是可说的则都应当说清楚。"而对于互联网思维需要哲学探讨。

互联网思维的本质是形而上学的观念约定

从哲学社会科学的角度看，互联网思维的本质是哲学世界观，是范式（paradigm），互联网思维的英文应是 The internet paradigm。有我国学者用西方没有互联网思维对应的英文这一理由而否定互联网思维的存在，那么我们不妨用西方的理论找到对应的英文。范式的概念和理论是美国著名科学哲学家托马斯·库恩（Thomas Kuhn）提出并在《科学革命的结构》(*The Structure of Scientific Revolutions*) 中系统阐述的，它指的是一个共同体成员所共享的信仰、价值、技术等的集合，指常规科学所赖以运作的理论基础和实践规范，是从事某一科学的研究者群体所共同遵从的世界观和行为方式。托马斯·库恩认为："特别在公认的危机时期，科学家们必须转向哲学分析，作为解开他们的领域之谜的工具。"

《科学革命的结构》是20世纪科学哲学的经典名著，该书作者托马斯·库恩认为，科学发展的历史是一部同科学共同体密切联系的历史，科学作为一个在时间和空间上扩展的复杂过程，其发展规律的内在性是同这个过程的主体不可分割地结合在一起的。在库恩看来，科学作为科学共同体活动的结果，它表现为科学"范式"的不断完善和不断更迭。库恩所指的"范式"是看待世界的思维方式，具体指从科学哲学意义来说，"范式"是人类对于时间和空间的总体看法。

库恩的科学哲学研究的一个重要特点，就是以群体而非个别科学家作为科学活动分析的基本单位。库恩认为："范式就是一个公认的模型或模式。科学共同体取得一个范式就是有了一个选择问题的标准，当范式被视为理所当然时，这些选择的问题可被认为是有解的问题"，他认为"范式是一个成熟的科学共同体在某段时间内所接纳的研究方法、问题领域和解题标准的源头活水。因此，接受新范式，常常需要重新定义相应的科学"。

库恩进一步指出，"范式"是形而上学的、高于规则之上的观念约定："历史研究还有规则地展示出，有一类更高层次的，准形而上学的承诺，虽然这些承诺还不是科学的不变特征，但却较少受时空的局限。这套承诺既是形而上学的又是方法论的。我认为，规则发扬光大于范式，但即使没有规则，范式仍能指导研究。范式的存在并不意味着有任何整套规则存在。"

库恩在论述"范式"时所提到的科学共同体，用在当下可理解为传播业的共同体、新闻业的共同体、商业的共同体、网络业的共同体等。在网络化社会到来之前，这些共同体是互不相干的，但是高速推进的全面网络化社会使这些共同体出现了无数的交集，对于每个共同体原有的"范式"造成强烈的冲击，一个行业大融合的景观出现了，这种交流和碰撞必然会重新塑造人们的思维方式，改变人们看问题的视角，所谓的互联网思维正是在这一背景下产生的商业思潮，对于互联网思维的认识在几乎所有的商业群体当中产生了分裂的认识，一种认为互联网思维是存在的，一种认为互联网思维是不存在的。

"反常"带来的"危机"是思维"范式"变革的前奏

伟大的哲学家恩格斯说："全部哲学，特别是近代哲学的重大基本问题，是思维与存在的关系问题。"互联网思维之所以引起巨大的争议，在于互联网思维下的存在与传统思维下的存在产生了重大的矛盾，互联网思维与传统思维的存在关系冲突不断，在传统思维下这被认为是"反常"。

库恩认为:"一种反常虽然没有明显的基本重要性,但它所禁止的应用却具有特殊的实践重要性。"他说:"有时,一个反常能使人们对范式中清晰而基本的概括明显地产生疑问。所有危机都始于范式变得模糊,随之而使常规研究的规则松弛"。

以小米手机为代表的互联网思维引发了众多的商业反常现象,对传统行业产生了重大的思想上的冲击。这使人们不得不以全新的眼光和视角来看待这些层出不穷的"反常"。许多专业人士已经开始认识到以传统的思维方法是不能解决"反常"所带来的问题的,正像库恩所说的那样:"当一种反常现象达到看来是常规科学的另一个难题的地步时,就开始转化为危机和非常规科学。于是这种反常现象本身就这样被同行们更为普遍地认识了。这领域的越来越多的杰出人物对它越来越注意。"

哲学常常被说成"反思的学问"。没有批判性的哲学根本不是哲学,这可以看作哲学研究的时代性质与历史使命感的集中体现。

库恩认为:"从一个处于危机的范式,转变到一个常规科学的新传统能从其中产生的新范式,远不是一个积累的过程,即远不是一个可以经由对旧范式的个性或扩展所能达到的过程。不如说它是这领域按新原理的一种重建,是一种变革这领域的某些最基本的理论推广,以及它的许多规范方法和应用的重建。在过渡时期,会有一大批问题,既能由旧范式解决,也能由新范式解决,在这些问题之间绝不会完全重叠。但是解决的方式也会有决定性的差别。当完成转变时,专业的视野、方法和目标都将变革。"

互联网思维是新世界观的革命:范式不是认识而是信念

"互联网思维是一种全新的价值观。"360 公司创始人周鸿祎在接受《中国青年报》记者专访时说:"在当今时代,互联网是颠覆一切的力量"。库恩认为由于范式不是认识而是信念，因而从旧范式到新范式的转换，不是科学共同体的认识的深化，而是信念的转变。以O2O（线上到线下）为例，传统商业的体用关系发生了根本性的改变，原来的线下为体，线上为用正在发生改变，以线上为体，线下为用的全新商业模式正在大行其道。马化腾接受采访时说："'互联网+'创新涌现，'+'是各种传统行业。'+通信业'是最直接的，'+媒体'已经开始颠覆，未来是'+网络游戏、零售行业'"。马化腾认为，传统行业每一个细分领域的力量仍然是无比强大的，每个行业都可以把它当作工具，也会衍生出很多新的机会，这不是一个神奇的东西，是理所当然。

库恩指出，在科学的演进中，新知识所取代的是无知："范式的转化，就是科学革命。一种范式经过革命向另一种范式逐步过渡，正是成熟科学的通常发展模式。科学革命在这里是指科学发展中的非累积性事件，其中旧范式全部或部分地为一个与其完全不能并立的崭新范式所取代。范式为除了反常之外的所有现象提供了一个在科学家视野内的确定的理论位置。"

除确立新的世界观之外，科学范式兴起的最重要的标志是建立起一套自己的基本概念、理论和模型等，以构成科学范式的核心。哲学家创造性工作的一个重要形式，就是引入若干新的不同范畴，从而为人们更全面和深入地去从事认识活动提供新的可能性。

20世纪最为重要的哲学家之一，奥地利著名哲学家维特根斯坦是西方的哲学研究"语言学转向"的鼻祖，他认为语言分析应被看作哲学研究的基本任务："全部哲学是语言批判"。"互联网思维"下的语言批判把传统营销学的一些名词重新解构："会员"变成"粉丝"；"定位"变成"痛点"；"限购"变成"定制"；"偏好"变成"刚需"；"聚焦"变成"极致"；"失败"变成"试错"；"融资"变成"众筹"；"专营"变成"垂直"；"投放"变成"互动"；"消费群"变成"圈子"；"影响力"变成"口碑"；"传媒"变成"自媒体"；

"顾客第一"变成"去中心化";"消费者研究"变成"大数据研究";"核心消费者"变成"私域流量",等等。

这些并不是传统思维下的新生事物,也无法用传统的知识来解读这些新事物,这些新事物包含着革命的种子,库恩强调:"科学革命也起源于科学共同体中某一小部分人逐渐感觉到,他们无法利用现有范式有效地探究自然界的某一方面,而以前范式在这方面的研究中是起引导作用的。"

我们当前处在"反常和危机"时期

哲学是以问题的方式来把握世界的,把世间的现象转化为问题。托马斯·库恩在《科学革命的结构》一书中,为我们描绘和分析了科学革命发生的前后过程,库恩认为,科学的发生和发展一般要经历几个阶段:前科学时期、常规科学时期、反常和危机时期、科学革命时期,以及动态的周而复始过程,库恩所描绘的科学革命的结构是一种动态结构。

无论是互联网思维还是反互联网思维的探讨,对于互联网是工具、渠道还是思维的辩论等,这些社会的、经济的、行业的"反常"现象,说明我们当前处在"反常和危机"时期,是重塑我们思维方式方法的时期,是"范式"正在转移的时期,是"传统"正在被打破的时期,是"破坏性创造"的时期,是"革命"将要发生的前夜。

任何一次科学革命都不是只带来个别或少数要领的变化,而是常常带来一系列新概念、新术语的飞跃式的创生,甚至常常出现一个内容广泛的"概念场"或"理论概念群"。在复杂网络和混沌分形理论中,复杂网络、中心节点、幂律分布、小世界、弱关系、无标度、人类动力学、社会网络、网络传播、自相似、对称破缺、破碎化……在移动互联网引发的商业变革中,O2O、微商、微支付、互联网金融、口碑传播、社群经济、网红、自媒体、分享经济等新概念、新理念大量出现，这些都为传播的"范式"革命进行了量化的积累，是"革命"将要发生的"种子"，将随时引发质变。

"范式的变革是和明显的技术变革相联系的。"网络的技术创新正是推动着互联网思维理解范式变革的动力。当移动互联网时代的全新商业模式无法用传统的方式解读时，迷思和困惑也就理所当然地出现了！这是理智的危机。法国当代思想家埃德加·莫兰说："理智的危机与过于简单、抽象、专断的思想有关。首先谈危机的概念。我认为，在一个科学理论或一个科学环境中，从这样一个时刻起，即当上述理论不再能综合经验材料，异常情况增多到事实上使理论处于被怀疑的状态的时候，危机就发生了。这就是一个理论处于危机中的情况。有时处于危机中的实际上并不是理论本身，而是位于理论背后的一个更基本的解释原则。"卡里尔·纪伯伦说："困惑是获得知识的开始。"

各种高度复杂的网络系统对人类生活和福祉的影响越来越大，迫切需要新的思想和方法，用真正全新的思考方式，来帮助理解它们。巴拉巴西将这种新方法称为"网络思维"，并认为网络思维将渗透人类活动和人类思想的一切领域。什么是网络思维？网络思维意味着关注的不是事物本身，而是事物之间的关系。他所说的网络思维实质是我们现在所谈的互联网思维。

"没有理论的事实是模糊的，没有事实的理论是空洞的"，大量的"反常"已经给我们提供了无数的事实，需要适当的创新理论建立新的"范式"，适应新的商业生活！

互联网思维是一种新的世界观

托马斯·库恩在他的《科学革命的结构》一书中深刻地阐明了科学的

演进不仅是"渐进性"、"选择性"的,而且是"革命性"的,即通过基本的解释原则或范式的革命来实现,是顿悟式的。根据库恩的观点,范式支配着我们的世界观。范式的革命不仅意味着世界观的拓广再拓广,而且意味着世界观的结构本身发生了改变。一些范式统治着一个时代的科学认识,当一个旧范式让位给一个新范式时就发生了科学革命的大变动,也就是说,发生了从一种理论过渡到另一种理论的世界观的断裂。互联网思维正是这样一种新的范式。

埃德加·莫兰在《复杂思想:自觉的科学》中意味深长地写道:"我深信我们世界的危机的一个方面是我们思想的未开化状态,人类精神的史前状态。人类精神现在被它所产生的各种概念、理论、学说统治着,恰如我们认为远古的人被他们产生的神话和巫术统治着一样。我们的先辈有着更为具体的神话,我们则受抽象的力量的控制。我们对于文明的需要包含着对一种精神的文明化的需要。"

诺贝尔化学奖得主、耗散理论创始人伊利亚·普里高津在其著作《确定性的终结:时间、混沌与新自然法》一书中写道:"人类正处于一个转折点,正处于一种新理性的开端。"哲学是自己时代的精神的精华,所有的文化类型都有自己的哲学思想。互联网思维作为一种全新的哲学思维正开启一个新的时代。

我们现在还远远没到批判互联网思维的时候,因为目前全球经济依旧被传统制造业所统治,目前像小米手机、roseonly 等这些新型商业模式,不过是广袤草原上的星星之火,还处于野蛮生长的初始阶段。

互联网思维的革命性认识转变正是需要改变的勇气和创新的大无畏的精神,从传统思维向互联网思维的转变将是开启"互联网+"时代商业革命的开端。

第 11 章
互联网思维是真实不虚的

"互联网+"的提出经历了对互联网思维的深入讨论和实践。在中央电视台 2014 年度经济人物颁奖礼上,小米的雷军和格力的董明珠之间的 10 亿赌局,引发了人们对互联网思维的全面讨论。从 2013 年开始,我国社会掀起一股"互联网思维"旋风。虽然是叫"互联网思维",实际上是由移动互联网推动的,特别是手机自媒体的大量出现。人们突然发现,移动互联网才是真正的互联网,互联网的本质是由移动互联网定义的。用互联网思维改造传统企业,横扫一切,成为最时尚的生意。"互联网思维"涵盖了一切,从生意到革命,从产品到人生,适用于所有企业。这项由我国人发明的"互联网思维"一下子让许多精英摸不着头脑,因为他们习惯性地认为如果美国人没有提出这个说法,我们说这个就是胡说。而事实是,在我国的互联网发展中,移动互联网是最具特色的,移动互联网的应用是引领世界潮流的。在这样的背景下,我国人自己提出独具中国特色的"互联网思维"就不奇怪了。我国的知识精英们应由此建立自己的学术自信,而不是处处以美国为标准,这种以美国为标准的思维也是需要改变的。

什么是互联网思维

2014年5月5日,著名互联网企业家、学者谢文先生发表《互联网思维还是思维互联网》一文,文中指出:"从一个角度看,四月二十号是中国互联网诞生二十周年的日子,因为1994年的这一天,第一条向社会公众开放的互联网线路开通运行。与中国互联网五周年、十周年时不同,现今媒体上充斥着溢美之词,'互联网精神'或者'互联网思维'成为流行概念。"

谢文先生总结说:"互联网思维的本质是把互联网作为工业化社会走向信息化社会的基础,把信息流作为继商品流、货币流之后最重要的社会发展动力,把信息生产、交换和传播作为新型生产方式和生活方式的出发点,而商品和货币不过是信息的载体而已。基于这样的认知,网络业的大大小小的创新无不带有摧毁、取代、改造、融合各种传统产业和传统社会运行机制的性质和作用,这是网络业主流视为理由当然的事情。"谢文对互联网思维的高度概括是"网络为体,创新为用"。

互联网思维是相对于工业化思维而言的一种商业民主化的思维。从商业上讲,互联网思维是一种用户至上的思维。对于互联网思维的理解,首先来自于我国商业实践的最前沿。许多商业精英,特别是从事互联网行业的企业家们,在互联网环境下的市场运营过程中,开始深刻地感受和理解"去中心化、用户至上、极致、民主、免费、消费痛点、大数据"等这些属于互联网范畴的思维方式。他们根据各自的实践和感受,对互联网思维从不同角度进行了总结,对当下我国商业模式的变革起到了启蒙和引领的作用。

小米的雷军把互联网思维总结为"七字诀":专注、极致、口碑、快!

搜狗CEO王小川认为互联网思维就是"用户量 + 免费 + 体验至上"。

《罗辑思维》创始人罗振宇强调"互联网思维 = 自由联合 + 自动解散"。

赵大伟在《互联网思维独孤九剑》中提出互联网思维有"9大思维"，即用户思维、简约思维、极致思维、迭代思维、流量思维、社会化思维、大数据思维、平台思维、跨界思维。

2014年2月，360掌门人周鸿祎专门撰文以互联网从业20年资深人士身份对互联网思维进行详细理论阐述，其核心观点有360的"四大发明"，即用户至上、体验为王、免费模式、颠覆创新：

（1）用户至上：在互联网经济中，用户只要用你的产品或服务，那就是"上帝"。很多东西不仅质量特别好，甚至还免费供人们试用。

（2）体验为王：只有把一个东西做到极致，超出预期才叫体验。比如有人递过一个矿泉水瓶子，我喝了发现是50°茅台，这就超出我的体验。

（3）免费的商业模式：硬件也正在步入免费的时代。硬件以成本价出售、零利润，然后依靠增值服务去赚钱。电视、盒子、手表等互联网硬件虽然不挣钱，但可通过广告、电子商务、增值服务等方式来挣钱。

（4）颠覆式创新：你要把东西做得便宜，甚至免费；把东西做得特别简单，就能打动人心，就能赢得用户。你赢得了用户，就为你的成功打下了坚实的基础

在《互联网思维独孤九剑》一书中，互联网思维被称为："基于互联网影响下的产业发展、消费行为变迁，对整个企业商业模式的重新思考，对内部管理体系、业务流程的再造和升级。这是一项系统工程，其背后贯穿的一整套的新商业思想，我们称之为互联网思维。"互联网思维，是指在（移动）互联网、大数据、云计算等科技不断发展的背景下，对市场、用户、产品、企业价值链乃至对整个商业生态进行重新审视的思考方式。互联网思维不是因为互联网才产生，而是因为互联网的发展，使得这些思维得以集中爆发。互联网思维，不能说是有多新鲜的理念，它恰恰是一种回归，使得商业回归人性。不是互联网企业淘汰传统企业，也不是传统企

业淘汰传统企业，而是新商业淘汰旧商业。互联网思维成为最根本的商业思维。《互联网思维独孤九剑》一书强调："互联网思维，是传统企业互联网转型的制胜关键。"不是只有互联网公司的人才具备互联网思维，互联网公司的很多人也不具备这种思维。

微信的出现，把移动互联网的本质特征发挥得淋漓尽致，互联网思维、社群电商、自媒体等这些新观念，无不与微信密切相关。微信之父张小龙曾不断向人们推荐凯文·凯利所写的《失控》一书，书中的观点对他开发微信有很大的启发，其产品开发理念具有哲学般的意味。关于微信团队的组织能力，张小龙在一封内部信中总结了几点："做对用户有价值的事情""让用户带来用户，口碑赢得口碑""学习和快速迭代比过去的经验更重要""思辨胜于执行"等，这些都是当下商业哲学下互联网思维的要点。

腾讯做移动互联网，其实是在做社交，是连接一切；百度做移动互联网，背后是搜索，是摆平一切；阿里巴巴的核心是电商和零售，是售卖一切。百度李彦宏认为，互联网正在加速淘汰传统企业，互联网在整个中国还是一个小的产业，互联网以外的产业是更大的产业，而每一个这样的产业都面临互联网产业的冲击，站在互联网人的角度来说，面临着无限的机会。产业互联网时代正在到来，中国未来"互联网+"的蓝图前景广阔。

"巨人倒下，体温还是暖的"

李善友教授引述科幻图书《三体》中高维文明灭绝低维文明的心态"我毁灭你，与你无关"，类比大公司毁灭小公司的感觉，"我要占领这个市场，你生存与否，跟我有什么关系。"

摩托罗拉和诺基亚这两个带着厚重感的名字已失去了昔日的光环。摩托罗拉没能在2G时代续写辉煌，诺基亚则在3G时代折戟沙场。当诺基亚被微软收购时，其 CEO 说："我们并没做错什么，但不知为什么，我们输了。"说完，连他在内的数位诺基亚高管不禁落泪。他们并没做错什么，只是世界变化太快。惨痛的代价也告诉我们，失败有时和财富势力无关，与思想思维有关。道理真理亘古不变，但理念思维要尊重环境，自己不变，就要被别人"变"掉。李善友说："弱小和无知不是生存的障碍，傲慢才是。"

马化腾评论诺基亚时说："一年半前想象不到诺基亚会倒得这么快，2000 亿欧元市值的公司最后低价卖掉手机业务。这就是发生在我们身边的'血淋淋'的案例。虽然我们摸了 1000 亿美元这个线，市值很高了，其实很恐怖的，稍微没有跟上形势，分分钟可能会倒下，巨人倒下，体温还是暖的。"

冯仑面对互联网思维的反思是："过去几百年房地产行业怎么走，我自认为我很勤奋，我跟东升一样，因为全世界所有最厉害的地产公司我都去过，我认为我已经非常清楚了，所以房地产行业的创新、路径、瓶颈在哪儿是很清楚的。这个天空我非常清楚，有几片云怎么走，什么时候下雨我是知道的。但今天天上的云变了，我们不知道这件事该怎么办了。刚才讲到了互联网，互联网会改变一切传统行业。互联网怎么样影响和改变房地产？互联网的思维，所有这一切都在颠覆我们。"

2014 年 1 月 17 日，万科集团董事会主席郁亮携集团老总们到访海尔集团。两个有诸多不同的千亿级企业进行了面对面交流。

海尔集团董事局主席张瑞敏在会上做了主题为"没有成功的企业，只有时代的企业"的演讲，正如张瑞敏所说："我觉得对所有的企业其实都一样，为什么？实际上所有企业的成功，不管别人认为，还是你自己认为，我认为只不过是踏上时代的节拍。"

演讲中，张瑞敏谈到了企业追求三个"无"的目标：企业无边界、管理无领导、供应链无尺度。首先，互联网时代没有边界了，企业要做并联平台的生态圈，传统的科层制将变成一个利共体生态圈。其次是管理无领导，传统时代就是马克斯·韦伯提出来的科层制，互联网时代是用户驱动企业。现在你服从你的上级是不对的，因为你没有上级，你的上级就是用户。原来的科层制是所有的员工遵守纪律、执行到位，但是没有创新的空间，但是现在每个员工必须都有各种创新的空间。第三是供应链无尺度，互联网时代是个性化定制，你这个供应链再按照大规模制造设计供应链肯定是不行了，所以我们现在探索的就是按需设计、按需制造、按需配送。这个三"无"具体为三"化"，一个就是企业的平台化，一个就是员工的创客化，一个就是用户的个性化。张瑞敏认为互联网有两条法则，第一就是与用户零距离，第二就是网络化。

知名企业家柳传志眼中的互联网思维是这样的："近来经济界、企业界一直在探讨互联网思维对传统产业、传统商业模式的颠覆作用，其实对传统产业而言，互联网思维的最大作用不是颠覆，而是改良和改善。换一种角度，从结果的角度来解读，互联网思维与传统产业的对接，会改变传统的商业模式。从结果看，大致会产生这么几个效应：长尾效应、免费效应、迭代效应和社交效应。"

"长尾效应带来的定制化、个性化需求，也要求企业主动与消费者搭建起沟通的桥梁。无论是借助现有电商平台，还是自己搭建全新的O2O销售体系，都将对传统的渠道概念、分销模式带来冲击。小米的互联网营销模式，尤其是它成功的粉丝营销、圈子营销，都值得传统企业认真研究借鉴。"

李善友说："小米的成功到底是雷军的成功，还是时代的成功呢？绝对是时代的成功。比英雄人物更重要的，是时代。你以为你的对手是友商，其实你的对手是时代。"

周鸿祎说："没有人能打败趋势。任何企业都可以找最强的竞争对手，但有一个对手你是打不过的,那就是趋势。趋势一旦爆发,就不会是一个线性的发展。它会积蓄力量于无形,最后突然爆发出雪崩效应,任何不愿意改变的力量都会在雪崩面前被毁灭,被市场边缘化。"

没有传统的企业,只有传统的思维

微软的鲍尔默,如乔布斯所预测,他被董事会要求退位了,为什么?鲍尔默说:"我是旧时代的象征"。传统行业的企业家们也都患上了互联网思维"焦虑症"。因为感受到互联网的威胁,他们急于开启互联网思维。国内一部系统阐述传统企业互联网转型的著作《互联网思维2.0:传统企业互联网转型》中提到了众多知名企业家的互联网焦虑症:

柳传志的焦虑:年轻人的世界,搞不懂。"互联网时代使我们看到,企业淘汰和更替非常残酷、非常快。最使大家感到震惊的是,柯达是美国文化的象征,有130多年历史,说倒就倒。所以,互联网加快了洗牌的速度。不管你的企业过去多么完善、成功,在互联网的冲击下,可能都不堪一击。"柳传志认为移动互联网对社会整个的颠覆是必然的,但是它有个过程。在这个过程中,给了人们调整、尝试,甚至颠覆自己的机会。他强调"如果我颠覆不了自己,我请别人来颠覆。"

陈东升毫不掩饰自己对未来的焦虑。他认为互联网对产业的改造是一个"温水煮青蛙"的过程,"你死了还不知道是怎么死的"。

俞敏洪对互联网的担心是,"互联网消灭你,与你无关。"俞敏洪在与新浪财经对话时表示,"移动互联网发展对每一个企业都提出了重大的挑战,一夜之间,你有可能就被别人超越、占领、推翻,这种情况都有可能。失败,不是因为你做出了错误的商业决策。今天,不管你做出多么正确的商业政策,都有可能死掉。因为你计划的基因不在原来成功的基因里。所以整个新东方都要更换发展基因,更换基因这个坎过不去,基本上就要死。"历史,就是这样的无情和残酷,很多时候,你的没落和衰亡并不是由于你的无能和懒惰,而仅仅是因为你不在历史的趋势里。

李东生坦言:"这是一次不得不进行,也不能不进行的自我革命。企业在这个时代的焦虑和尴尬,无疑来自于我们正在经历的各种商业革命。比'被征服'更为可怕的,是'不知道会被谁征服'。面对焦虑,你甚至无法选择逃避。有人以为,封闭自己、拒绝变化,就可以用种种手段阻挡潮流。殊不知,阻挡潮流换来的暂时苟延残喘,不仅会错失转型机会,而且最后无一例外会死得更加难看。"

王石谈到互联网思维时说:"我还是认为,淘汰你的不是互联网,而是你不接受互联网,是你不把互联网当成工具跟你的行业结合起来。最终淘汰你的还是你的同行,他们接受了互联网,把互联网跟自己做的事情结合起来,淘汰了你。简单来说,传统行业,如果不用现在的互联网和移动互联网方法来改造自己,你不会被互联网打败,而是会被那些接受互联网方法论的同行打败。"

周云杰讲到,目前社会处于一个大爆炸式颠覆的时代,所谓大爆炸式颠覆,是颠覆了一个传统的产业,重新构建了一个商业模式。周云杰还提到:"没有传统的企业,只有传统的思维。移动互联网思维应包括三方面:第一个是商业模式的演进,用户的参与本身就是对商业模式的一种颠覆;第二个是释放一种被压抑的需求;第三个是O2O"。不仅要有互联网的思维,而且还要思考,如何能够让互联网的文化成为企业的基因。周云杰认为首先要理解互联网的精神,互联网精神有三个方面:第一个是开放的,第二个是与用户互动的,第三个是自演进的。"没有这个,手段、技术再先进那都不是一个互联网的思路。"周云杰还提到作为互联网创新精神的实践,海尔家居会探索创新方式继续与万科合作。

在互联网时代,企业的思维都将进行变革,甚至颠覆,而也正是互联网时代,造就了一批具有优秀的互联网思维、互联网基因的企业。郁亮先生说:"在这个剧烈变化的时代,我们很难找到这么一个基因使得我们能够在不同的时代都能活下去。我们只有主动跟这个时代的基因互动,不断适应这个时代。"

哲学意义下的互联网思维

互联网上升到思维层面就是哲学问题。"互联网思维"的英文是"The Internet Paradigm",之所以用科学哲学的重要词汇"Paradigm"(范式、思维方式)这个词,是在强调互联网思维高于规则之上的特征,具有商业哲学的意味。哲学的主要功能是致极追问。它的表达是终极的存在——本体论。所谓本体是指最重要的基础,是讨论任何问题的着力点和基本前提。本体论是哲学的基本问题。互联网思维作为哲学层面来探讨,就必须分析互联网思维的本体论认识。著名学者谢文对互联网思维的本体论解读为:"网络为体,创新为用就是对互联网思维最简单的概括。"考察互联网思维要从哲学本体论的角度来审视。互联网思维下的存在问题就是探讨网络体用之道的本体论问题。哲学就是对思维方式的理解,对反思的理解,对传统思维的前提批判。

互联网思维从现实世界中诞生,经过前互联网时代、互联网时代与移动互联网时代,每个时代有不同的世界观、思维方式与相应的商业哲学本体论。对"+互联网"与"互联网+"的比较可以带入互联网时代与移动互联网时代——互联网时代的世界观是现实与虚拟、线上与线下两个世界,在移动互联网时代,世界是整体的虚拟现实连接一切;互联网时代思维方式是工业化模式的,注重效率提升,移动互联网时代的思维方式以《失控》

为典型，呈现颠覆传统、去中心化、自组织、开放等特征；互联网时代商业哲学本体论为"线下为体，线上为用"，仍为标准化大规模生产，以互联网为工具和渠道提升效率，而移动互联网时代商业模式是大规模个性化定制，"线下为体，线上为用"。

互联网思维的网络为体、创新为用，从商业上解读是电商实体虚拟化、实体生意体验化的所谓O2O模式。互联网思维的产生与传统的思维有着千丝万缕的联系，通过我国传统哲学思维模式的发展来审视互联网思维的特点，会给我们以启发，以更好地把握当代课题。

互联网思维的形成经历了工具论、渠道论、思维论，互联网的工具论是"线下为体，线上为用"。互联网作为一种大规模传播的工具被使用，以门户网站为代表；渠道论仍是"线下为体，线上为用"，以电子商务为代表，互联网思维催生了商业民主化的时代，电商时代逐渐使互联网全面渗透到传统商业模式的基因中，显示出"线上为体，线下为用"的全新商业模式。互联网思维再上升为哲学范式，即互联网思维。互联网在我国刚出现时，和现实世界间隔着咫尺天涯。而这个虚拟世界一旦与现实世界结合，在认识上把人们的一个世界分成了两个世界：虚拟世界与现实世界，两个世界的形成，重塑着人们的世界观。两个世界的思维冲突被总结为，一个是"工业化思维"，一个是"互联网思维"。

工业思维的1.0时代，没有互联网，没有线上与线下的观念，只有上级与下级的关系。人们的商业世界观中只有一个世界，即现实的世界。现实世界的一切做法是约定俗成的，锤炼了百年的工业化思维。工业化思维是一种线性思维，是流水线、秩序、大规模标准化生产、层级的组织结构、大规模的单向传播。

2.0时代，有了互联网，形成了两个世界，虚拟世界与现实世界。人们对互联网的认识是工具与渠道的"线下为体，线上为用"。

3.0 时代是移动互联网时代，线上与线下融为一体，虚拟与现实重新成为一个整体世界。人们对互联网的认知变为"线上为体，线下为用"。移动互联网的出现，重新定义了互联网的内涵。人们发现，原来真正意义上的互联网是移动互联网，移动互联网激发了互联网的所有潜能。移动互联网使人们对互联网虚拟世界和现实世界这两个世界的认识，重新回到了一个世界的认识，即网络世界。移动互联网"连接了一切"，世界又回到了一个整体。移动互联网时代真正实际了虚拟世界与现实世界的结合。这使得"线上为体，线下为用"的商业思维模式出现，快消领域传统的销售门店大规模关闭，新兴的线下体验店大规模出现，就是这种思维方式下的体现。在"线上为体，线下为用"的思维模式下，线上与线下已融为一体，线上即是线下，线下即是线上！O2O 等商业模式的出现，把传统认知的线上与线下两个世界融合为一个世界，这里面首先就是互联网思维的本体论认识。

互联网思维发展简史

时代特征	世界观	思维方式	商业哲学本体论
1.0 时代 前互联网时代	一个世界：现实世界 约定俗成的观念	工业化思维：控制 秩序与按部就班	传统商业，体用结合 大规模的单向传播 大规模标准化生产
2.0 时代 互联网时代	两个世界：虚拟世界与现实世界，线上与线下	工业化思维：效率 是对传统的升级	线下为体，线上为用 大规模标准化生产 互联网是工具与渠道
3.0 时代 移动互联网时代	整体世界：虚拟现实连接一切，线上与线下的融合	互联网思维：失控 颠覆传统、开放、平台化、去中心化、自组织	线上为体，线下为用 大规模个性化定制 互联网是范式与哲学

互联网正在推动我国的各行各业处在创新变革的氛围之中，需要思维的变革、模式的变革，当互联网以更深入地渗透人们的工作和生活中为目标时，当人们开始寻求用互联网来对社会做出改变时，人们发现当前思维已经不能解决当前问题，因为当前问题是当前思维的结果。移动互联网颠

覆了互联网上曾经流传的那句名言:"网络上,没人知道你是条狗"。人性化、个性化、用户至上、粉丝经济成为互联网思维在商业上的重要内容。在我国,以互联网为引擎的新经济模式已经成型,先进的商业模式思维正加速淘汰落后的传统思维方式,互联网思维正大行其道。

第 12 章
互联网思维存在吗

我国市场的伟大实践者们用自己的亲身经历，勇猛地开拓创新，创造出了独具中国特色的商业模式，而互联网思维的自然提出，正是这种实践后反思的结果。实际上，互联网思维是中国市场的创新家通过探索和实践创造出来的一种商业哲学。

缺乏理论自信的我国商业界

《销售与市场》杂志管理版 2014 年 05 期一篇名为《摆脱互联网思维焦虑症》的文章指出："互联网思维存在吗？根本就不存在！不管是小米的七字诀还是 360 的四大互联网思维，都是美国企业 20 多年前就习以为常的普通事。"

2014 年 8 月 23 日，在亚布力论坛上，联想集团董事长兼 CEO 杨元庆表示，互联网并没有，也不可能颠覆传统产业的根本价值、核心价值，它就好比是推动前两次工业革命的蒸汽机和电力，在各行各业都可以加以利用，是解放生产力的工具。我们可以用它来改善业务模式，提升效率。

杨元庆表示，不要动不动就炒作"互联网思维"。联想的柳传志认为，互联网不是万能灵药，不要盲目跟风。万达的王健林也曾在采访中提出质疑，表示极不赞成这种说法："根本不存在互联网思维，这是互联网个别企业为自己贴金！"。他说："不能神化互联网。互联网在2000年曾经有过一次泡沫破裂，现在又重新热起来了。前段时间出现了的互联网热潮甚至到了神化互联网的阶段，还出现一个新词叫'互联网思维'。其实这个词刚出现的时候，我就批判了这种说法。我认为根本不存在互联网思维，互联网就是一个工具，怎么可能出现互联网思维呢？"格力的董明珠在争论中对互联网思维进行了多方的否定，她认为互联网概念炒作味太重，做好产品才是出路，互联网只是一种工具。

经济学家许小年表示："互联网思维几乎没有新东西，甚至是有错误的……一个人要是口口声声说互联网思维，那就是没有思维。""互联网只是200年间新技术的一项。蒸汽机远远超过互联网，从来没听说过蒸汽机思维、电力思维。国外没有这说法。英文怎么翻译互联网思维？"

谢文先生在其《互联网思维还是思维互联网》一文中深刻地指出："与之相对的是形形色色的思维互联网的言论和行为，可以一言以蔽之曰传统为体，网络为用。无论从什么角度出发，传统产业和传统社会运行体系的参与者和维护者都不愿承认互联网变革的广度和深度，而更愿意把互联网看作一种工具，一种可以或不得不加以利用但绝不能改变和取代传统的东西。结果，不管他们对互联网如何认真观察，思考，分析，无论如何也产生不了互联网思维。这是立场使然，是利益使然，与智商无关。"

谢文进一步说："于是，互联网思维被肤浅扭曲地归纳为产品设计上的极致化追求，服务上的客户导向，市场推广上的狂轰滥炸。一场本该触及根本的论道之战变成了庸俗无聊的术辩之争。可以断定，在不改变立场，不放弃既得利益，不重定游戏规则的前提下，无论花多少钱，招多少人，买多少设备,模仿多少网络服务,都不可能使传统产业和传统社会运行机制彻底摆脱被动挨打的态势。面对互联网大潮汹涌澎湃而来,如果没有置之死地而后生的决心与勇气,很难避免死无葬身之地的悲惨下场,这已经被一个个昔日庞然大物的结局所证明。"

反互联网思维:互联网思维是不是忽悠思维

互联网思维被提出之后,产生了许多质疑的声音,许多商业精英认为当前被炒得沸沸扬扬的互联网思维,无论在创业者中间还是用户中,都成了一个神圣的词汇,你要不说这个词汇,说明你已经不适合这个时代了。但是这种思维方式运用,到底能对创业者还是互联网产品的体验者,带来多大的指导,恐怕要打上一个大大的问号。

广东的一位广告专家在其文章《互联网思维是不是忽悠思维?》中写道:"网络更多解决的是传播和沟通的信息平台,赚到第一桶金的互联网品牌只是更懂得充分利用这一机会,'互联网思维'在目前条件下,不过是互联网类品牌用于抢占市场,进行造势宣传的一种手段。如果说真的互联网思维模式,那就是人性的洞察和利用,互联网只起到了传播和放大影响力的效果,其核心依然是传统企业一直坚持的'把消费者当上帝'的理念。互联网本身并不能制造出实体商品,它不过是解决了人与人、人与物、物与物信息的平台和渠道工具,使企业渠道成本、沟通成本、传播成本大幅降低,互联网是我们社交、娱乐、工作、生活的工具,远谈不上颠覆和革命!"

一篇名为《别再用互联网思维装神弄鬼了》的文章指出:"互联网思维的意思就是快速致富思维""忽悠改叫互联网思维,搅局的改叫颠覆性创新"。另一篇文章《互联网思维:吹牛容易 实现难》则提出:"互联网思维的炒作大于实际,以制造一鸣惊人、火爆传播为宗旨和目的,其实难以持久。周鸿祎、雷军总结的体系化的互联网思维句句看似有理，但是离开其发家领域他们自己也很难再重复自己。互联网思维离开商业的本质、企业管理的核心基础、企业的核心竞争力和团队的核心能力，语不惊人誓不休的炒作终究难以持续。"

在一篇名为《如何避免被互联网思维"赤化"？》一文中，作者指出当下的"传统产业拥抱互联网"和"用互联网颠覆传统产业"两大阵营，应积极防止互联网思维对自己的团队实施和平演变。她认为，预防被"互联网思维"赤化，应该高举"五个坚决一个就是"大旗：战略上，坚决把互联网工具化；传播上，坚决把品牌神圣化；组织上，坚决把老板领袖化，避免扁平化混乱；行动上，坚决把变革概念化；规则上，坚决把惯例真理化；阻击互联网思维的一个万能必杀句式——他们就是营销做得好。做到这六点，便可在互联网浪潮中趋利避害。

这些财经名人关于互联网思维的观点，有力地推动了对互联网思维的更深入的讨论，通过支持互联网思维和反对互联网思维的两派观点的碰撞，使整个社会对互联网思维的思考达到了一个高潮。

互联网思维 PK 反互联网思维

2015 年 6 月，网易家居发布了一篇文章《叫板！互联网思维没有新东西？是你一窍不通》，文中提到，著名经济学家许小年在中欧国际工商学院 2015 班委大会上发表演讲，对于"互联网思维"和"互联网+"，许小年表示："互联网思维几乎没有新东西，甚至是有错误的……一个人要是口口声声说互联网思维，那就是没有思维。"而"互联网+"的真正课题，许小年认为是："如何开发自己的产品；如何提高效率。"爱空间创始人陈炜犀利地给予回应："许小年，你对互联网思维一窍不通"。他们的

观点交锋非常有代表性,以下是他们的主要观点:

PK 第一回合:互联网思维存在与否?

许小年:"互联网只是 200 年间新技术的一项。蒸汽机远远超过互联网,从来没听说过蒸汽机思维、电力思维。国外没有这说法。英文怎么翻译互联网思维?

我想讲的是,互联网只是人类历史上这 200 多年间所出现的新技术中的一项。工业革命以来新技术层出不穷,一开始是蒸汽机,蒸汽机造就了工业革命,把人类经济带入了现代,带入了现代的工业经济和工商金融经济,彻底摆脱了对于自然资源的依赖,可以主动开发资源。蒸汽机的产生对于人类经济发展史和社会发展史的重要性,远远超过今天的互联网,但是我没有听说过蒸汽机思维。在蒸汽机之后伟大的技术创新是电力,我们也没有听说过电力思维。在电力之后又有内燃机,这也是非常重要的技术创新,但也没有听说过内燃机思维。最具有思维能力的是电脑,我们从来没有听说过电脑思维,今天怎么就出现了互联网思维?我不知道。国外没有这样的说法,你想一下英文对'互联网思维'怎么翻译?

有一个很简单的评判方法,国内流行一些新的说法,如果国外没有对应的英文词,你一定要对它产生怀疑。"

陈炜:"许教授,词汇是什么?是思维的工具,不是客观的现实。许小年教授批判'互联网思维'是从名词开始的。认为国外根本没有对应的词语,所以是一些没有学问的学者为了宣传的效果而生造出来的。我们身处于中国当下的市场环境中,就算是生造了一个词,如果有助于大家理解商业和技术的趋势,又有何不妥?顺手抄起的小米步枪,未必就不如洋课本上有据可查的洋枪大炮。打一个比方,我们顺着手指去看月亮,你说这根手指不好看,而且为什么中国有而国外没有,所以月亮是不存在的。逻辑何在?"

第12章 互联网思维存在吗

PK 第二回合：产品做到极致，是对还是错？

许小年： 产品要做到极致。这是错的，是自杀行为。产品的品质要做到成本和效益的平衡点上。越到后边成本上升越快。做到比所有竞争对手好一点点就可以了。

陈炜： 许教授是用工业思维来理解互联网思维的"极致"，极致是成本结构的最优化，是运营效率的最高点，是单点引爆。

"许教授认为'极致'是自杀行为，追求品质的 100%，会导致成本失控，从而将成本的增加转移到消费者身上。只能说，这是许教授在用工业思维来理解互联网思维的'极致'。

君不见，用 Uber 只需要打开 App，点击一个按钮，就会有部车来到你身边，这是极致的表现；

君不见，微信支付只需要输入六位数字密码，连确认键都没有，钱就汇出去了，这是极致的表现；

君不见，苹果手机将所有按键取消，变成一个按钮，这是极致的表现；

君不见，小米手机用成本价格销售，这是极致的表现。

极致，是追求让人类用更低的成本，获取更便捷的服务和产品。当你的产品做到极致时，它自然就会传播。互联网时代非常注重极致的内涵，是因为每个人都是一个网络自媒体节点，极致产品打动了你，你自然就会传播。"

许教授，极致不是自杀，极致是成本结构的最优化，是运营效率的最高点，是单点引爆。

PK 第三回合："互联网+"与"+互联网"真正的课题是什么？

许小年： "我想提出另外一个商业模式，不是'互联网+'，而是反过来'+互联网'。互联网这样的新技术，我们不能忽视它。但是如何去利用这样的新技术，是让互联网公司从线上到线下来，还是传统行业从线下走到线上去，前一种模式互联网公司从线上到线下是'互联网+'，传统行业从线下走到线上叫'+互联网'。到底是'互联网+'，还是'+互联网'，没有一定之规，到底怎么去做，取决于哪一种方式效率更高。"

陈炜："'互联网+'的本质是通过互联网将我们的效率提升，从而根本上改变产品的成本结构，而让社会的效益最大化，这是一场波澜壮阔的变革，这是人类生产力释放巨大能量的机遇。改变思维模型、组织样式、成本结构，让客户共同参与的是'互联网+'。而披着互联网的外衣，不情不愿，只想改变营销手段的是'+互联网'。这个时代需要的是'互联网+'。"

两位专家还就一些观点针锋相对：

许小年："做到单品海量，不错，但片面，这不是唯一商业模式，还有一种商业模式：多品微量。"

陈炜："你不能要求一家企业既做批量的T恤，又做定制的西服。在企业的竞争中，你只能选择一条属于自己的道路。'单品海量'的策略是互联网企业取胜的关键。"

许小年："'羊毛出在猪身上'，有效但不要神化。沃尔玛早就在做了。"

陈炜："互联网时代'羊毛出在猪身上'的本质是交叉补贴，用户在享受产品A的免费服务，商家聚集大量用户通过产品B获利，产品B的获利补贴给产品A的成本支出。"

文中最后总结说："一方是著名经济学家，一方是敢打敢拼且成绩显著的新生代，说小点他们都是为了企业更好地发展，说大点他们都是为了推动中国经济的发展。这注定是一场'观点大战'，也许难分伯仲。"

"定位"与"反定位"之辩

2015年伊始，国内知名的营销专家、特劳特中国公司董事长邓德隆先生发表了一篇名为《邓德隆：我要郑重告诉雷军 小米战略偏航了》的文章，引发了人们的关注。邓德隆是定位理论在我国商业实践的主要推广者，其中加多宝（原王老吉）的案例最为出名。在品牌尚未改名前，一句"怕上火，喝王老吉"的口号可以说是响彻大江南北，而"没有中间商赚差价"更是让人们认识到了瓜子二手车直卖网，这些知名品牌案例都是邓德隆与他的团队运用定位理论在我国市场上的杰出案例。邓德隆在这篇文章中说："我可以预见到已经发生的未来，小米盒子、电视、平板是做不好的，很难有很大的作为，我这个掷地有声的结论绝对经得起历史的检验。因为其没有一套相应的战略为之护航。"

邓德隆认为小米在广大消费者心目中的定位，就是直销手机。这与雷军一直强调小米手机的定位不同，在雷军的定义里，小米是一款为"发烧"而生的手机。两人的判断不同，导致了对其后战略的分歧。对垒双方，一个是定位理论的成功实践者，一个手握当红的互联网思维。

定位理论是说企业竞争的战场不在货架，而在于消费者的心智，在于消费者对品牌的认知，品牌创建于顾客心智之中。一语蔽之就是：品牌的意义也即在顾客心智中代表某个品类，进而成为顾客消费某个品类的首选。邓德隆指出移动互联网时代来临之后，企业的经营一定要以定位为核心，包括运营效益，首先要确定做一件什么东西做得与众不同，然后再来讲效率才有意义，所以战略定位其实是每一个企业生存前面的一，如果没有这个一，后面运营效率这些资源都是零。

互联网加速了二元法则，行业的领军企业多了互联网渠道，可以入驻天猫、京东等电商渠道。"二元法则"说得通俗一点，就是"数一数二"生存，企业要么成为第一，要么成为第二。邓德隆说："传统企业首先应该把互联网当作一个媒体传播的平台延伸过去；其次还可以当作一个渠道，把货铺过去；再次，企业可以利用好互联网这个技术，去获取用户的信息，可以更多地与顾客交互；最后，互联网本身就是一个市场，你可以专门为它确定一个定位，推出一个品牌。

另一位支持互联网思维，有"一个人的商学院"之称的金错刀针锋相对地发表了一篇名为《互联网时代最大毒草是定位》的文章。金错刀认为在这个全面转型的互联网时代，"定位"真的旧了。金错刀说："让我真正意外的是，一篇用旧方法解读新世界的文章，被很多人转发、推荐。过去很成功的，为何现在不成功。一个很重要的原因就是：用旧的方法，来解构新的商业模式。"

甚至，对很多传统企业而言，"定位"就是互联网时代最大的一棵毒草。这种守旧，让我们沉浸在旧时代那种营销和自以为是的狂欢，而不是心怀谦卑地向用户低头。

金错刀总结了"定位"的毒害：

毒害一：第一考虑的是竞争对手，而不是用户。定位的核心是抢夺用户心智资源，是建立壁垒，是强力控制。互联网时代的核心是用户体验至上，是开放和连接，是失控。

毒害二：定位的理论基础是二元法则，互联网时代的基础是长尾效应＋赢家通吃。

金错刀认为，互联网时代的企业经营，首先颠覆的就是"二元法则"。在互联网上，老二都很难生存，这里的游戏规则是"赢家通吃"，就是老大占据80%的价值空间，老二、老三只能占据小的空间。但是，互联网上还有另一个法则：长尾效应，技术正在将大规模市场转化成无数利基市场。我们可以称之为，长尾上的赢家通吃，也意味着，每一个利基市场都会产生赢家通吃的现象。

金错刀强调说："要想在一个长尾上赢家通吃，你最大的挑战根本不是你的对手，而是如何搞定你的用户，甚至把他们变成'粉丝'。"

毒害三：定位的杀招是想办法成为第一，互联网时代的杀招是爆品战略。什么叫爆品战略，我定义为通过口碑产品打爆市场，甚至成为第一。

打造爆品，有一个中心，三个法则。一个中心就是"一切以用户为中心的用户体验创新"，三个法则就是：

法则一：痛点思维，如何找到用户最痛的那一根针，而不是靠渠道；

法则二：尖叫点思维，如何让产品会说话，而不是靠品牌；

法则三：爆点思维，如何用互联网引爆用户口碑，而不是靠广告。

互联网思维的核心是用户思维，用户思维的极致就是爆品战略。其实，所有互联网公司都是靠爆品战略，小米则是在传统硬件里把爆品战略做到最极致的公司。

金错刀毫不客气地直接单挑邓德隆，他说："必须跟邓德隆普及一个常识，互联网公司一般是从单一品类单点切入，逐点放大，放大的结果就是成为平台型公司。什么叫平台？就是什么都做，就是变成水和电。但在'定位'看来，这是做不好的，这是会让用户心智产生混乱的。"

金错刀进一步评论说，为什么说"定位"是毒草，不是说它完全没用了，它所强调的品类思维、聚焦思维还是很实用的。但定位太"旧"了。这种"旧"最大的危害是，还在推行一种以公司为中心的思想，这种思想在工业时代没有问题，在互联网时代很害人。

小米的联合创始人黎万强在他的《参与感》一书中认为："今天的互联网时代，定位在操作方法中，还是和以前一样讲究用户群聚焦和传播信息简化，但我认为有两个重要变化：以前是竞品思维，现在是产品思维；以前是劈开脑海，现在是潜入大脑。

竞品思维在前期分析可以使用，但在做产品的过程中是很忌讳的，变成只关注对手而不是用户。互联网思维讲"专注、极致、口碑、快"就是产品思维，关注的是产品所创造的价值，把产品做到极致。劈开脑海的典型做法，是试图洗脑式教育用户，长期狠砸广告；潜入脑海则是口碑推荐，让用户参与进来。潜入用户大脑做品牌，不是广告式的，而是口碑渗透式的，在用户使用过程中不断做产品和服务创新。"

　　实际上定位理论无论在工业时代还是在互联网时代都是有价值的，争论的焦点在于不同思维前提下对定位的理解是完全不同的。双方运用定位的思维的前提不一样，必然导致运用与理解的不同。所以对于定位理论的争辩实质上是不同商业思维的博弈。

第 13 章
互联网思维对商业模式的前提批判

"+互联网"与"互联网+"的本质区别在于对互联网思维的理解和认识。李善友在《颠覆式创新：移动互联网时代的生存法则》一书中说："什么是习惯性否定？用罗振宇的话，就是用否定别人的方式把自己的失败合理化掉，然后心安理得地去失败。"

互联网不仅是工具更是思维

如果 50 年后，我们重新审视一下这场在我国由互联网引发的思维范式革命，我们会说雷军的伟大不在于创造了小米手机，而在于提出并推广了"互联网思维"这一思想。所谓"互联网思维"是从哲学思维范式的高度来审视的，哲学思维范式的与众不同之处在于，它是一种前提性的、刨根问底的思维。正是这一点决定了哲学探索乃是激动人心的思维之旅。互联网思维是从根本性的商业出发点来看待商业模式的。互联网思维不是产品连上互联网。不是因为有了互联网，才有了互联网思维，也不是只有互联网公司才有互联网思维。真正的互联网思维是对传统企业价值链的重新审视。在"互联网+"时代,以"线下为体,线上为用",或者是以"线上为体,线下为用"的商业思维范式下,商业逻辑是完全不一样的。

万科的掌门人郁亮称,为什么互联网不是一种思维呢?互联网不是一种工具,如果只是把互联网当作一种工具,那就是小看了互联网。互联网思维中的核心要点,比如去中心化的开放平台、一切皆媒体、大规模的个性化定制、自媒体运用、互动口碑传播、以用户为核心的产品思维O2O的大数据战略、跨界融合等,许多企业已经这样做了,案例层出不穷。在互联网快速发展的过程中,有一种现象,颠覆者,往往不是已经在这个领域的人,而是跨界的,携带新思维、新模式的后来者。拥抱变革求生路,关键在于对新型互联网思维的接纳与运用,在互联网思维下,任何产品都可以互联网化,让硬件成为载体,以体验、服务黏住用户,持续与用户发生强关系。用户是你的,未来就是你的。

互联网思维对用户模式的前提批判

互联网思维下的商业模式创新是从"线下为体,线上为用"变为"线上为体,线下为用",移动互联网更使线上、线下融为一体,移动互联网时代的"虚拟实体化,实体体验化"更加突出。这是对传统商业哲学思维的"格式化"和对传统的商业模式存在的前提进行无情的彻底批判。

恩格斯说:"哲学的基本问题,是思维与存在的关系问题"。每种思维方法都有一个早已达成共识的前提约定,这个前提约定是所有观点碰撞和沟通交流的思想基础。当争论的焦点触及这种思维的前提约定时,就是哲学层面的讨论,而哲学的讨论就是前提批判,就是发生思维革命的前兆。马克思说:"哲学是对现存的一切进行无情的批判"。当下,互联网思维的规定批判了传统思维下存在的前提,这就产生了传统思维的前提约定如何与互联网思维下的存在融合,这个过程面临着激烈的思想冲突。

360公司创始人周鸿祎在他的《周鸿祎自述:我的互联网方法论》一书中这样谈商业模式:"什么是商业模式?其实,商业模式不是赚钱模式。它至少包含了四方面内容:产品模式、用户模式、推广模式,最后才是收入模式,也就是怎么去赚钱。商业模式是一个复合的模式,包括公司做什么产品、定位什么样的客户、用什么营销手法,赢利模式只是其中的一个环节。"

用户模式,是要回答谁是自己的用户,给他们提供什么样价值的东西。某种意义上什么是有价值的是由企业定义的,传统企业是把自我意志灌输到整个社会,比如我认为我的牙膏可以美白,就不停地向大家灌输,用户本身是不被重视的。互联网思维下的用户模式发生了根本的改变。互联网思维是反过来,只研究人需要什么,成本有多低,是否低到可以免费。互联网思维下的用户模式是回归了对人性需求的深入理解。直播平台YY的CEO李学凌在他的采访自述"我要怎样颠覆传统教育"中说:"传统企业是老板决定战略,下面所有的团队都是执行老板的战略;互联网公司是用户决定需求,员工去满足用户的需求,然后老板听员工的。如果你没有反向思维逻辑的话,在互联网时代可能早就被淘汰了。我们对待教育就是这样的做法,重新找到用户最需要什么,把用户需求里的最关键点找到;当发现这个服务成本并不高,就勇敢地让它免费,然后借此来获取用户。这就是典型的互联网思路。"

海尔在移动互联网时代的转型,就是从用户出发的"人单合一",在互联网时代根据用户的个性化需求来生产家电产品。互联网思维是从传统的"以内容制作为中心"颠覆为"以用户为中心",我们可以从一些语言上的变化来感受这种变化。这些并不仅仅是语言的改变,更是思维的改变。"定位"变成"痛点","大众"变成"个众","消费群"变成"微信群","聚焦"变成"极致","限购"变成"定制"。物以类聚、人以群分，在移动互联网时代得到了全面的激活，微信群代替了消费群，一个圈子一个品位，一个群一个需求。"会员"变成"粉丝"：会员是僵化的，"粉丝"是活跃的；会员是冰冷的，"粉丝"是有热情的；会员是数字的，"粉丝"是生动的。互联网思维对用户模式的前提批判，使精确量化代替了统计量化，消费者研究被大数据取代。

互联网思维对产品模式的前提批判

产品模式，是要回答要做什么，不做什么。在移动互联网时代，众多O2O的商业模式中，硬件免费、服务收费，产品不是硬件，产品是服务。

小米手机是互联网思维的成功运用者，在小米电视新品发布之前，电视品牌竞争的重点在于两点：一是谁的价格更具竞争力；二是谁的硬件配置更高。而就在多家知名品牌在这个基本前提下进行"混战"之时，乐视则突然对外宣布：硬件全面免费！就电视硬件市场本身而言，价格战似乎已经不可避免，但令人没有想到的是，乐视竟会如此激进。这就把电视硬件本身有价格的这个基本前提给彻底颠覆了。原有的思维模式是打价格战，互联网思维中的硬件免费、服务收费，把原有的商业模式完全改变了。这就是互联网思维对产品模式的前提批判。

硬件只是服务的载体。当互联网思维下的产品不是硬件而是服务时，传统思维下"硬件是产品"的这一前提就被彻底颠覆了。与此同时，移动互联网时代的迭代思维是对传统产品生命周期的前提批判：现在已不再提摩尔定律，稳健的产品开发周期，被迭代周期引入一种狂飙式的混沌状态。从智能手机到穿戴设备所产生的精确大数据是对传统抽样数据统计的前提批判，大数据使得大规模个性化定制变成对大规模化生产的前提批判。

互联网思维对市场模式的前提批判

没有销售的市场会饿死,没有市场的销售会累死。市场模式,是要回答你要如何定位,用什么样的手段去推广。传统的市场推广模式是利用企业之外的媒体和传播渠道推广,它的基本思维范式是"投放"思维。互联网思维下的市场推广则完全不同于传统传播手段,首当其冲的是"自媒体"的全面兴起,随之而来的是"社群经济"和"粉丝经济",当下的网红经济是自媒体全面开始爆发的征兆。互联网思维下的市场推广思维范式是"互动"。互动传播是双向传播对单向传播的前提批判,"投放"正被"互动"所取代;口碑互动传播是对投放思维的前提批判,"影响力"变成"口碑";自媒体是对传统媒体的前提批判,"人就是媒体"由抽象变得具体;去中心化是对中心化的前提批判,"去中心化"取代了"顾客第一";社会化网络的"社群思维"是对传统人际关系的前提批判;电商是对传统渠道思维的前提批判,传统时代的"运输"变成了互联网时代的"物流";移动电商是对传统电商的前提批判,"微商"开始侵蚀"电商";微信是对传统社交的前提批判,微信式的强关系压倒了微博式的弱关系。

互联网思维对收入模式的前提批判

收入模式是回答如何把用户价值转换成商业价值。免费是对收费的前提批判,流量思维是对传统收入思维的前提批判,流量思维不仅颠覆了我们对用户的理解,更颠覆了我们对收入的理解。传统的收入认为收入就是销售额,互联网思维下的收入思维是与流量思维紧密结合在一起的。"融资"变成"众筹","专营"变成"垂直","收入"变成"流量"。

传统思维认为,免费是一种推销的噱头或营销的技巧。互联网思维认为,免费本身就是商业模式!许多互联网公司的价格战根本没有底线。这个免费的趋势已经从软件免费蔓延到了硬件领域,又从硬件蔓延到一些服务领域。

在周鸿祎看来,商业模式不等于赚钱模式,商业模式包括更广义的获取用户的方式,产品的核心价值、赚钱方式等,而互联网的赚钱模式本身只有广告、线上销售和增值服务三种。广告模式可以说是"羊毛出在猪身上":你在新浪免费看新闻,新浪给你推送第三方广告;你在百度免费搜索信息,百度给你推送第三方广告。换成学术说法,就是第三方补贴。线上销售就是电商。增值服务就是在海量用户群的基础上,为少部分用户提供多样的、个性化的收费服务。

直播平台YY的掌门人李学凌这样谈论颠覆传统教育的思维:"我们对待教育就是这样的做法,找到用户最需要什么,把用户需求里的关键点找到;当发现这个服务成本并不高,就勇敢地让它免费,然后借此来获取用户。这就是典型的互联网思路。"免费的背后,是做流量入口。"用贪嗔痴做变现。互联网最核心的服务是免费的,但是如果你想特殊就得交钱。比如,别人的QQ名字都是蓝色的,我想让我的QQ名字是红色的。可以,交钱。"

"互联网只向贪婪收钱。本来有这么好的课,每一堂课都是高质量的,上完以后就应该能够通过雅思。但是你不想付出劳动,又贪玩还想通过雅思,这叫贪婪。贪婪可以,但是要付出代价。"

免费不仅是商业模式,它还有很多充满魅力的地方。周鸿祎说:"很多时候,如果我手里有1 000万元,在中国打一则广告连个响儿也没有,我还不如花1 000万元做一款免费的互联网产品,给几千万名用户使用。这几千万名用户用了我的产品,就建立了对我品牌的认知、忠诚、信任,这比广告有效得多!"免费既是商业模式,又是一种革命的手法,也是一种营销手段,更是互联网的一种精神。

金错刀评论说:"互联网创业第一个精神是把所有可能被敌人攻击掉的点全部解决掉。比如敌人可能用这个产品免费来打我,我创业第一天就令其免费。互联网公司最核心的方法是先消灭自己的弱点,让自己没有弱点了,再去作战。"

第 14 章
"互联网 +"的本质：未来将没有互联网思维

未来将没有互联网思维，因为互联网思维将是我们思维范式的新常态。互联网是迄今为止人类所创造的信息处理成本最低的基础设施，其"开放、平等、协作、分享包容"的精神，使得信息或数据在工业社会中被压抑的潜能得以爆发，转化成巨大生产力，成为社会财富增长的源泉。

"互联网 +"的核心是移动互联网

百度创始人李彦宏在 2013 年百度联盟峰会上谈及"机遇"时指出，中国互联网正在加速淘汰传统产业。他讲到了两个重要观点：一是中国互联网已经对传统产业做出了改变，未来还将做出更多更深层次的改变；二是由于中国传统产业还没有经历成熟期时就迈入了互联网时代，形成后发优势，互联网对每一个行业的改造，都将是一场革命，消费、教育、医疗、银行、房产、旅游、公共事业，所有仍存在落后机制和陈旧生产力的领域。或许在那时不会有多少人相信，如此高端的"新生事物"，会在短短 20 年里，成为世界、社会和亿万人日常生活不可或缺的一部分。"在 2015

第14章
"互联网+"的本质：未来将没有互联网思维

年第二届世界互联网大会上，面对"互联网+"时代，李彦宏指出："单纯连接'人和信息'的模式不再适用，还需要连接'人和服务'"。

腾讯的马化腾在2013年接受采访时提到移动互联网的十大关键点，其中提到移动互联网将一切人、物、钱、服务连接，移动互联网"不只是延伸，而是颠覆"，未来"互联网+"创新涌现，"+"是各种传统行业。"+通信业"是最直接的，"+媒体"已经开始颠覆，未来是"+网络游戏、零售行业"。这些互联网企业家们的观点推动了政府对"互联网+"的重视，并将"互联网+"上升为国家战略。

2015年5月，马化腾在《互联网+如何带来"弯道超车"的机会》一文中强调"互联网+"与各行各业的关系，不是"减去（替代）"，而是"+"上。各行各业都有很深的产业基础和专业性，互联网在很多方面不能替代。

马化腾指出："互联网+"代表着以人为本、人人受益的普惠经济。局部、碎片、个体的价值和活力，在"互联网+"时代将得到前所未有的重视。"未来，如果一个企业不能通过'互联网+'，实现与个体用户的'细胞级连接'，就如同一个生命体的神经末端麻木，肢体脱节，必将面临生存挑战。"

搜狐公司董事长兼CEO张朝阳在第二次世界互联网大会上评论说："因为互联网的多对多效应，导致人们在碎片化当中获取和贡献了大量信息，使得信息的交易和传播效率大大提高。互联网像一个珊瑚礁一样，所有人都在贡献，所有人获取信息的入口都是不一样的，它是纵横的、数以百万甚至千万计的管道。大众在消费、贡献和传播，所有人都在享受这个过程。"

所谓"互联网+"，是指从互联网特别是移动互联网为主的一整套信息技术在政治、经济、社会、生活各部门的扩散与应用，并不断释放出数据流动性的过程。在商业社会表现最突出的是手机自媒体的兴盛，手机自媒体的爆发催生了 O2O 商业模式的出现，产生了互联网思维。移动微商的突进，使"互联网+"在互联网思维引导下实现全面落地。雷军认为，李克强总理提"互联网+"，意思就是怎么用互联网的技术手段和互联网的思维与实体经济相结合，促进实体经济转型、增值、提效。马化腾则认为，"互联网+"是以互联网平台为基础，利用信息通信技术与各行业的跨界融合，推动产业转型升级，并不断创造出新产品、新业务与新模式，构建连接一切的新生态。

2015 年开始，"互联网+"已被提高到了国家战略的高度。各传统行业无不将"互联网+"作为转型升级的关键所在。"互联网+"携不可阻挡之势席卷了整个社会，身处其中的每一个人都将成为这场浪潮的实践者与见证者。

"+互联网"与"互联网+"的本质不同

"互联网+"及互联网思维正以摧枯拉朽之势颠覆着各行各业。2015 年年初，李克强总理提出"互联网+"后，各界对此众说纷纭，有专业人士针对性地提出"+互联网"。传统行业该怎样"+互联网"、又该如何被"互联网+"？企业应如何看待"互联网+"与"+互联网"之辩，有效运筹帷幄？"互联网+"时代的企业跨界、商业模式颠覆和产业融合又将是怎样的？

我们应从思维范式大转变的角度理解"互联网+"与"+互联网"的本质区别。理解"互联网+"与"+互联网"要从互联网和移动互联网的本质区别中去探讨。

"互联网+"与"+互联网"的本质区别是，一个是个性化，另外一个更重要的，就是即时性。许多朋友理所当然地认为移动互联网就是互联网在手机上的延伸，是互联网的一个子集，这不一定正确。经过近几年来的发展，有些移动互联网领域的企业就是完全以"+互联网"的思维在经营移动互联网，造成重大的战略失误。移动互联网在营销表现上更具有互动的特色，甚至更纯粹一些。基本上互联网与移动互联网有许多相似之处，但是它们之间在商业应用本质上具有根本的不同点。

移动互联网与互联网都具有相同的互联网精神：免费、自由、共享、互动，随着手机终端的迅速普及，使得无线上网的人数也在呈指数级地增长。移动互联网的快速发展正在积极地促进互联网的进步，并为推动全面网络社会交相辉映。但是需要指出的是，移动互联网并不是简单的互联网延伸，它们之间虽然形似但神不似，移动互联网的用户终端比起互联网用户的终端具有更广阔的发展空间。

移动互联网并不是互联网在手机上的简单延伸。所以，理解移动互联网与互联网之间的本质不同非常重要，深刻地理解它们之间的本质区别，将对移动互联网的经营战略产生重大的影响，唯有如此，盈利模式和运营思路的构思才能更加清晰。

不同的媒介接触方式会产生不同的媒介价值，不同的媒介阅读习惯产生不同的媒介价值，从传播的应用上来看，互联网同样具有分众、互动、定向的功能，这与移动互联网的主要特点是相通的。但是移动互联网有两个显著的特点，明显地区别于互联网，这两个特点就是即时性与个性化。互联网的核心优势是海量信息，即内容的广泛与庞杂；而作为大众化个众媒体的移动互联网，其核心优势是即时性与个性化。所以，如果互联网具有广度的话，移动互联网则具有深度。

我们知道互联网是 IP 地址，为了使连入互联网的众多计算机主机在通信时能够相互识别，互联网中的每一台主机都分配有一个唯一的 32 位地址，该地址被称为 IP 地址，也被称为网际地址。我们都知道一台计算机不一定只有一个 IP 地址，我们可以指定一台计算机具有多个 IP 地址，因此在访问互联网时，不能认为一个 IP 地址就是一台计算机。另外，通过特定的技术，也可以使多台服务器共用一个 IP 地址，这些服务器在用户看起来就像一台主机似的。

而移动互联网则是 ID 地址，是独立的个人用户，随着手机实名制的推行，移动互联网的个众特征越来越明显，手机媒体是"大众化个众媒体"的理念，是强调能直接精准地面向目标群体，而这些精准的目标群体具有鲜明的个性化特点，一对一传达的信息也具有明显的个性化特征。但同时这些个体又具有群体的特征、个众的特点，这是与互联网完全不同的。所以互联网是计算机，移动互联网是人。

互联网经营的是内容，移动互联网经营的是人。如果我们谈移动互联网的创新，就要首先认清移动互联网和互联网到底有什么样本质的区别，移动互联网和互联网形似神不似，为什么？因为互联网经营的和移动互联网经营的是不一样的，互联网经营的本质是无论以什么样的形式经营，本质上经营的都是内容，而移动互联网经营的本质是人。

正是互联网与移动互联网在商业应用上的这两点本质区别，导致了人们对"+ 互联网"和"互联网 +"的模糊认识。"互联网 +"是以立足于移动互联网为核心的商业应用思维，这种思维导致了对传统流程的颠覆式改造，所谓的互联网思维不仅是工具的，更是哲学的。而"+ 互联网"则是立足于传统实业的应用互联网的工具思维。立足点的不同，导致"互联网 +"和"+ 互联网"在本质上是完全不同的。互联网思维在商业应用实践上，体现在自媒体的"粉丝"运营上，这样，移动互联网的产品特点是"有用户的地方就有投资，有'粉丝'的地方就有利益"。在移动互联网时代，企业高度重视自媒体'粉丝'运营，充分体现在产品价值很大程度上是基于用户数量的多少，用户的自发性连接关系决定产品价值的稳定程度。移动互联网时代的商业模式革命，产生了许多跨界的经典案例。从乘坐出租车与滴滴出行的不同体验上可以感受"互联网+"和"+互联网"的区别，传统的出租车就是"+互联网"模式，而滴滴出行的随时随地网约车就是"互联网+"的模式。滴滴出行触到所有潜在用户的需求痛点，而使需求无中生有。总之，"互联网+"与"+互联网"不是对立的，而是你中有我、我中有你。过去十年是从线下到线上，以"+互联网"为主导，未来十年则是从线上到线下的"互联网+"时代。

互联网的核心是"突破时间和空间的连接"

马化腾说："连接，是一切可能性的基础。未来，'互联网+'生态，将构建在万物互联的基础之上。随着移动互联网的兴起，越来越多的实体、个人、设备都连接在了一起，因此互联网已不再仅仅是虚拟经济，而是主体经济社会不可分割的一部分，每一个经济社会的细胞都需要与互联网相连，互联网与万物共生共存，这成为大趋势。""互联网+"就像电能一样，把一种新的能力或 DNA 注入各行各业，使各行各业在新的环境中实现新生。

在 2015 年移动互联网大会上，曾任阿里巴巴集团移动事业群总裁的俞永福表示，"互联网+"不是把原来的市场再切割，而是会带来巨大的增量和变量，重构供需是"互联网+"的本质。俞永福认为，从经济的角度来讲，过去 10 年的互联网其实质上是在重构效率，去解决信息的透明度、解决效率的问题。但如果面向未来，"互联网+"产生的经济价值将远远高于过去十几年传统的互联网，因为它重构了经济最核心的一点——供需。

他认为看一个项目是不是真正的"互联网+"，关键是看原有的非互联网业务，在与互联网连接后有无产生质变，并且这种质变不在于提升效率，而是体现在供需的重构上。前者只是"+互联网"，物理叠加，改善存量；后者才是"互联网+"，化学反应后创造增量。

以美国 Uber（优步）为代表的分享经济，是当前最有生命力的新兴商业模式，是典型的"互联网+"商业模式。这一商业模式通过连接和聚合闲置的社会资源，提供低价优质的服务，从而创造更大社会价值和经济价值。它其实是一种新的资源分配模式，从整合商业资源，进入整合社会资源的阶段，其核心应用工具是以智能手机为载体的移动互联网。

"+互联网"的价值是利用互联网技术打破原有业务中的信息不对称环节，从而实现效率重建。具体来说，过去我们受限于时间、地点、流程等信息不透明导致的高成本，"+互联网"后就能实现在线化（24小时接入）、规模化（一点接入，全球覆盖）、去渠道化（减少流通成本）。

"互联网+"则做到了真正的重构供需。因为非互联网与互联网跨界融合后，不只是改善了效率，而是在供给和需求两端都产生增量，从而建立新的流程和模式：供给端是"点石成金"，将原本的闲散资源充分利用；需求端则是"无中生有"，创造了原本不存在的使用消费场景。两者结合，就是我们常说的"分享经济"。

滴滴、快的、Uber上演的从"出租车大战"到"专车大战"的连番大戏，以及破天荒的"补贴"模式，让用户和市场都深刻认识到分享经济的好处。抛开背后的微信、支付宝大得益处的衍生效应不谈，滴滴、快的本身在竞争中取得了惊人的成功，两家公司都是2012年成立的，最终战略合并时，估值已经高达150亿美元。从当前的发展结果来看，乘客得好处、司机增加收入、网约车们得到了发展、资本获得了收益，达到完美的多赢结果。

长江商学院研究员施德俊在文章《减法："互联网+"时代的创业法则》中评论道："以减闲置为核心的分享经济的商业模式之所以能够在今天成为可能，其实是互联网影响力的深化和变形：与消费者直接连接的技术障碍被极大地消除了；与分散的社会资源连接的技术障碍也已经基本可以忽略不计了；促成更便捷的消费的交易成本日益趋近于零；分散资源的管理成本因为数字化的发展而不断下降；消费者权益和自主意识的增加。……

与用户的直接连接。直接连接是移动社交网络最为显著的特征，通过智能手机和社交软件，每个人都成了精确的网络节点，可以被快速地连接和聚合。互联网时代没有可能发展滴滴、快的这样的打车软件，因为无法连接到移动状态的乘客，也无法那么精准和简便地对接资源、促成交易。"

俞永福认为，"互联网+"可能是一个最坏的时代，代表传统互联网创业时代的结束，机会窗口已经关闭；但这也是一个最好的时代，"互联网+"带来的新机遇远远超过它终结的那部分，重构供需意味着创业第二春，再小的初心和梦想都能成为创新之源。

俞永福是从效果上提出的"互联网+"与"+互联网"的区别，实际上更重要的本质区别在于是把互联网当作工具还是上升到思维层面。如果仅仅把互联网当作工具使用，那就是"+互联网"，如果把互联网从思维层面来看待，那就是一整套哲学和世界观。

互联网带给人类的改变不仅体现在工具、技术层面，更是改变了人类社会现有的结构与形态，不过最为关键的还在于理念与思维的更新。正像牛津大学教授弗洛里迪所说"因特网的真正转型，主要不在于交流，而在于它对人类信仰的表达，这才是真正的变革。"理念与思维最重要，但也是最难改变的。

雷军也说："今天大家可能更多地认为向互联网转型仅仅是电商化，电商确实提高了渠道效益，但更为重要的是用互联网思想来武装自己。不是把产品放在互联网上就是互联网公司，要用互联网的思维做事情。"

马云说："面对不可阻挡的信息社会，顺应行业的大势，以互联网思维，借助先进的ICT技术，以'Internet+传统产业'进行数字化重构，成为适应信息时代的必然选择。而且，这种重构是全面的、深刻的变革，并不是简单地把互联网作为工具使用。我一直认为互联网不是一种技术，是一种思想。如果你把互联网当思想看，你自然而然会把你的组织、产品、文化都带进去，你要彻底重新思考你的公司。"

《互联网思维2.0：传统企业互联网转型》的作者卢彦先生认为："互联网+"必须从"工具"上升到"思想"与"体系"，运用互联网的思维和技术，不断将产品研发、用户服务等内容从线下带到线上，再从线上不断辐射扩展到线下，在此过程中完成对企业商业模式、组织变革、文化重塑到品牌营销的重构，实现整个企业的"互联网化"重构。

最近听到越来越多的企业家都在谈互联网转型，不可谓决心不大！但是他们不管怎么做思想准备，可能还是低估了这次转型的难度。为什么这么说？因为互联网的核心是"突破时间和空间的连接"，极大地提高了效率并降低了成本。但是，互联网的价值远不止于此，更大的变革和深远影响来自思维方式的转变，其核心是以"全连接和零距离"来重构我们的思维模式，人和人之间、企业和用户之间、商业伙伴之间，都是全连接和零距离的，全连接和零距离意味着所有依赖原有信息不对称而建立的盈利模式，以及既得利益顷刻间灰飞烟灭。所以互联网带来的是人类从思想到行动的一次全方位的颠覆与重构。

著名投资人徐小平认为，互联网是一种思维方式和生活方式，甚至是一种基因与本能。传统企业要转型，一定要把自己当成傻瓜，他说："传统企业如何向互联网转型，如何做互联网加法？我的答案是：不要'+互联网'，而要被'互联网+'"。从我国发展看，企业发展的内在驱动力，是科技创新；企业发展的外在驱动力，是产业互联网。未来最大的市场力量，是从消费互联网到产业互联网。

当前思维不能解决当前问题，因为当前问题就是当前思维的结果。对

"+互联网"与"互联网+"的认识有一个巨大的思维鸿沟,面对这个鸿沟,出现大量的"有学问的无知"和"有资本的无知"现象是正常的!跨越这个鸿沟需要"渐修",需要"顿悟"。

一位企业家在微信朋友圈中说:"'互联网+'没有给企政学商者们过多的时间思考与应对,迅速将人们迁徙至虚拟的新大陆,一时间可以想象谁也无法主宰和预计自身的命运,随之而来的新经济市场没有实体,更没有模式;没有先例,更没有前者,一切就像随风而过。人的思想,尤其是生活方式、生活逻辑、消费观念随互联网提速而失却行走目标,一场碎片化向渠道平台集聚的去品牌化、去中心化,速度赶上变化的商战,渐行渐近。"

未来将没有互联网思维

当下的信息化社会,互联网正在成为我们生活中的"基础设施",它将彻底改变人类协作的方式,使组织逐渐瓦解、消融,而个体生命的自由价值得到充分释放。北京邮电大学金永生教授认为:"互联网+"时代是一个大变革的时代,同时也是消费者主权时代,消费者已经成为市场的主导力量,故而,以行动兑现消费者主权,全力打造顾客价值,真正实现价值共创,正在成为一批低调务实、拥抱互联网的企业的实际行动。当前中国的互联网正在从消费互联网向产业互联网转型升级。

消费互联网是直达消费者去掉中间商,而产业互联网是通过中间商连接消费者,在新的产业互联网时代里,5G的到来将会是一个十倍甚至几十倍的发展空间。不难想象,基于云端的未来企业组织将凸显小微化与柔性化趋势,与工业时代的商业运作不同,云时代的商业运作的标签是:网状协同、生态化、个性化、弹性化、去中心化、分布式决策、社会化自发协同与柔微化。

在不远的将来，互联网与工业的融合的应用空间很大，目前互联网应用多半是在营销管理、售后服务、采购等环节，今后在制造环节及企业与企业之间，都会给现有的生产方式带来颠覆性或者革命性的变化。

互联网思维应用突出的罗振宇对正在到来的互联网时代有深刻的洞察。他认为，工业社会的三大逻辑，就是通过"组织化"协作产生效能，通过"产品化"规模产生效能，通过"中心化"传播产生效能。人类社会的发展，有两个线索，一个是"人的延伸"，一个是"跨界协作"。互联网带来的是人类连接方式的改变。互联网最大的意义在于对个体的延伸，万物有灵的时代又回来了。有了移动互联网对媒体的解构，人人皆媒体，有魅力的人和事，在这个时代就特别容易凸显出来。所以，在移动互联网时代，态度也是生产力。

罗振宇说："移动互联网正带来另外一个新的巨大的机会，我把它称为'社交红利时代'。在这个时代，谁懂得社交、懂得传播，就能够掌握商业的先机。移动互联网时代的商业一个很重要的特性是'市场即对话'，就是我们必须说人话。"未来的商业核心动力是社群，社群就是商业模式。

罗辑思维的实质是基于互联网的社群。社群关键不在于有多少人，而在于影响力度有多大。工业社会在未来十年内就会全面终结，只不过很多人意识不到这种摧毁性的力量正在地平面上崛起。未来的竞争不是同行竞争，而是跨界混搭穿越竞争。

社群的价值在于运营，一群人聚集起来之后可能是乌合之众，也可能做成大事，最重要的是做什么。罗振宇说："你判断未来互联网的生意就看他是阻碍了连接还是促进了连接。"

马化腾说："我一直认为，互联网不是万能的，但互联网将'连接一切'；不必神化'互联网+'，但'互联网+'会成长为未来的新生态。"

未来十年甚至二十年，有可能是全球经济"被"中国化的十年。未来将没有互联网思维，因为互联网思维将深入我们的骨髓，无所不在！

为什么互联网思维在我国产生

回答为什么互联网思维在我国产生这一问题，可以先思考一下为什么互联网思维不会在我国产生？西方的销售大师们认为销售的最高境界，是"把冰卖给因纽特人"，而他们也确实做到了。因纽特人生活的环境就是冰天雪地，为什么还会买外来的"冰"呢？这里面的原因有多方面的。如何对我们周围熟视无睹的事物，以重新发现的眼光去创新，是一种挑战。

我国经济的高速发展，创造出一个又一个经济奇迹，全身心投入到市场的人们开始反思他们的实践与外来理论的关系，人们回归我国传统的经典理论就是这种反思的结果之一。我国的市场经济实践具有自己的方法论特色，这些方法论的背后是贴近我国本土的经营管理及市场的哲学思想。但是由于思维的惯性及对西方理论的仰视，许多人并没有认识到自己的那些开创性实践经验具有理论真实价值，所以我们听到许多精彩的言论，却很少有精彩的理论。由于我国引人注目的经济发展，许多理论大师来到我国，以他们特有的角度提出让我们倍感新鲜的观点，同时也把我国的经验用西方的思维重新整理成理论，再输出到亚洲市场。从某种意义上讲，我们都是"因纽特人"！

同时也要看到另一方面，亚洲的"思想市场"几乎不存在。英国《金融时报》记者居伊·德·容凯尔在《亚洲需要"思想市场"》一文中惊叹道："对于亚洲令人叹为观止的崛起及它未来的发展方向，人们很少存在理论层面的好奇心。尽管亚洲的全球影响力日益增加，但无论是经济学、商业、社会政策，还是国际关系，该地区诸多事务方面最具启发性的研究，有许多都发源于其他地区，主要是西方。"

我们可以说我国的市场发展既需要总结成功的思想成果，也要提出预测未来的、适应本土特色的理论体系，这就要求我们也要去创造自己的理论。是爱斯基摩人也没有什么不好，只不过是既要做一个开放的爱斯基摩人，又要做一个自信的爱斯基摩人。本土的理论不能妄自菲薄，克服这种心理障碍是一个艰辛的过程。

瑞士洛桑国际管理学院教授让·皮埃尔·雷曼（Jean Pierre Lehmann）说：亚洲智库不少，但思想不多。居伊·德·容凯尔认为："亚洲根本没有思想市场。中国的经济增长固然令人瞠目，但令人印象深刻的是其大胆的'执行'成就，而不是独创的发展思想。"

虽然这些评论不完全属实，但却发人深省，亚洲思想市场的最大障碍并非缺乏优秀的思想，而是对这些观点的疲弱需求。同时，亚洲人的思想缺少系统化的整理，以营销广告和传播领域为例，我国的实践是异彩纷呈的，有许多独特的方法和模式，取得了巨大的成功，但是相对来看，适应本土的理论仍缺少挖掘和创新，许多大量的精彩思想和观点被淹没了。

英国经济学家、交易成本理论提出者罗纳德·科斯（Ronald Coase）在81岁高龄获得诺贝尔经济学奖，他曾以一个英国经济学家的身份在美国关注着我国的经济改革，以自由主义的经济学观点对我国经济问题提出忠告。他认为，我国经济面临着一个严重的缺陷：即缺乏思想市场，这是我国经济诸多弊端和险象丛生的根源。他强调："我是一个出生于1910年的老人，经历过两次世界大战和许多事情，深知中国前途远大，深知中国的奋斗就是全人类的奋斗！中国的经验对全人类非常重要！"。因此，我国的实践者和思想者不能妄自菲薄。

我国的"互联网+"时代已经出现许多新的经济现象，如"粉丝"经济、网红经济、社交消费、电子商务、定制化生产、平台效应、小米现象等，整个世界的商业规律在被推倒重建，这些独具中国特色社会主义市场经济的伟大实践，已经在"互联网+"时代产生了新规律和新规则，西方主流经济学不一定看得懂或者感兴趣。这就需要我国自己的经济学家们应有理论自信和自尊。

2016年5月17日，习近平主席在北京主持召开哲学社会科学工作座谈会并发表重要讲话。习近平强调："观察当代中国哲学社会科学，需要有一个宽广的视角，需要放到世界和我国发展大历史中去看。人类社会每一次重大跃进，人类文明每一次重大发展，都离不开哲学社会科学的知识变革和思想先导。"习近平指出："新形势下，我国哲学社会科学地位更加重要、任务更加繁重。"习近平指出："历史表明，社会大变革的时代，一定是哲学社会科学大发展的时代。当代中国正经历着我国历史上最为广泛而深刻的社会变革，也正在进行着人类历史上最为宏大而独特的实践创新。这种前无古人的伟大实践，必将给理论创造、学术繁荣提供强大动力和广阔空间。这是一个需要理论而且一定能够产生理论的时代，这是一个需要思想而且一定能够产生思想的时代。"

2016年美国科技杂志《连线》(WIRED)英国版四月刊发表的封面人物选择了小米公司的创始人雷军，封面标题："是时候模仿中国了！(It's time to copy China)"，文章作者是该刊主编大卫·罗恩，他写道："目前小米是世界上最有价值的科技创业公司。而这靠的并不是智能手机业务，而是一种由互联网激活的生态系统：将顾客转化为'粉丝'，让他们参与到产品的设计和推广中；前谷歌安卓产品管理副总裁、现任小米的高管雨果·巴拉说：'中国在世界上的角色在未来几年中会更加容易被理解，世界将会从中国的互联网思维中学到经验。'"

虽然美国有许多地方值得我们学习，但也不能一点理论自信都没有。我们知道互联网思维这个词，其实只有我国才有，在互联网的发源地美国都没有人讲互联网思维，这是因为互联网思维的核心是移动互联网，我国移动互联网的上网人数是美国人口总和的三倍，这种基数下的网络应用必定会有其独到之处。

如果说雷军在小米手机的营销实践，是互联网思维在企业级层面的应用，那么现在正在开启的"互联网生态"模式，则是互联网思维在跨行业级层面的应用。未来必然会产生社会层面的互联网思维的全面应用。

我国的企业家们坚信，全球经济将会进入一个由我国企业引领的时代，而未来引领全球经济往前发展的核心驱动力是生态创新。时代需要呼唤颠覆性的变化，全球需要颠覆性的创新。二三十年前是日本、韩国引领时代，后来是美国引领时代，尤其是消费电子领域和互联网领域。未来十年我国的企业将会引领全球经济进入互联网生态时代。真正能够同时把科技、文化和互联网及跨界环境融合在一起的国家，只有我国。

一切都才刚刚开始，凯文·凯利在一次演讲中说"接下来二三十年要发生的互联网化和'互联网+'的概念绝对会颠覆、影响每一个行业。中国是互联网的未来，在中国发生的事情恐怕要和硅谷等地方一样重要，甚至更重要。"

第 15 章
"互联网+"的方法论

分享经济是互联网时代实现的大规模的个性化定制服务所产生的经济现象，分享经济是通过互联网平台调动闲置资源，提高资源利用效率，并产生经济价值的经济模式。分享经济在商业模式上是O2O，在商业哲学上是互联网思维，在社会描述上是"互联网+"时代。随着移动互联网快速发展，我国的手机用户增长迅猛，预计2020年中国智能手机用户数量将达到8亿。这就是我国"互联网+"时代的基础。

当前我国移动互联网已大大普及，这也为各类社会力量、资源的发动、集聚、调度，以及构建广泛的共享经济平台网络，提供了更加有力便捷的支持。

没有理论的事实是模糊的

移动互联网催生的商业变革在我国是通过互联网思维的商业哲学推动的。我国的互联网思维下的商业形态被凯文·凯利称为"分享经济"。滴滴出行和Uber是最庞大的出租车公司，却没有一辆自己的汽车；

第 15 章
"互联网+"的方法论

Facebook 是全球最大的媒体公司,却不创造内容;阿里巴巴是世界上最大的零售商,却没有库存。这些分享经济的代表,都是通过线上与线下的 O2O 模式实现的,而 O2O 的核心则是 SOLOMO ,即分享经济时代的关键词 Social(社交化)、Local(本地化) 和 Mobile(移动化)。社交化代表网络化,本地化代表商家,移动化代表利用手机互动。此趋势将更个性化、人性化和生活化。社交网络已经席卷全球,当下我国社会的主流人群主要通过手机去接触社交媒体,这一比例正在以非常快的速度提升,未来人们差不多有一半时间会通过手机去接触社交媒体,这是一个大趋势。社交+本地化+移动(SOLOMO)代表着互联网趋势,催生了分享经济的产生。

没有理论的事实是模糊的,没有事实的理论是空洞的。当今席卷我国的互联网思维是由自媒体引爆的,特别是以微信为代表的手机自媒体。以手机媒体为代表的新媒体的强势崛起,使得传统媒体的阵营出现了全面的变革,带来了多种媒体融合的方式和形式,这使得人们在相当长一段时间内无法看清周围环境的变化趋势,对不确定的焦虑感从没有像现在这样强烈,新的方法和新的理论有了广阔的发展土壤。

罗辑思维的创始人罗振宇强调在互联网时代,一切产业皆媒体,一切内容皆广告。在我国,营销的问题就是媒介的问题,所以媒介化思维就是营销的思维,媒介化思维的应用形式和方法就是无线广告,整个过程就是无线营销,这是一整套无线领域行业应用理论的基本思路和框架,这既是理论也是知识。当前,我国"互联网+"时代的应用核心主要体现在移动互联网上,对移动互联网的应用思维之一就是手机的"媒介化思维"。以手机媒体为核心应用的技术操作并不难,关键是认识,是以什么样的思维来看待手机。由于移动互联网的应用几乎涉及所有行业,所以思维上的共识非常重要,但思维的"范式"转移却是最难的。因为不同行业的人的背景和思维形式已经决定了一个人将观察到什么样的对象。要想让人们能够统一"范式",就得先指出要用什么样的思维。所以手机的"媒介化思维"是理解互联网思维和其应用的基本思路。

"媒介化思维"是深层次的形而上学的"约定"。我们知道大量的思维是以种种理论表述的。第五媒体、无线营销及无线广告,就是这种洞察方式,是观察当前我国"互联网+"时代各类商业模式应用领域的视角。没有理论的事实是模糊的,因此理论的探索是必不可少的,理论与实践相结合将使我们少走弯路。

在手机"媒介化思维"的"范式"下,基础概念集非常重要。一个范式,不仅包括概念范畴、理论假设和解释,而且还有与此领域有关的前提,这些前提包括:哪些基本原则被设定是合适的,它们应当如何与特定的研究领域相匹配,试图建立这些基本原则的严格步骤,以及判断这些原则是否合理的标准。实际上第五媒体、无线广告和无线营销的定义是不同行业间的一个深层次的"约定",它的形而上学的前提是"手机是媒体",即"媒介化思维",而这构成了"互联网+"时代营销应用理论的基本出发点。

新理论一般是怎样出现的呢?当人们试图用旧理论去考察新领域时,旧理论会变得越来越不清晰。一般来说,仔细注意这种情况是怎样发生的,会是导向新理论的主要线索,这些线索会进一步构成新的洞察形式。

当媒介的传播环境越来越"破碎"时,当技术进步迅猛地推动传播方式的改变时,那些主要线索就逐渐显露出来了。"互联网+"时代的媒介应用由媒介"投放"思维转化为"互动"思维,环境潜移默化地改变,逼迫着我们必须以全新的视角来审视,在继承旧有的思维模式基础上,有所创新,有所突破,只有这样才能适应环境的变化。

"自媒体社群"时代运营法则：吸粉、互动、转化

2016年3月初，《互联网周刊》发布了2015年中国网红排行榜，一个靠自编自导自演网络小视频的papi酱力压众人，成为仅次于王思聪的第二网红。"互联网+"时代的一个主要特征就是网红的大量出现，网红就是网络红人的简称。在移动互联网时代，通过直播App，人人都可以实现网络直播，成为"网红"也越来越容易。网红的出现代表着一个时代。当抖音和快手这样的短视频应用出现之后，出现了无数的"papi酱"们，他们无限的创造力在抖音上得到了充分的释放。

网红归根结底是自媒体集群的全面爆发。网红经济的商业模式是以"内容+社群+电商"为核心，社群通过自媒体建立，吸引"粉丝"靠内容和场景互动。自媒体社群=吸粉+互动+转化。"网红经济"的实质就是"粉丝"经济。网红变现的能力依赖于特定的粉丝群体，"粉丝"的黏性、忠诚度、转化度。网红通过"内容+社群"的吸粉与互动，实现电商或移动电商的转化（见下图）。在移动互联网时代，用户存在大量的碎片化社交需求及多样化的内容消费需求，如兴趣娱乐、学习充电和情感分享等，这些需求要用大量的碎片化内容和场景去满足。

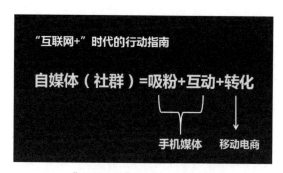

"互联网+"时代的行动指南

著名投资人徐小平认为，所有商业的核心价值，就是品牌。而网红的

崛起，使商业创造品牌有了空前的速度。传统的创业是先有商业、现金流，后有品牌；而在网红时代，是先有品牌、自媒体，先确立魅力人格体，然后再从后面给用户、消费者带来他们所需要的产品。

徐小平本人就是一位网红，他强调创业者要做的就是利用自媒体、新媒体、互联网、移动互联网，利用今天我们能够得到的移动互联网里的一切手段，迅速让你的产品、公司、品牌被人知道。他认为每一个创业者都应该是一个网红。

小米的黎万强在《参与感》一书中强调：互联网思维，不是做广告，而是做自媒体！做自媒体是公司要坚持的内容战略，也是品牌战略。每个人都成为自媒体，带来了传播形式和获取方式的改变，媒介的权利被重新分配了。在门户时代，内容完全是由编辑采编；而在博客时代，内容由用户参与采编，但依然由编辑来推荐；而现在，微博、微信的信息流通，编辑已无法对其控制。狭义的自媒体就是今天的微博账号和微信公众号，广义的自媒体，则是指每一个有影响力的用户。黎万强说过，创业公司不要做广告，而要做自媒体营销。书中所说的吸引"粉丝"，构建"粉丝"团，就是在社交网络上做自媒体。

吸粉是让喜欢你的人更喜欢你

吸粉是什么意思？不要强求不喜欢你的人喜欢你，而让喜欢你的人更喜欢你。黎万强在《参与感》中说："'粉丝'效应都是从一个小族群开始，大家因为某个共同兴趣而聚在一起。去中心化的互联网，未来将分化出无数的兴趣族群。"360的周鸿祎强调，互联网最重要的第一条就是用户至上。"用户是互联网商业模式的基础"，当你评价一个公司的时候，不要看一个公司的收入，而是看一个公司拥有的用户数量。"是用户，而不是客户"。"要理解互联网的思维，那就要有用户的概念。用户的定义在我看来就是那些你能长期提供一种服务，能长期让他感知你的存在，能长期跟你保持一种联系的人。"周鸿祎说，客户是一次性的关系，而用户是多次的关系，要在用户端开始互联网思维实践与创新。在互联网上聚集越多的用户，就会产生越大的化学反应，并产生巨大的创新。周鸿祎所强调的用户就是"粉丝"。

"互动"就是构建参与感

《参与感》更具体地指出了互联网思维下的企业运营手法，具有普遍指导意义。黎万强总结小米的秘诀，叫"构建参与感"，他总结了三个战略和三个战术，简称为参与感三三法则。三个战略：做爆品（产品战略），做粉丝（用户战略），做自媒体（内容战略）；三个战术：开放参与节点（基于功能需要），设计互动方式（简单、有益、有趣和真实的设计思路、持续改进），扩散口碑事件（先筛选出最大的认同者，小范围发酵，让口碑产生裂变，影响更多人参与，同时放大已参与的成就感）。

"每个人都有调性，每个品牌都有自己的调性。今天在互联网上，用户对品牌的真实感很在意。"《参与感》仔细分析了雷军提出的互联网思维七字诀。"专注、极致、口碑、快"。专注和极致，是产品目标；快，是行动准则；而口碑，则是整个互联网思维的核心。互联网思维的要诀是只有专注，你才能做到极致；只有做到极致，才会有好口碑。互联网思维核心是口碑为王，口碑的本质是用户思维，就是让用户有参与感。"用小米的话说，就是做爆款、做粉丝、做口碑。

《参与感》认为：功能消费时代是无品牌，进入品牌时代，品牌是企业的品牌，而今天，我们应该建立的是用户的品牌，就是让用户参与进来。用户思维，让用户有参与感，把用户当朋友。参与感的顶点就是"成为明星"，也就是小米产品的设计和运营全部开放给用户，让用户最大限度地参与小米的经营过程，同广大小米工作人员一起思考、一起打闹、一起坚守，打造具有极高黏度的小米社区，也就是把用户当作朋友，因为只有做到朋友的关系，用户才会去维护你的产品，进而去推荐更多的人来认识小米。

"转化"就是做口碑

《参与感》中提到，小米从头至今，一直是把用户的口碑放在最重要的位置来进行维护的，从最初的 100 名用户，到如今 6 000 万名用户，都是通过口碑的不断扩散来积累的，最初的 100 名用户既是发烧友，也是意见领袖，通过他们在社交媒体上进行分散传播，对于新的用户购买起着非常关键的引导作用，也就是书中提到的种子用户，好的口碑必须通过新的社会化媒体来进行分享和传播。"为发烧而生"的品牌宣言也是产品战略。所以，高配置、高性能和高可定制，就成了小米品牌的个性。"小米营销是口碑传播，而口碑本源是产品。所以基于产品的卖点和如何表达卖点的基本素材是传播的生命线。我们相信好产品会说话，用户会相互推荐我们的产品。"

周鸿祎强调："一说商业模式就想到怎么去挣钱。这样想是非常危险的，因为一个商业模式的基础是用户，没有用户，任何商业模式都是浮云。他们不知道一个商业模式的核心是产品，本质是通过产品为用户创造价值。"

媒体即电商：流量即收入

2019 年天猫"双十一成交额"达 2 684 亿元人民币！值得关注的是，电商直播成为最新的销售形式，淘宝直播首次成为 2019 年"双十一"的主流消费方式。2019 年"双十一"期间，有超过 10 万商家开通直播。

在 2019 年的"双十一"，网红李佳琦的引导成交额估计超 10 亿元。直播把"媒体即电商"发挥到淋漓尽致的地步，在某品牌面膜销售直播间里，美妆带货达人李佳琦不断重复："所有女生，听我的，买它！买它！这也太好用了吧！"转眼间，4 000盒面膜被抢购一空。而明星做起直播带货，场面也不输网红，李湘的淘宝直播单月成交额破1 000万元，柳岩的快手直播总销售额突破1 000万元，郭富城5秒卖出5万瓶洗发水……

随着微信、微博、抖音、快手等为代表的移动互联网直播的兴起，微商诞生了。微商就是移动电商，移动互联网时代不仅使人就是媒体，同时，移动社交的碎片化属性，迫使人与人之间的交流更愿意走圈子路线。微商的全面爆发，正是移动个人自媒体与电商的全面融合，"媒体即电商"表现得非常突出。

在传统的商业理念中，渠道是渠道，媒体是媒体，销售终端不能承担媒体的功能，反过来报纸也绝不承担渠道的功能。在电子商务的语境里，网络本身就是销售渠道或销售终端，由于在网络上本身就可以支付和交割，所以把网络定义为"渠道"和"终端"的电子商务做得风生水起，这时的网络被看作销售"平台"，网络本身是可以直接实现销售的通道。

然而，网络的另一个信息展示的性质也是其天然所固有的，所以网络的社会化"媒体"性是网络之于渠道和终端的另一个重要特性。网络作为新媒体的代表，可以把"渠道"与"媒体"合二为一。网络这种新媒体的特性从本质上颠覆了传统媒体的功能。现在，无论是互联网还是移动互联网，它们本身既是媒体又是渠道。受众通过网络了解和接收信息，同样还是通过网络订购与信息相关的产品，比如阿里巴巴的淘宝既是电子商务平台也是网络广告媒体。

随着智能手机的发展，移动营销变得多元化，未来手机营销的主要特点将是基于位置、精准定向的广告投放。无线广告定向投放是指通过技术实时判别用户属性从而做到的智能定向投放。这种基于社会化关系链的信息分享和传播，使得自媒体效应和微商实现裂变式增长。这两种模式结合在一起很好地构成了一个精准传播的网络营销传播系统，从而可以最大化地实现传播与销售挂钩的可能性（见下图）。

在"互联网+"时代，在社会化媒体营销传播的过程中，网络可以充当"媒体兼渠道"的双重角色，网络广告可以将电子商务和网络营销合二为一，流量可以转化成销量，真正实现广告与销售直接挂钩。媒体即电商，流量即收入。

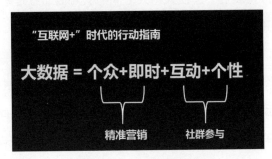

"互联网+"时代的行动指南

"互联网+"时代的行动指南

去哪儿网的CEO庄辰超讲过一句话："所有忙碌都是为了躲避思考。"雷军说："不要用战术的勤奋掩盖战略的懒惰。"李善友在《颠覆式创新》中提到："面对颠覆式创新，方向感比战术重要一千倍。"《创新者的窘境》一书中提出解决"创新者的窘境"之道就是不断地学习："当你面对一个不确定性未来的时候，你的第一步不是去做一个执行的计划，应该去做一个学习的计划。"

周鸿祎认为：所谓"互联网思维"，并不是玄学，没有神秘可言，并总结了4个关键词：用户至上、体验为王、免费的商业模式、颠覆式创新。周鸿祎谈到的用户实际上是人们常挂在嘴边上的"粉丝"。他强调："你的体验一定是用户可以感受到的。"

体验其实就是一种心理感觉。"很多创新不是从企业自身的角度出发，而是从改善用户的体验出发。"所以要想办法让大家感受到超出预期的感受，产生交易之外的感情上的认同。这样用户才能变成你的"粉丝"，你才会有口碑。

免费是舍得的学问，先通过免费吸引人气，吸引人流，吸引用户，最终有了人群就会衍生出很多新生意与新产品，而这个利润率会很高。免费是一种颠覆性的力量，核心在于对部分甚至全部既有的收入和既得利益的免费。"一句话，商业模式就是你能提供什么样的产品，给什么样的用户创造什么样的价值，在创造用户价值的过程中，用什么样的方法获得商业价值。"

关于颠覆式创新，周鸿祎认为：商业的本质是让人性得到释放。他说，很多人对于颠覆式创新有一个误解，以为颠覆式创新是一夜之间发生的，一出来就是高大全，其实不是。颠覆式创新不要过多看待颠覆二字，而更多从微创新开始，很多颠覆者其实并不是为了颠覆而颠覆。颠覆式创新的核心是需要自下而上，由外至内，而不是靠领导的行政命令。周鸿祎把颠覆式创新分为两种，一种是商业模式创新，就是把贵的东西做成便宜的，收费的做成免费的；另一种是体验式创新，就是把复杂难用的东西变简单，把笨重的东西变便携式。"通过换位思考，你会发现，无论是虚拟的互联网服务，还是现实世界的服务，或者实体的产品，都存在着大量可以改善用户体验的机会。而你一旦开始着手改善用户体验，那就意味着创新的开始。"

第 16 章
"互联网+"时代的营销原理：4I 模型

世界营销理论的发展历程

世界营销理论的发展历程可以用六个字来概括：被动、主动和互动。在计划经济的商品时代营销是"被动"的，在市场经济的品牌时代营销是"主动"的，在分享经济时代，体验经济大行其道的场景营销是"互动"的。"互动"就是体验与分享，手机终端的普及和移动互联网的蔓延，让我们迎来了分享经济时代。网络信息化时代传统媒体发生剧烈的变革，产生了史无前例的媒介大融合，传统的媒介话语权正在被稀释，媒介的权力中心向个人用户转移，手机让每个人可以成为信息发布者，从被动到主动，从接收到体验，从被灌输到参与、互动。

世界媒体的发展历程也可以用六个字来概括：即大众、分众和个众。在移动互联网时代，人不仅是旁观者，还是参与者，传播的过程是充满生机的、有生命的过程。手机媒体和网络营销的本质都是数据营销，核心是大数据。手机更加量化精准，因此体现在营销的改变上就是营销更加精细化，最关键的是要与受众形成互动和分享。

营销是一种思想方式、一种哲学，它定位于获知消费者自发表达的或被诱发出来的需要和欲望。探究营销理论的发展过程，也就是对竞争环境和消费方式变化的理解过程，通过审视营销理论的变迁可以把握微信时代的营销特点和精髓。

20世纪60年代美国营销学学者、密西根大学教授杰罗姆·麦卡锡提出了著名的4P营销组合策略，即产品(Product)、价格(Price)、渠道(Place)和促销(Promotion)。4P理论以满足市场需求为目标，然而4P理论是一种静态的营销理论，没能把消费者的行为和态度变化作为思考市场营销战略的重点，使得这一理论不能完全适应市场的变化。

1990年，美国学者劳特朋(Laute born)教授从消费者角度出发，提出了与传统营销的4P理论相对应的4C理论，即消费者的需求与欲望(Consumer needs wants)、消费者愿意付出的成本(Cost)、购买商品的便利(Convenience)和沟通(Communication)。在4C理论的指导下，越来越多的企业更加关注市场和消费者，与顾客建立起一种更为密切和动态的关系。

21世纪初，《4R营销》的作者艾略特·艾登伯格提出了4R营销理论，阐述了四个全新的营销组合要素：即关系(Relationship)、节省(Retrenchment)、关联(Relevancy)、报酬(Reward)。4R理论强调企业与顾客在市场变化的动态中应建立长久互动的关系，以防止顾客流失，赢得长期而稳定的市场。

4P营销理论站在企业的角度来思考问题，是营销的一个基础框架，4C营销理论是站在客户的角度来思考问题，没有侧重从企业整体运作的角度看待问题，更没有侧重从营销的核心目的去分析问题，4P和4C营销都是对营销过程中重点元素的静态描述。4R则是二者综合提炼的结果，它满足营销的核心,而且是一个动态的过程。但 4R 营销仍是"粗放"型的,远没达到"一对一"的"精细"化程度,移动互联网时代手机媒体的出现,使我们可以通过"4I 模型"来探讨"精细化"的关系营销。

我国大部分企业都已经意识到,在这个时代,谁的业务贴近移动端,谁就扣准了时代的脉搏。移动营销的"4I 模式"是指:Individual Identification(个体的识别)、Instant Message(即时的信息)、Interactive Communication(互动的沟通)、I("我"的个性化)。

笔者 2006 年于北京大学阐述手机媒体的应用原理,并首次公布无线营销的"4I 模型"(图片由北京大学提供)

个体的识别:流量的聚集

在大数据和人工智能时代,个体是可识别的(Individual Identification),对于经营者来讲,这也叫流量的聚集。2019 年,有一个词在网络营销界爆火,这个词便是"私域流量"。"私域流量"这个概念被广大企业界人士口口相传,对于"私域流量"相信读者也在不同的文章里看到过不同角度的说明。有人说这是"品牌或个人自主拥有的、可自由控制、免费的、多次利用的流量;商户能够随时触达,进行直接沟通与管理的用户就是私域流量;私域就等于是另一种形式的微商;私域就是会员社群,只是换了一种概念进行包装而已;私域就等于以前的通信录……"

与私域流量相对的概念,是"公域流量"。"公域流量"就是大家都可以享用的,比如百度、今日头条、淘宝等平台,就属于公域流量。"私域流量"就是独属于自己的流量,只属于企业个体使用的流量,它具有私密、封闭的特点,如朋友圈、微信群、公众号、小程序、企业网站等,是可以直接随时触达,并反复多次利用的流量。

站在营销的角度来看,流量就是我们所谈论的目标消费者,即"个众"。"个众"已经不是抽象的某一个群体了,而是活生生的个体,在移动互联网时代,这种"个众"是可识别的,"个众"形成"自媒体"和"社群",社群是人与人的连接,是一群人的集合。既然可识别,就可对"个众"社群进行量化管理。

为什么"私域流量"一词如此火爆?其根本原因是整个营销市场对于流量获取的焦虑。当下在营销市场,企业最焦虑的当属引流问题,随着市场获客成本的剧增,引流难、获客成本高是所有企业十分头痛的一个重要问题。

自 2014 年起,互联网流量红利开始减少,获客成本居高不下,互联网流量红利减少,这意味着从以前的流量收割开始走向用户留存的经营时代。

引流渠道的分散,也会引发焦虑。做营销大家都知道终极是引流增长,但现实是大多数人都知道一些引流渠道,如 BATT 四大巨头:百度系的百家号、百度贴吧、百度百科等;腾讯系的 QQ 群、微信群、腾讯视频、企鹅号等;阿里系的淘宝、天猫、1688、咸鱼等;头条系的抖音、西瓜、火山、今日头条等。另外,还有其他大流量引流渠道,如新浪的微博和博客等;

自媒体类的今日头条、搜狐号、UC自媒体、百家号等；同城服务类的美团、大众点评、饿了么等。引流渠道一大堆，但都很分散。企业分散地进行引流，无法形成引流矩阵，常常做到最后便会出现购买了流量之后，只能一次性使用，之后再要流量，仍需复购，这样又导致成本的增加。

与此同时，用户注意力由于碎片化的传播而不断地分散。速食消费主义大行天下的时代，加之互联网信息更新频率快，每天都有铺天盖地的信息涌入人们的日常生活中，不断地瓜分用户注意力。以前那种粗爆直白的广告推销方式已经无法吸引用户的视线，而近几年各种花式营销方法层出不穷，如何与用户建立情感的连接，通过与用户的深层互动，最终吸引用户成为自己的忠实"粉丝"，也是造成企业营销引流焦虑的原因之一。

很多企业会说，我们有网站、小程序、公众号等；我们系统的商业模式很强大，拼团、分销、砍价、裂变等玩法无所不能，到最后大部分企业会发现，"强大的系统"并没有给自己带来期望中的裂变用户量，朋友圈里的"好友"拉黑又屏蔽，企业的用户量越来越少，最终钱花了，时间过去了，系统闲置了。殊不知，小程序、公众号、网站等都只是一种建立私域流量的入口载体，只能协助做好私域的用户转化，当私域流量池中用户不足时，再强大的系统也没有用。在国内互联网市场中，全网营销应该是对多生态网络（如百度生态、阿里生态、腾讯生态、头条生态等）进行整合的一种营销模式。

"一切皆可量化"是道格拉斯·W.哈伯德在《数据化决策》一书中的理念。对于品牌而言，每一次投放结果后的积淀至关重要。科学评估触达效果，通过数据分析获取洞察，利用数据资产寻找优化方向，正是品牌精准营销为品牌带来的核心价值。

即时的信息：无处不在的场景

如果你用手机打开抖音，就会停不下来。抖音上的超短视频，几乎在全时段的所有场景下都可以制作。随时随地拍摄，并随时随地上传，这是即时性信息（Instant Message）的充分展现。但事实上，如果没有社交工具提供的海量用户及用户之间的好友关系，微信是一款通信工具。我们发信息，发语音，发视频……基本上都离不开微信。微信是一个熟人社交产品。我们发布各种各样的动态，然后朋友之间看到会点赞、评论。移动互联网的即时性，为场景营销打下了一个坚实的基础。场景营销，是基于网民的上网行为始终处在输入场景、搜索场景和浏览场景这三大场景之一的一种新营销理念。

有两个维度可以评估私域转化度，一是私域入口就是企业为了从公域引流而搭建的转化载体，如企业网站、小程序、公众号、H5、App 等都属于私域转化的入口；二是活跃度，即作为私域转化入口的这些载体的更新、维护、与用户交流互动等行为。有三个维度评估公域引流度：第一是曝光度，就是"有没有"：企业的品牌或产品在相关的网络营销渠道中有没有最大化曝光，是否能让用户接触到企业品牌或产品。比如企业的信息能不能在百度被搜索到、企业在电商平台有没有开设店铺、企业有没有自己的新媒体（如抖音号、百家号、搜狐号、微博号等）。第二是认知度，就是"多不多"：企业的品牌或产品在相关的网络营销渠道中曝光的信息量多不多，是否能促进用户更好地认识企业品牌或产品。如有没有在抖音号、百家号、头条号、搜狐号等自媒体平台定期以各种图文、视频的形式来输出企业品牌或产品等相关信息。第三是美誉度，就是"好不好"：企业的品牌或产品在相关网络营销渠道中有没有被用户认可与信赖，用户对企业的评价好不好。如在百度、知乎、悟空问答等平台中关于企业的品牌或产品是否有用户称赞，企业的抖音号点赞量高不高，企业的百度口碑好评率高不高，当下流行的"种草"、推荐中是否有企业的品牌或产品等。

如果想把公域流量和私域流量的转化效率提升，需要满足用户行为需求，这种需求是具体、真实、独特的场景请求，它值得企业认真地去响应，重要的是，它能够深入场景，形成解决问题的方案。运用了小程序、接入腾讯云、直接预约、数字化能力，形成近场网络的连锁和覆盖。要和消费者时时形成连接的可能性。我们看到的是越来越多的生活痛点被数字化解决，被智能化响应。如滴滴出行提供精细化、多样化的"出行+"服务，成为场景定制的智慧出行平台。谁拥有连接，谁就能抵达场景深处。

即时性体现出了移动营销的随时性和定时性。即时性全面激活了场景营销和体验营销，使分享经济得到充分发挥。手机的便利性使得移动营销可以及时地与目标消费者进行沟通，移动营销的即时性可快速提高市场的反应速度。在相互影响的市场中，对经营者来说最现实的问题不在于如何控制、制定和实施计划，而在于如何站在顾客的角度及时地倾听顾客的希望、渴望和需求，并及时答复和迅速做出反应，满足顾客的需求，移动营销的动态反馈和互动跟踪为这种营销策略提供了一种可能。要强调的是移动营销的即时性对于企业来讲意味着广告发布是可以定时的，这是因为当企业对消费者的消费习惯有所觉察时，可以在消费者最有可能产生购买行为的时间发布产品信息，这需要对消费者的消费行为有量化的跟踪和调查，同时在技术上要能够随时发布信息。

互动的沟通：参与感

近十年来，企业在哪个领域一直在持续增加预算？答案是"内容营销"。随着移动互联网发展，越来越多的人利用微信、微博、抖音等网络平台发布新闻，表达观点，或进行商业推送。但当大量微信公众号被商业化之后，巨大的阅读量带来巨大的影响力，广告商对保持着每篇文章10万以上阅读量的公众号趋之若鹜，一些公众号运营者通过机器或人工刷高阅读量，提升影响力、吸引广告主、攫取更大利益。比如许多企业的抖音账号整合了话题、贴纸、音乐等元素，并通过商业资源进行加热引流，多线条、系统化、流程化引导用户共创，全方位激发用户的参与感，推动品牌营销效能进阶。超强的互动沟通（Interactive Communication），正是抖音平台的特色与优势。

如何做好内容营销？要有好创意、要有匠心、要投入更大的预算，要注重转化效果，要配备成型的运营团队。"吸引眼球"只是内容营销最粗浅的作用，更长远的意义是制造"流量入口"，打破巨头的流量霸权。对于内容营销的理解已经远远不是停留在 H5、软文、视频的层面上了，而是让用户自己来生产内容，形成天然的内容生态。那么，什么叫内容生态呢？简言之，有人生产内容，有人消费内容；有人写稿子、做视频，其他用户看稿子、看视频。这就是内容生态。一旦你把时间花在了今日头条和抖音上，你可能就会想看好友推荐的内容，而你就会在今日头条上有各种好友，这形成了熟人社交，即时通信。当下大多数企业都觉得公众号的打开率越来越低，公众号发文不但不增粉，还掉粉。目前短视频营销盛行，在抖音上生产内容，吸引了更多的用户。你可能听说过，在抖音上，一个拥有百万"粉丝"的大号，非常赚钱。其实在抖音上，这样的大号非常多，成千上万，各种品类都有。企业纷纷挤入短视频市场，盲目为了增粉而增粉，到最后陷入了变现难的窘境。其实，对于企业来说，公众号只是私域中与用户互动的有效工具之一，而抖音、快手等短视频只是公域引流的重要渠道之一。企业要想做好有效果的网络营销（获客、变现），公域引流与私域转化两者缺一不可，必须两手都要抓，两手都要硬。

腾讯，这个中国市值最高的公司，拥有全国最大的内容生态，公司产品占据我国互联网用户总时间的 50%。在目前内容生态的世界里，腾讯第一，字节跳动第二。快手和抖音这两款产品都是短视频产品，不过快手是通过短视频转直播来变现，抖音是通过短视频转信息流广告来变现。目前抖音的日活跃用户有 3 亿，快手有 2.4 亿。

让生态里有很多内容生产者，然后通过精准的算法分发，把对的内容发给对的人。这背后需要两个东西：① 流量，要去买很多流量，或者自己有很多流量；② 算法推荐，更多权限在于定算法的团队，换言之，就是平台说了算，要谁火谁就火。

互动就是基于关系连接的沟通与参与。在网络里，把握的机会越多，新的机会就能越快出现。尽可能多地接触网络，最大限度地给予别人机会。社群经济，是一种用户主导的 C2B 商业形态。品牌与消费者的关系逐渐由单向的价值传递过渡到双向的价值协同，互动即传播。网络上以提倡个性化为主要特点而流行的互联网术语 UGC（User Generated Content）是指用户生成原创内容，这是一种用户使用互联网的新方式，即由原来的以下载为主变成下载和上传并重。用户既是网络内容的浏览者，也是网络内容的创造者。

移动互联网时代的 UGC 可以让消费者在朋友圈形成一种互动、互求、互需的共享关系。社群经济之下的品牌，是用户主导的口碑品牌，而不是厂商主导的广告品牌。互联网时代的品牌，就是一个个用户评价的产物，这是在一次次互动中完成的体验。在移动营销活动中，移动营销中的"一对一"互动关系必须对不同顾客（从一次性顾客到终生顾客之间的每一种顾客类型）的关系营销的深度、层次加以甄别，对不同的需求识别出不同的分众，才能使企业的营销资源有的放矢，互动成为相互了解的有效方式。当前的"信息互联网"将慢慢向"体验互联网"转变。体验的场景不再局限于游戏，医疗、教育等众多领域都将被虚拟现实（VR）技术改变。现场感和互动效果是推动 VR 快速发展的两大亮点。其中，互动又尤为重要。在未来的 30 年里，任何无法实现密切互动的实物都将被当作"坏"掉的东西。互动就是参与，参与就是体验。

"我"的个性化：无限的创意

事实上，各类自媒体号、微信公众号、社交网站等平台的阅读量、点赞量、评论量都代表着创意的吸引力，这里面的创意"个性化"得到了全面释放。个性化是一个民族自信和社会文明进步的体现。个性化就是人体化、人性化。在移动互联网时代，人就是媒体，手机就是人！以手机为核心构筑的自媒体个性化非常突出，罗辑思维创始人罗振宇所说的自媒体"魅力人格体"就是个性化的张扬与体现。这使得利用手机媒体进行移动营销活动具有强烈的个性化色彩。人们对于个性化的需求将比以往任何时候都更加强烈。"互联网＋"时代的移动营销模式就是可识别的，个众的、即时的、互动的、定向的（见下图）。

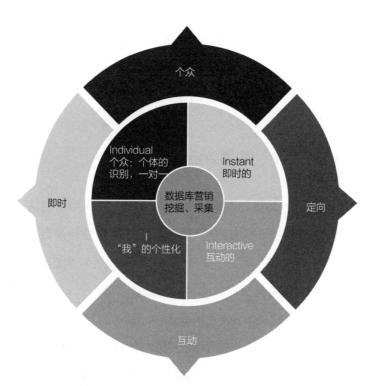

基于移动互联网的无线营销"4I 模型"图

在抖音和快手的催化下，整个短视频行业无限细分，互联网的圈层化让全民偶像成为历史。在碎片化的长尾里面，每个细分领域都聚焦着非常多的网红。在做内容营销时，要想办法让内容营销的成果是可积累、可沉淀的，甚至形成一种 IP（知识产权）化的资产。比如："双十一"、淘宝造物节、抖音美好奇妙夜、百事可乐把乐带回家、小米的米粉节、大众点评的霸王餐……未来只有两种生意：内容生意和数据生意。大数据会是用户的连接器，而内容才是流量的扳机。

"4I 模型"的底层逻辑，即数据是一切商业活动的基础。大数据是所有企业运营的核心能力。云端、屏端、移动端构成了新媒体的生态。体现了"无数据，不商务；无数据，不营销"的时代特点。手机引领的大数据时代的广告公司和无线营销公司应该是"比广告更懂技术，比技术更懂广告"的结合体，无线营销是广告跟技术整合的服务。

营销理论的变迁是以市场环境的变化为背景的，随着 5G 时代的到来，营销理论将会继续变化下去，以第五媒体手机为基础的移动营销理论初现，随着市场实践的不断丰富，移动营销理论的体系也将随之建立。

网络传播原理："蝴蝶效应"模型

从互联网思维的角度看网络的碎片化传播，如果用一句话来概括就是："网络传播是复杂网络的传播，复杂网络的传播结构是自组织的，网络传播的过程是混沌的，网络传播是通过对称破缺向前推进的，网络传播的路径是分形的，网络传播的效果是涌现的。"网络可以将微小的优点放大并锁定成优势。微弱的小信号可以变成轰天巨响。当我们通过网络科学中的复杂网络理论和混沌分形去理解网络的碎片化传播时，对社会化媒体营销的策划、分析、营销实践，十分有益。让我们从社会化媒体营销的"蝴蝶效应"模型（Butterfly-effect Model）开始。

复杂网络的幂律分布告诉我们网络的传播有所谓的长尾效应，而复杂网络的幂律分布特点更主要体现在破碎化的网络丛林中的中心节点和择优连接。中心节点在网络传播中主要体现在门户网站、微博、微信的自媒体。择优连接是复杂网络幂律分布的一个自然增长现象，在微博、微信营销的实际应用中，如何增加"粉丝"成为许多微博、微信营销的主要诉求。微博、微信营销努力使自己的"粉丝"增加，成为最有影响力的中心节点，同时通过已有的中心节点帮助转发实现最大的传播效果。这是对的，但这只是微博、微信营销这件事本身的一个方面。如果把网络数字营销完整地体现出来，可以通过社会化媒体营销的"蝴蝶效应"模型（见下图）来展示。

	蝴蝶效应	蝴蝶效应	
中心节点	中心节点+蝴蝶效应 第三象限	蝴蝶效应 第二象限	蝴蝶效应
中心节点	中心节点 第一象限	蝴蝶效应+中心节点 第四象限	蝴蝶效应
	中心节点	中心节点	

社会化媒体营销的"蝴蝶效应"模型

需要强调的是"蝴蝶效应"有两层含义，一个是微小的影响产生巨大的结果，这是一般节点的"初始条件敏感性"；另一层含义是"蝴蝶效应"产生的结果实际是"整体涌现性"。其中在第一象限的中心节点中，代表的就是中心节点与择优连接策略。这一策略的思维方式主要是传统广告媒体投放的思维，目前流行的程序化购买、DSP（需求方平台）、RTB（实时竞价）、PPB（程序化优选采购）等属于这一象限。实际上，在社会化媒体的网络数字营销中，更多的是体现在第二象限：蝴蝶效应。蝴蝶效应是指在网络的碎片化传播过程，对"初始条件敏感"网络节点进行扰动，使之生成"蝴蝶效应"，产生传播的"涌现"效果。这里要强调的是，"初始条件敏感"的节点不一定是中心节点。从理论上说，网络上的任何一个节点，都有可能是引发"蝴蝶效应"的"初始条件敏感"点，所以，可能产生"蝴蝶效应"的节点是无处不在的。这是网络的碎片化传播中，蝴蝶效应的巨大魅力。在实际已经发生的大量网络传播的社会事件中，有时是已存在的中心节点与普通节点共同产生"蝴蝶效应"，在图中的第三象限。有时是普通节点影响到中心节点，产生"蝴蝶效应"，在图中的第四象限。蝴蝶效应给我们的启示是，网络传播中把"公关第一，广告第二"发挥得淋漓尽致。几乎所有的网络传播事件均包括在这四种基本传播模式之中。

　　碎片化传播突出地表现了网络传播的蝴蝶效应和路径依赖，实际上，网络上所有的传播形式都有蝴蝶效应和路径依赖的特征。微博和微信只是人们参与最多也最熟知的网络形式，所以，当我们充分了解了网络传播的本性之后，微博或微信营销就不难理解了。

第 17 章
区块链：价值互联网时代已经到来

2019 年 10 月 24 日，习近平总书记在中央政治局第十八次集体学习时强调："要把区块链作为核心技术自主创新的重要突破口，明确主攻方向，加大投入力度，着力攻克一批关键核心技术，加快推动区块链技术和产业创新发展。"

区域链的产生及意义

区块链（Block chain）是一个由不同节点共同参与的分布式数据库系统，是开放式的账簿系统（ledger）；它由一串按照密码学方法产生的数据块或数据包组成，即区块（Block），对每一个区块数据信息都自动加盖时间戳，从而计算出一个数据加密数值，即哈希值（Hash）。每一个区块都包含一个区块的哈希值，从创始区块（Genesis block）开始链接(Chain)到当前区域，从而形成区块链。市场经济活动中存在众多信息中介和信用中介，原因就在于信息不对称导致交易双方无法建立有效的信用机制。区块链技术为解决这一问题提供全新的思路。所以，区块链本质是一种共享且去中心化的分布式账本，每一个节点的记录任何人都可以参与，每一个节点在参与记录的同时也将验证其他节点记录结果的正确性，并形成链条。这种特质使得所有数据、信息变得真实、透明、安全、不可篡改。如果说区块链的核心是技术，那作为能够实现数据一致存储、无法篡改、无法抵赖的技术体系，区块链在网络中建立点对点之间可靠的信任，使得价值传递过程去除了中介的干扰，提高了价值交互的效率并降低成本，最终成了构建价值互联网的基石。2017年，区块链及相关行业加速发展，全球正在加速进入"区块链经济时代"。从文娱、汽车到供应链领域，真正的应用落地很可能会在这两年出现。可以预见，在全球范围内，很快将会出现更多的成熟应用。现在的区块链经济已经处于爆发前夜，其魅力将在于各类场景的运用与重构。

区块链技术是由一群具有强烈无政府主义价值观的技术极客们创造出来的。技术极客们希望利用区块链技术，在网络空间、虚拟社会中建立一个去中心化的自治社区。没有强制性的中心控制；次级单位具有自治的性质；次级单位之间彼此高度连接；点对点的影响通过网络形成了非线性的因果关系。这是弱控制、去中心、自治机制、网络架构和耦合连接等与工业社会完全不同的信息时代的新型社会结构、商业模式、人际关系。区块链的核心是分布式而不是去中心。区块链是弱中心化的、分中心化的。去中心化是一个过程而不是一个结果。分布式系统"没有强制性的中心控制"，弱化了中心控制，而不是消灭了中心控制。

区块链技术的实质是在信息不对称的情况下，无须相互担保信任或由第三方（所谓"中心"）核发信用证书，采用基于互联网大数据的加密算法创设的节点超过51%通过即为成立的节点信任机制。任何机构和个人都可以作为节点参与创设信任机制，而且创设的区块必须在全网公示，任何节点与参与人都看得见。节点越多，要求的计算能力就越强，只有超过

51% 的节点都通过，才能确立一个新区块成立，即获得认可；同时，要想篡改或造假，也需要掌控超过 51% 的节点，才可以修改。理论上，当区块链的节点达到足够数量时，这种大众广泛参与的信任创设机制，就可以无须经"中心"授权即可形成信任、达成和约、确立交易、自动公示、共同监督。

由于区块链技术的加密算法特性，区块链技术已经不是信息互联网了，而是价值互联网。

区块链的"上帝协议"

区块链领域中有两种人，一种人专注于挖矿、炒币甚至发行自己的数学货币筹资，业界俗称"币圈"；另一种人专注于区块链技术的研发、应用，甚至从区块链底层协议编程开始做起，业界俗称"链圈"。比特币是区块链技术应用的一个典型案例。2008 年，全球金融危机时，一个（或一群）名为中本聪的人在这时发布了一种点对点的现金系统及其基础协议，这就是后来被称为"比特币"的加密货币，也被称为"上帝协议"。加密货币（数字货币）与传统的法定货币不同，因为它们不是由国家所创建的，也不是由国家所控制的。这个协议以分布式计算技术为基础设定了一系列的规则——这让在脱离可信第三方中介的情况下，数十亿的设备能够彼此安全地交换信息。区块链让人们可以直接、安全地将钱发送给他人，中间无须经过银行或支付宝或微信支付。这就是互联网上一直被需要却又一直没有实现的分布式可信网络。

"上帝协议"是指，所有的参与方都会将其信息和价值输入到上帝的手中，上帝会可靠地决定执行的结果，并将结果输出到参与方的手中。在这个过程中，一切涉及隐私的信息都归"上帝"所有，没有参与方能窥视与自己无关的信息。这个协议是数量正在不断增长的全球分布式账本（即区块链）的基础，其中比特币是规模最大的一个。中本聪写道："按照惯例，区块上的第一笔交易是一个特殊交易，它会创建一种由区块创建者所持的新币。这样就为节点支持网络的行为增添了激励机制。"

比特币是一种鼓励矿工参与区块链创建并将新区块同前一区块相链接的激励机制。那些率先完成区块创建的人能够得到一定数量的比特币。在中本聪的协议中，他用比特币来慷慨地奖励早期采用者：刚开始的四年，矿工成功开采一个区块链就收到50个比特币，之后每隔四年，每个区块的奖励都减半，到25个、到12.5个，以此类推。因为现在他们也持有比特币了，所以他们就有动力保障平台在长期内成功，会购入顶尖装备来挖矿并更高效地花费能量。比特币不仅是对参与挖矿和交易的一种激励机制，也是对平台所有权的一种体现。

网络上运行比特币全节点的参与者叫矿工，他们负责采集近期交易，以数据块的形式进行结算，并且每十分钟重复执行这一过程。每一个区块必须引用前面一个区块的某些数据才能视为合法。此外，协议还提供了磁盘空间回收渠道，这样所有节点都可以高效地存储完整的区块链了。最后一点，区块链是开放式的，任何人都能见证交易的进行。没有人可以隐藏一个交易，因此追踪比特币比追踪现金还要容易。挖矿过程非常重要，这包括了将交易集合到一个区块链里，投入一些资源，解决问题，达成共识及保存完整账本的副本，甚至有人把比特币区块链当成类似互联网那样需要有公众支持的公共设施。在区块链上，从比特币的产出开始，其在网络中的动向就被盖上戳记。要验证一个比特币，不光要引用其自身的记录，还要参考整个区块链的历史。因此，区块链也必须以完整的方式进行保存。在比特币区块链上，网络会为所有者花费某个币时涉及的第一个交易盖上时间戳，然后拒绝后来重复花费这个币的交易，这样就消灭了多重签名的问题。

人类用过的所有货币都有不安全的问题，其中最严重的问题是通货膨胀。中本聪采取逐步发行 2 100 万个比特币来限制供应，从而防止通货膨胀。由于区块链中能挖到的比特币每四年就会减半，而且目前的挖矿率是每小时 6 个区块，所以大概到 2140 年这 2 100 万个比特币才会全部投放流通。因此在这个系统中是不会引发恶性通货膨胀或货币贬值这类情况的。互联网、区块链、增强现实技术（AR）、虚拟现实技术（VR）、人工智能（AI）等各种各样的新技术都是人类驶向数字世界的帆船。我们一定要争做数字世界的新移民，千万不要做物理世界的旧遗民。

区块链：可量化的信任机制

区块链采用聪明的机制达成共识，形成了一个可信的账本。从不信任的基本假设中，产生集体的信任。在区块链出现之前，商业领域的信任关系通常要依赖于正直、诚信的个人、中介机构，互联网技术改善了信息交换的效率，但中介机构所产生的额外成本依然让全球范围内的人群难以负担。

在区块链这个新兴的领域中，信任关系的建立是基于网络甚至是网络上的某些对象，新型技术的出现实质是分配信任的元素，这样的信任甚至能分配给实物。账本自身就是信任关系的根本依据。这里的"信任"是与买卖商品和服务、信息的可信性及保护相关的信任，而非在所有商业事务中的信用。《经济学人》杂志说，区块链技术是"一个如实记录事实的大型链条"。移动互联网、大数据、云计算是区块链技术的基础设施，算法信任是关键机制，加密算法是技术基础。

那么，让区块链能够成立的聪明的机制是什么？它来自这样三点：

（1）区块链，这个数据结构，让微观上达成共识的数据是可信的。具体说，就是数据块串成一个链条，新的数据也就是链条的新的一环，这环上除了有自己的数据，也包括上一个数据块的哈希值，也就是数据的指纹。这样，如果上一个数据块发生了变化，它和数据指纹就对不上号了，我们就知道它被篡改了。

（2）宏观的信任，它来自于一个简单的基本规则：所有人只相信最长链条上的所有数据，只有最长链条是可信的。

（3）比特币挖矿机制。比特币矿工并不是像淘金的矿工在地里挖矿，他们的计算机按照某种既定的规则计算复杂的数学运算，全球几万个节点在争夺谁能最快算出来。最先算出来的矿工，就给区块链增加了一个新的数据块；最先算出来的矿工，也会获得相应的比特币作为奖励。之前矿工挖出一个数据块可以获得25个比特币奖励，现在只能获得12.5个比特币奖励，这个机制，也就是通常人们说的工作量证明（PoW）。比特币矿工用计算机进行复杂计算，争夺记账的权利，并得到相应的回报。

到这里，我们就可以基本上回答区块链是什么这个问题：首先，区块链是比特币的底层技术；其次，区块链是一个全球互联、分布式的、公开的大账本，它存着比特币的所有交易信息。它的特点除了不可篡改外，还有一个重要特点是分布式；最后，区块链采用聪明的机制、达成共识，形成了一个可信的账本。

就区块链技术而言，共识不是人与人之间的一致意见。在比特币和区块链技术的语境中，共识有两种含义：第一，由数百万人共同形成的账本，对参与的所有人来说，是可信的，这是宏观的共识；第二，当每一次发生新的交易时，比如把一笔比特币转给个人，或者一个比特币矿工因为挖出一个数据块而获得奖励，所有人对这个交易一致认可，这是微观的共识。

区块链是一个比现有方法更可靠的数据库，是一种让关键利益相关者

（买家、卖家、托管人及监管者）保持共享及不可擦除记录的数据库，它能够降低成本、降低结算风险及消除故障中心点。当信任变成了一种机制或技术，一切变得简单了。诚信被编码到流程的每一环节中，它是分布式的，不依赖于任何一个成员。以编码形式体现，在决定权、激励制度及运作过程中，参与者之间能够直接进行价值交换并可以期望另一方以诚信的方式行事。

区块链是信用中介

区块链可能带来的产业变革是什么？区块链带来的产业变革，可能是把产业中占据主导地位的中介推翻，并重建新的产业价值链条。有人喜欢把这种特性叫"去中心化"，但实际上是：新的中心取代旧的中心，新的中介取代旧的中介，整个产业价值链被完全重构。

但互联网的发展历史一再表明，电商不是去中介化，而是线上的亚马逊、淘宝、天猫、京东取代了线下效率不那么高的书店、商场、超市——这是高效率中介，取代低效率中介。过去的十多年间，移动互联网的发展带来了美团、滴滴出行、AirBnb（爱彼迎），它们是在生活服务方面，用更高效率的中介取代低效的中介。比如，滴滴出行取代了出租车公司，为消费者提供了更好的服务。

迄今为止的所有去中介化，是因为"效率"：高效率中介取代低效率的中介，比如淘宝、京东、滴滴出行等在匹配效率上远优于传统中介。当然，它们也一定程度上起到了信用中介的角色。书店、商场、超市有着巨大的成本，而电商可以通过各种方式削减成本，让生产商、消费者都受益，电商平台在整个产业价值中占据的份额，远少于线下渠道，少于国美、苏宁原来在产业链中攫取的份额。但区块链带来的"去中介化"，变革的核心不是效率，而是信用。比如，支付宝的主要作用不是匹配效率，而是信用中介。现在，区块链让一种可能性出现，我们不必完全仰赖支付宝这样的信用中介了。这必将带来巨变。

区块链，作为新一代的互联网基础协议，在颠覆产业中原有的中介，用新的中介、中间人取代它们，重建新的产业价值链，它带来的变革会超出我们的想象。

区块链技术对传播媒体的影响

2019年11月，国家广播电视总局网站发布消息称，广电总局正在把推动区块链技术在广播电视和网络视听领域的创新应用提上日程。广电总局表示要密切跟踪和研究区块链技术的发展现状和趋势，提高运用和管理区块链技术的能力，使区块链在媒体融合、广电5G发展、广播电视提质增效等方面发挥更大作用。要深入挖掘区块链技术与广播电视和网络视听产业的融合应用场景，从技术和管理等方面做好区块链在广播电视和网络视听领域研发、应用的总体规划布局，加快推进广电行业的转型升级。

区块链会从根本上变革媒体生态吗？德勤管理咨询公司在《区块链：改变媒体的游戏规则》报告中列举了区块链变革媒体业的五种可能：第一，区块链技术将加速碎片化内容的货币化进程，助推内容变现；第二，广告营销将省去更多中间环节，进一步垂直化；第三，版权问题将会得到规范，创作者的经济权利和精神权利将会得到更好的保护；第四，行业将会向更加安全和更加透明的方向迈进，假新闻和盗版等问题将会得到解决；第五，在区块链技术完全普及后，媒体业有望形成一个"无边界的付费内容市场"，用户订阅和数字版权管理格局将会得到根本性变革。

区块链技术对市场营销的影响将体现在促进数据共享与增强数据安全

性上。我们都知道，在如今的营销环境下，谁掌握了更多、更完善的用户数据，谁就拥有了更高的话语权。因此，不会有人傻到愿意和别人分享自己的数据，即使是合作伙伴也一样，这样就会造成数据孤岛现象的产生。无论是广告主还是广告平台，在法律法规不完善、自身利益又得不到充分保障的前提下，没有人愿意开放和共享自己的数据。这些现象造成的"恶果"还包括，当前复杂的营销环境使得品牌与消费者之间隔着遥远的距离，他们所能看到的用户画像都来自于他们的中间服务商，这使得品牌无法直面消费者，去了解他们、听到他们的声音，因此也就无法做到真正触达和打动他们。

大家都想合作，但谁都不敢跨出那一步。而区块链技术或许可以解决他们的担忧，它可以提供一个安全透明的数据交换平台，每个人都可以看到有哪些合作伙伴在使用它的数据，我们也可以更有效地去利用别人提供的数据。在过去，品牌想通过广告提升品牌形象、促进销售转化，只需要找到权威且有影响力的媒介做投放即可，但这样的方式使得转化效果非常随机且不可控，品牌无法得知究竟是哪一则广告吸引消费者最终促成购买，也就无法对品牌的营销策略进行有效改进。但随着大数据和程序化广告的兴起，品牌对于自己广告费的应用好像变得清晰起来了，广告主能够看到自己的每次点击费用（CPC）、点击率（CTR）、每千次成本（CPM）都是什么了，这使得广告主变得欣喜若狂，好像自己能够掌控一切了。然而事实是，目前企业在数字营销领域的营销费用的浪费率已经从 50% 上升至近 100% 了。造成这种残酷真相的原因就是：造假行为。通过生成无效的点击和流量，来制造出精准营销效果的假象，对于目前的大数据营销服务商来说，这些都是再简单不过的手段了。这样的行业乱象同时也导致了广告主对于中间服务商的信任度严重下降，大数据营销行业处于一个巨大的泡沫之中，不知道什么时候就会面临破灭。

然而区块链技术的应用可以解决这样的难题。比如，可以打造价值消费数据区块链网络，重构广告市场生态消费价值链。消费价值链（Consumer Value Chain，CVC）是基于区块链技术的全球消费数据资产交易网络。针对每个城市、每条街道、每个门店、每一个人，CVC提供一种便捷的消费"账单"获取和上传工具，让这些本来由于完成一次消费已经死亡的账单，重新焕发生命，重新变成数据的金矿。通过技术工具快速拍摄并上传用户的传统线下或线上消费账单并以 AI 技术自动识别其中信息，再以相应的技术底层来完成消费数据的分类和储存，CVC 确保了数据存储和交易的安全性，打造出全新的"去中心化"的消费数据交易体系。它将比现有的中心化数据体系更灵活、更低成本，可以激励更多人自行贡献消费数据，实现消费数据资产的"全球共享"，减少并最终消灭数据孤岛。

品牌可以通过区块链技术，在不需要中间商的情况下，掌握自身消费者的信息，同时还不会让消费者对品牌广告产生负面情绪。因为区块链的经济激励体制，会激励用户自发地观看广告，以此获得收益。消费价值链运用区块链的去中心化、可追溯、防篡改等特性，将生态内用户提交的各类线下、线上消费相关数据，安全、可信地保存在生态内，并依照广告主的各类投放需求，以去中心化的机制协调生态内的资源和角色，对消费数据进行智能、可靠的挖掘分析和用户定位，最终通过多种渠道将广告精准投放给用户。在广告全流程中，消费价值链以智能合约为基础保证各参与方公开、公正、可追溯地提交需求、完成付出及获得收益。消费价值链在广告主、数据挖掘方和目标用户间实现直接、高效、公平的利益分配和传递，从而构建新的广告业生产关系。

消费价值链将改变消费数据创造者、使用者与用户之间的数据获取、数据分析分发、营销、分成、结算的传统模式。这样的消费数据资产分发体系比现有"中心化"的内容分发体系更加灵活、便捷、高效、低成本，可以使更多的优质消费数据资产实现价值。美国的 IBM 如今已经在推进这项业务的发展了，他们主要将区块链技术应用到电视广告的购买上，具体是分享他们的数据并把它记录在区块链上，然后通过审核的媒体买家就可以针对他们提供的细分数据来执行"竞选"，保证广告位置的实时更新和最大化应用。当然，对于区块链的应用目前都还处于"美好的愿望"阶段，由于技术的不成熟和区块链专业术语的晦涩难懂，市场营销人员想要将它成功应用到现实营销活动中还有很长的路要走。

第 18 章
沿着旧地图找不到新大陆

网络即未来。凯文·凯利认为，在我们人类所有的文明成果当中，最伟大的发明莫过于覆盖了整个星球的网络。我们的生活、思想和人工产品都在不断地融入网络。工业的辉煌年代已经过去，网络将是下一个世纪人类的信仰。它不存在中心，不存在既定轨道，没有什么是一成不变的。如果说工业时代代表着秩序，那么网络则向我们展示了世界的错综复杂。

未来已经来临

我国的社会化媒体时代，已突显出多元、跨界、破碎和移动的特点，在碎片化传播的环境下，商业模式也在发生根本性的改变，那些无论是思想上还是行动上的先行者们，已探索出一些符合我国市场特点的、放之四海皆准的行动指南和商业原则。

互联网带给人类最大的价值与意义在于网络社会新的内在价值观和文明观，就是崇尚自由、平等、开放、创新、共享等内核的互联网精神。更具体地说，就是自下而上赋予每一个普通人更多的力量：获取信息的力量、参政议政的力量、发表和传播的力量、交流和沟通的力量、社会交往的力量、创造与创业的力量等。互联网范式下的生态模式，不仅仅是帮助小米这类企业创造价值，它对我国乃至全球下一个经济时代都提供了一个可供参考和探索的方向。

历史证明，大规模的技术革新将改变行业发展，从而产生赢家和输家。按照过去的经验，移动互联网带来的影响将远远超过互联网、个人计算机、微机和大型机。移动互联网相对此前的计算机行业周期能够创造和毁灭更多的财富。在我国，移动互联网的增长势头要超过互联网市场，其增长速度快于大多数人想象的程度，直接催生"互联网+"时代的到来。

新技术周期将带来巨大的财富，移动互联网周期正刚刚开始。美国摩根士丹利公司发布的移动互联网报告指出，移动互联网周期是50年来的第5个新技术周期，这个周期刚刚开始。每个周期的赢家通常都会创造比之前更多的市值。新的赢家将浮现，一些公司将生存或繁荣，而很多此前的胜利者将会消亡。

今天，以手机移动互联网为核心的"互联网+"时代，正在引领世界文明史上的"触手可及"的革命。罗辑思维创始人罗振宇说："未来已经来临，只是尚未流行！"邰宏伟说："未来已来，预见方能遇见，悟到才能有道。"

未来十年，我国互联网生态企业将在全球范围内迎来战胜欧美企业的巨大历史机遇；互联网生态模式将取代专业化分工，引领全球经济进入一个全新的时代。一切都才刚刚开始。

不要与趋势为敌

2015年年末，微信朋友圈中流行着一个据传是马云在第二届世界互联网大会上的发言："这是一个摧毁你，却与你无关的时代；这是一个跨界打劫你,你却无力反击的时代;这是一个你醒来太慢,干脆就不用醒来的时代;这是一个不是对手比你强,而是你根本连对手是谁都不知道的时代。在这个大跨界的时代,告诫你唯有不断学习,才能立于不败之地!今天你还很贫穷,是因为你怀疑一切;如果你什么都不敢尝试,你将永远一事无成,机会总是留给有准备的人。"网络有这样一段话:"百度做了广告的事,淘宝做了超市的事,阿里巴巴做了批发市场的事,微博做了媒体的事,微信做了通信的事,不是外行干掉内行,而是趋势干掉规模!"

索尼公司的首席执行官出井伸之解释索尼衰落的根本原因时,说了一段发人深省的话:"新一代基于互联网DNA企业的核心能力在于利用新模式和新技术更加贴近消费者、深刻理解需求、高效分析信息并做出预判。所有传统的产品公司都只能沦为这种新型'用户平台级公司'的附庸,其衰落不是管理能扭转的。互联网的魅力就是'低端的力量',或者说是'长尾的力量'。"

周鸿祎在他的著作《周鸿祎自述:我的互联网方法论》中说:"任何企业都可以找最强的竞争对手打,但有一个对手你是打不过的,那就是趋势。趋势一旦爆发,就不会是一种线性的发展。它会积蓄力量于无形,最后突然爆发出雪崩效应。任何不愿意改变的力量都会在雪崩面前被毁灭,被市场边缘化。"失败的战略是,优势逐渐变成趋势;成功的战略是,超越趋势形成优势。与趋势为敌必败,不要与趋势为敌!

当前思维与当前问题

以网络为核心的新经济的主要目标是一家公司接一家公司,一个产业接一个产业地摧毁工业经济中的一切。当前思维不能解决当前问题,因为当前问题就是当前思维的结果。

互联网思维体现了"去中心化、用户至上、极致、民主、免费、消费痛点、大数据研究"等全新的商业理念。互联网思维代表着社会正在发生巨大变革的思潮，是"互联网+"时代行动指南的软件操作系统。

有道无术，术尚可求

随着互联网的发展和我国消费经济的转变，传统零售业遇到了前所未有的挑战。在互联网出现之前的商业形态，人们购物就必须到线下门店去；而互联网出现之后，人们不再需要到线下门店就可以完成购物，电商平台、厂商和物流商都在围绕着用户需求进行活动。在移动互联网爆发的这两年，O2O商业模式的兴起，开启了从线下到线上的O2O模式的第一阶段，由于受人们在线下比价、在线上购买的冲击，购物体验发生了质的变化，顾客的消费决策也随之而改变，传统的实体渠道逐渐失效，取而代之的是线上的关系网络，这种关系网络更多地体现为微博、微信、论坛这样的可以互相影响的社会化网络。由于传统思维的惯性，不断涌现实体店的关闭潮。实体店正遭遇前所未有的难题，一些实体店或关或转，是经济结构调整的必然结果。实体店经营困难，从表面上看是O2O模式和电子商务的竞争与分流，导致实体店客人减少、销量下滑，深层原因则是"互联网+"时代商业模式升级的内在要求。

技术进步、消费升级及移动互联网、电子支付等新应用，引发购物习惯和零售模式的革命性变化。传统经营思维下的实体店正在大量关闭，同时，互联网思维下经营的实体店也将大量出现！O2O商业模式的第二阶段，从线上到线下的蔓延，将会催生全新理念的实体店。在互联网思维这一"道"层面的指导下，重新聚焦实体店，深度挖掘门店转型，提升单店盈利能力，提升商品经营等，从而回归零售业本质。电商永远做不出实体的场景体验，空间的装修体验、商品的陈列体验、销售的服务体验永远是实体店的优势。消费者愿意为情怀买单，为价值买单，实体店将永远存在，实体店不仅不会衰亡，还会借助"互联网+"重获新生。

有道无术，术尚可求，有术无道，止于术。在移动互联网时代，互联网思维所带来的商业革命已渗透几乎所有产业，在商业模式被彻底改变的同时，人们传统的思维方式也正在经历史无前例的洗礼。不改变,将被改变；不创新，将被创新。如何用互联网思维重新武装我们的头脑，需要我们的学习力。不怕慢，就怕站！改变思维方式正是当下的重大命题，道路决定命运，信念决定生死，思路决定出路，格局决定结局。

否定与超越：让改变发生

乔布斯告诉我们要"Stay hungry,stay foolish（如饥似渴，抱朴守拙）"，就是要不断地格式化自己，否定自己，不断学习，拥抱新鲜事物，实现对自身的否定与超越。知名运动品牌李宁有一句经典的广告语：沿着旧地图，找不到新大陆。可将新大陆比喻为"互联网+"时代的未知产业格局和商业模式，将旧地图比喻为传统思维惯性和陈旧的思想、方式、方法和规矩。创新的伟大在于使熟悉的事物变得新鲜，使新鲜的事物变得熟悉。如果我们墨守成规、无法创新，就如在未发现新大陆的旧地图上，遥远的北美洲仍是一片空白。对未知的领域和世界，我们可能会退缩，但也会鼓起勇气，直到有一天，用自己的双手，绘一张新地图。那时，我们便突破了自己，实现了超越。

凯文·凯利总结说："在历史的滚滚车轮面前，这大胆的断言似乎显得有点天真，但在历史的进程中，每隔一段时间，总会出现一些伟大的事物。"这最近50年的互联网故事，无疑是其中最伟大的篇章。这50年来，

第18章
沿着旧地图找不到新大陆

互联网从美国诞生,扩散到北美洲、欧洲、南美洲和亚洲,进一步蔓延到非洲。我们相信,未来这部不断书写的历史还将更加精彩纷呈。网络经济中有三股伟大的趋势:浩瀚的全球化、知识替代质量、深入和无处不在的网络化。在网络经济中,公司的主要关注点已经从公司价值最大化转向网络价值最大化。在网络经济时代,抵抗是徒劳的,网络概念会一步步接管我们的实体世界。每次交易所花精力越来越少,但建立这些交易间的共同准则所要花费的精力却越来越多。培育网络以达到最大化的繁荣,如果它不是活的,就去激活它。如果它还没有互联,就让它互联。在漫漫的历史长河中,50年只是沧海一粟。然而,互联网演进历程50年,却日新月异,天翻地覆。

一个连接意味着一个机遇。互联是人类的本性,也是万物的本性,技术的创新和发展也始终遵循和强化这个规律。人与人之间的互联,人与物之间的互联,物与物之间的互联,就是一部互联网不断走向深入的历史。马化腾说:"连接,是一切可能性的基础。'互联网+'生态,将构建在万物互联的基础之上。""互联网+"就像电能一样,把一种新的能力或DNA注入各行各业,使各行各业在新的环境中实现新生。"互联网+"代表着以人为本、人人受益的普惠经济。"随着移动互联网的兴起,越来越多的实体、个人、设备都连接在了一起,因此互联网已不仅仅是虚拟经济,而是主体经济社会不可分割的一部分,每一个经济社会的细胞都需要与互联网相连,互联网与万物共生共存,这成为大趋势。"局部、碎片、个体的价值和活力,在"互联网+"时代将得到前所未有的重视。罗辑思维的罗振宇强调:"产品的本质是连接的中介,工业时代承载的是具体的功能,互联网时代连接的是趣味和情感。"马化腾认为:未来,如果一个企业不能通过"互联网+",实现与个体用户的"细胞级连接",就如同一个生命体的神经末端麻木,肢体脱节,必将面临生存挑战。

想要最大的创新，先扩大边缘范围。从定义上讲，网络就是一个巨大的边缘地带，它没有固定的中心。真正的创新要足够与众不同，同时具有危险性。它可能差一点就会被视为荒唐事。它在灾难的边缘，但不会越界。它可以以任何形态呈现，唯独不会是和谐的。理解互联网思维需要内在超越，正像李宁品牌"90后李宁"广告中说的那样"让改变发生"：

"不是我喜欢标新立异，

我只是对一成不变不敢苟同。

别老拿我跟别人比较，

我只在意和自己一寸一寸较量。

你们为我安排的路，总是让我迷路。

沿着旧地图，找不到新大陆。

让改变发生，Make The Change！"

附录
论有学问的无知

当今席卷我国的互联网思维是由移动互联网时代的自媒体引爆的,特别是以微信为代表的手机自媒体。但是对于互联网思维是否真的存在,则有两种声音并存,许多知名学者和企业对所谓的互联网思维不以为然。互联网思维代表着社会正在发生巨大变革的思潮,在变革的年代,不仅让人想起老生常谈的"有学问的无知"现象。我们现在不谈我国的情况,来谈谈国外的现象吧。

黑格尔:无知者是不自由的

曾经说出"背起行囊,独自旅行"的德国古典唯心主义的集大成者黑格尔曾有一句名言:"无知者是不自由的,正因和他对立的是一个陌生的世界。"他的话发人深思。

19世纪的天文学家们正在努力寻找太阳系的行星。黑格尔则认为,关于自然界的知识能够由理念推导出来,与他的"逻辑学"一样,黑格尔用他的三段式来构造他的"自然哲学"。1801年,黑格尔断言,要是人们稍稍注意一下哲学，立即就会明白，"只能有七颗行星，不多也不少。"因此，天文学家的搜寻是浪费时间的愚蠢行为。

1846年9月23日海王星被发现，是唯一利用数学预测而非有计划地观测发现的行星。天文学家利用天王星轨道的摄动推测出海王星的存在与可能的位置，海王星是太阳系八大行星中距离太阳最远的。发现海王星的是，法国工艺学院的天文学教师勒维耶，他以自己的热忱独立完成了海王星位置的推算。黑格尔关于无知的名言在他自身那里得到了印证。

黑格尔曾评论说"汉语不宜思辨"，这引起了著名学者钱钟书的反驳。钱钟书对黑格尔的看法有点恼火，反驳说："不知汉语，不必责也；无知而掉以轻心，发为高论……"钱钟书在他的名著《管锥编》中说："黑格尔尝鄙薄吾国语文，以为不宜思辨；又自夸德语能冥契道妙。"

黑格尔反对牛顿在光学中使用数学方法。他说："有人说牛顿是一位伟大的数学家，好像这就证明了他的颜色理论是正确的。然而，唯有数量才能从数学方面加以证明，物理的东西则不能从数学方面得到证明。在颜色方面，数学是无足轻重的。"

第一次以数学方式提出能量守恒定律的德国物理学家亥姆霍兹（H.Helmholtz）评论："黑格尔觉得，在物理科学的领域里为他的哲学争得像他的哲学在其他领域中十分爽快赢得的认可，是十分重要的。于是，他就异常猛烈而尖刻地对自然哲学家，特别是牛顿，大肆进行攻击，因为牛顿是物理研究的第一个和最伟大的代表"。亥姆霍兹说黑格尔的"自然哲学体系，至少在自然哲学家的眼里，乃是绝对的狂妄。和他同时代的有名的科学家，没有一个人拥护他的主张。"

诺贝尔奖得主、著名化学家伊利亚·普里高津评论说，黑格尔哲学"在几代科学家看来，代表了憎恶和藐视的一个缩影"。普里高津说："黑格尔的自然哲学系统地吸收了牛顿科学所否认的一切。"

克罗内克：一个时代的无知

利奥波德·克罗内克（Leopold Kronecker）是 19 世纪德国著名数学家，他对代数和代数数论，特别是椭圆函数理论有突出贡献。克罗内克最主要的功绩在于努力统一数论、代数学和分析学的研究。克罗内克的数学观对后世有极大影响。他主张分析学应奠基于算术，而算术的基础是整数。他的名言"上帝创造了整数，其余都是人做的工作"，反映了他对当时的分析学持批判态度。但是，他作为直觉主义的代表人物，却极力反对另一位德国伟大数学家康托尔的集合论。

康托尔是 19 世纪末 20 世纪初德国伟大的数学家，集合论的创立者，是数学史上最富有想象力、最有争议的人物之一。19 世纪末他所从事的关于连续性和无穷的研究从根本上背离了数学中关于无穷的使用和解释的传统，从而引发了激烈的争论乃至严厉的谴责。然而数学的发展最终证明康托尔是正确的。他所创立的集合论被誉为 20 世纪最伟大的数学创造，集合概念大大扩充了数学的研究领域，给数学结构提供了一个基础；集合论不仅影响了现代数学，而且也深深影响了现代哲学和逻辑。

19 世纪被普遍承认的关于存在性的证明是构造性的。你要证明什么东西存在，那就要具体造出来。因此，人只能从具体得数或形出发，一步一步经过有限多步得出结论来。至于"无穷"，许多人更是认为它是一个超乎于人的能力所能认识的世界，不要说去数它，就是它是否存在也难以肯定，而康托尔竟然"漫无边际地"去数它，去比较它们的大小，去设想没有最大基数的无穷集合的存在……这自然遭到反对和斥责。

在康托尔之前的数学家不赞成在无穷集之间使用一一对应的比较手段，因为它将出现部分等于全体的矛盾。德国大数学家高斯明确表态："我反对把一个无穷量当作实体，这在数学中是从来不允许的。无穷只是一种说话的方式……"法国大数学家柯西也不承认无穷集合的存在。他不能允许部分同整体构成一一对应这件事。数学的发展表明，只承认潜无穷，否认实无穷是不行的。

19世纪末，康托尔在悉心研究微积分理论的逻辑基础问题时，着手创立了崭新的集合论，向人们展示了一个由无穷数量关系的新奇世界。他处理了数学上最棘手的对象——无穷集合。因此，他的发展道路也自然很不平坦。他抛弃了一切经验和直观，用彻底的理论来论证，因此他所得出的结论既高度地令人吃惊，又确确实实，毋庸置疑。数学史上没有比康托尔更大胆的设想和采取的步骤了。因此，他的理论不可避免地遭到了传统思想的反对。

集合论一经问世，立即遭到当时一批赫赫有名的数学家的猛烈攻击。攻击得最为激烈，也最为长久的是他的导师——比他年长22岁的著名数学家克罗内克。他认为只有他研究的数论及代数才最可靠。因为自然数是上帝创造的，其余是人的工作。他对康托尔的研究对象和论证手段都表示强烈的反对。由于柏林是当时的数学中心，克罗内克又是柏林学派的领袖人物，所以他对康托尔及其集合论的发展前途的阻碍作用是非常大的。克罗内克认为，康托尔关于集合论的研究工作简直是一种非常危险的"数学疯病"，并在许多场合下，用各种刻薄的语言对康托尔冷嘲热讽达10年之久。康托尔经受不住克罗内克等人连续粗暴的围攻，精神渐渐崩溃了，在40多岁时，患上了严重的忧郁症，整日极度沮丧，惶惶不安，最终在精神病院默默死去。英国科学史家贝尔在回顾这段令人痛惜的往事时说，克罗内克认为集合论的出现是一种"数学疯病"，然而被送进精神病院的并不是集合论而是康托尔。克罗内克的攻击实际上打垮了这一理论的创造者。

克罗内克基于学术信仰的坚持，捍卫的不是学术的尊严，而是一个时代的无知，他的反对不仅对事，也对人。德国数学家康托尔的遭遇让人扼腕痛惜。

普朗克原理

德国著名物理学家和生理学家亥姆霍兹从永动机不可能实现的这个事实入手，研究发现能量转化和守恒原理。亥姆霍兹不仅对医学、生理学和物理学有重大贡献，而且一直致力于哲学认识论。他确信：世界是物质的，而物质必定守恒。

普朗克是德国著名的物理学家，由于他创立了具有划时代意义的量子论，而荣膺了1918年度的诺贝尔物理学奖，被誉为"现代物理学发展的精神之父"。

普朗克早期主要埋头于热力学的研究。1878年，在他提交给慕尼黑大学的博士论文中，提出了有关热力学第二定律的一些新思想。物理学的老前辈对普朗克的新思想毫无兴趣，就连他的导师——独立发现热力学第一定律的亥姆霍兹，对普朗克关于热力学第二定律的新思想也加以反对、嘲笑，甚至极力抵制。

普朗克悲愤地指出：一项重要的科学创新很少是通过逐渐赢得人心和扭转反对者观念来得以普及的……实际情况是，反对它的人逐渐死光了，新一代人从一开始就接受了它。上述结论被人们称为普朗克原理。

在整个人类科学史上，代表"过去时"或"现在时"的学术权威排挤、压制代表"未来时"的新生力量的现象数不胜数。不少大家都熟悉的科学巨匠均曾不同程度地遭受过来自权威的压制，在科学界都曾遭遇过长时间的冷遇和抗拒。新的科学理论确实要经过一代甚至几代人的努力，有时直到最后几个反对者全部离去，才会真正在科学界站稳脚跟。

大数据的本质不是数据,而是信仰和哲学

丹麦天文学家第谷用毕生的精力观测宇宙,累积了关于星星观测的大数据,他的遗愿是:授权开普勒使用自己观测得到的宇宙大数据,但必须使用地心说,不能使用日心说。开普勒并没有遵从这个遗愿,而是坚持日心说的理念,通过第谷留下来的星星观测大数据发现了行星运动的三大定律,成为"天空立法者"。不同的科学信仰,在同样的大数据之下得出完全不同的结论。大数据的本质根本不是数据,而是信仰和哲学。

美国天文学家哈勃十年如一日地观测星系的运动,发现了哈勃定律:宇宙是膨胀的。他的直觉来自他对大数据观测的自信。同时代的伟大物理学家爱因斯坦,虽然他的广义相对论方程已预测宇宙的膨胀,但爱因斯坦坚信宇宙是有界无限的,是静态的,他在方程中加了一个常数,宇宙就静止了。而哈勃的观测告诉人们,宇宙是膨胀的。爱因斯坦说:加入宇宙常数项是"一生中最大的失误"。

爱因斯坦是量子力学的开创者,却终身反对它。"上帝不掷骰子"是爱因斯坦对海森堡不确定性原理的评价。而当代英国伟大物理学家霍金说:"上帝不仅掷骰子,并且还掷到你看不到的地方。"

在全新思想涌现的年代,"有学问的无知"是普遍现象

"抱歉,女王陛下,我们没能预测到国际金融危机的到来。"2009年7月25日,英国一批顶尖经济学家在致伊丽莎白二世的信中这样写道。2008年11月,英国女王伊丽莎白二世视察了伦敦经济学院,并与一些教授讨论经济形势。她随后发问:"为什么当初就没有一个人注意到经济危机?""总之,没能预测出这次危机的时间、幅度和严重性是许多智慧人士的集体失误。"在这封长达3页的信中,学者们除表达歉意外,还向女

王承认金融危机的爆发"已成为人们一厢情愿和傲慢自大的最佳例证"。

美国著名学者威尔·杜兰特及其夫人阿里尔·杜兰特在《历史的教训》一书中提到第四个历史教训，就是"保守与激进同等重要"。他们指出社会进化是习惯与创新相互作用的过程，"那些抗拒改变的保守派，与提出改变的激进派具有同等价值——甚至可能更有价值，因为根须深厚比枝叶繁茂更加重要。新的观念应该被听取，因为少数新观念可能有用，但新观念必须经过异议、反对及轻蔑的研磨，这也是对的。这是新观念被允许进入人类赛场之前必须存在的预赛。"在思维革命发生的年代，"有学问的无知"是正常现象，他们都有着不同的动机来捍卫自己的"无知"。

《历史的教训》一书指出："人类历史只是宇宙中的一瞬间，而历史的第一个教训就是要学会谦逊。"因为"历史嘲笑一切试图强迫将其纳入理论范式和逻辑规范的举动，历史是对我们概括化的大反动，它打破了全部的规则。"在移动互联网时代引发的思维范式革命中，我们应时时谨记古希腊哲学家苏格拉底的名言：

"我知我无知，

美德即知识，

无知即罪恶。"

当前思维不能解决当前问题，当前问题是当前思维的结果。

"我宁可放弃一切，也不愿活在无知中"。小说《女教皇》(Pope Joan)中这句台词提示我们摆脱无知是不容易的。唯一真正的革命，是对心灵的启蒙和对个性的提升，只有不断清零的空杯开放心态，才能拥抱时代的变革。

拿破仑说，世界上只有两种强大的力量，思想和剑，而思想最终战胜剑。

参考文献

[1] 米歇尔·沃尔德罗普. 复杂：诞生于秩序与混沌边缘的科学[M]. 陈玲, 译. 北京：生活·读书·新知三联书店, 1997.

[2] 梅拉妮·米歇尔. 复杂[M]. 唐璐, 译. 长沙：湖南科学技术出版社, 2011.

[3] 海因茨·奥托·佩特根, 哈特穆特·于尔根斯, 迪特马尔·绍柏等. 混沌与分形：科学的新疆界[M]. 2版. 田逢春, 主译. 北京：国防工业出版社, 2008.

[4] 埃德加·莫兰. 复杂思想：自觉的科学[M]. 陈一壮, 译. 北京：北京大学出版社, 2001.

[5] 约翰·霍兰. 涌现：从混沌到有序[M]. 陈禹, 等译. 上海：上海科学技术出版社, 2006.

[6] 托马斯·库恩. 科学革命的结构[M]. 金吾伦, 胡新和, 译. 北京：北京大学出版社, 2003.

[7] 范冬萍. 复杂系统突现论：复杂性科学与哲学的视野[M]. 北京：人民出版社, 2011.

[8] 詹姆斯·格雷克. 混沌：开创新科学[M]. 张淑誉, 译. 北京：高等教育出版社, 2004.

[9] 汪小帆,李翔,陈关荣.网络科学导论[M].北京:高等教育出版社,
    2012.

[10] 陈力丹.舆论学:舆论导向研究[M].北京:中国广播影视出版社,
    1999.

[11] 约翰·布里格斯,F·戴维·皮特.混沌七鉴:来自易学的永恒智慧
    [M].陈忠,金纬,译.上海:上海科技教育出版社,2001.

[12] J.布里格斯,F.D.皮特.湍鉴:混沌理论与整体性科学导引[M].
    刘华杰,潘涛,译.北京:商务印书馆,1998.

[13] 艾伯特-拉斯洛·巴拉巴西.爆发:大数据时代预见未来的新思维
    [M].马慧,译.北京:中国人民大学出版社,2012.

[14] 艾伯特·拉斯洛·巴拉巴西.链接:网络新科学[M].徐彬,译.
    长沙:湖南科学技术出版社,2007.

[15] 邓肯·J.瓦茨.小小世界:有序与无序之间的网络动力学[M].
    陈禹,等译.北京:中国人民大学出版社,2006.

[16] 布鲁斯·谢克特.我的大脑敞开了:数学怪才爱多士[M].王元,
    李文林,译.上海:上海世纪出版集团,2005.

[17] 吴军.数学之美[M].北京:人民邮电出版社,2012.

[18] 朱海松.禅定与互联思维[M].北京:金城出版社,2017.

[19] 尼尔·波兹曼.娱乐至死[M].章艳,译.南宁:广西师范大学出
    版社,2004.

[20] 张之沧.科学哲学导论[M].北京:人民出版社,2004.

[21] 苗东升.系统科学大学讲稿[M].北京:中国人民大学出版社,
    2007.

[22] 黄欣荣.复杂性科学与哲学[M].北京:中央编译出版社,2007.

[23] 郝柏林.从抛物线谈起:混沌动力学引论[M].上海:上海科技教

育出版社，1993.

[24] 郝柏林. 混沌与分形：郝柏林科普文集[M] 上海：上海科学技术出版社，2004.

[25] 吴彤. 复杂性的科学哲学探究[M]. 呼和浩特：内蒙古人民出版社，2008.

[26] 李善友. 颠覆式创新：移动互联网时代的生存法则[M]. 北京：机械工业出版社，2014.

[27] 赵大伟. 互联网思维：独孤九剑[M]. 北京：机械工业出版社，2014.

[28] 黎万强. 参与感：小米口碑营销内部手册[M]. 北京：中信出版社，2014.

[29] 周鸿祎. 周鸿祎自述：我的互联网方法论[M]. 北京：中信出版社，2014.

后记
乔布斯名言：如饥似渴，抱朴守拙

《互联网思维独孤九剑》一书这样描述乔布斯："当下这场互联网革命和其背后的互联网思维，由产品经理这类人的思辨引发。最典型的产品经理，就是苹果公司的创始人乔布斯。他并非拥有真正伟大的物质发明，个人电脑和智能手机都不是他原创，他的伟大在于定义了产品经理这个角色，并把互联网思维运用到了极致。"

"Stay hungry,stay foolish"是乔布斯的名言，意思是"如饥似渴，抱朴守拙"。

有一位成功企业家，在他的办公室里端正地放着一个条幅：初出茅庐。有人问他放这句话是什么意思，他说这句话可以时时提醒自己不要忘记刚出道时的青涩样子，不要忘记当初面对不确定的未来时的忐忑心情，不要忘记对豪情万丈的理想充满热切期待的心境。不忘初心，方得始终！

"Stay hungry"字面意思是保持饥饿的状态，实质上是说要有一颗好学、好奇的心，要如饥似渴地学习。但如果要有如饥似渴的学习心态，就必须要有空杯心态，让自己时刻清零，保持初学者的心态；"stay foolish"，这里没有大智若愚的意思，而是指要始终拥有一颗初学者的心态。

抱朴守拙出自《菜根谭》，"朴"指平真、自然、不加任何修饰的原始。"抱朴"即追求保守本真，怀抱纯朴，不受自然和社会因素干扰的思想。"守拙"就是守住自己的一份本真。抱朴守拙就是保持一颗"初心"，正如一个新生儿面对这个世界一样，永远充满好奇、求知欲、赞叹。质朴无瑕，回归本真，便是参透人生。

乔布斯说过："我跟着我的直觉和好奇心走，遇到的很多东西，此后被证明是无价之宝。"

"Stay hungry, stay foolish"这句话正是通过"如饥似渴，抱朴守拙"的"初心"激励人们保持一种永远好奇、永远渴望学习的心态。放弃已有的知识和逻辑，用源自内心的感悟去解决问题。

乔布斯凭借"借助人们迷恋消费和物质的享受的弱点，把宗教和商业结合起来"的信念，推出一系列产品，iPod、iPhone、iMac、iPad 等，它们共同的也是最鲜明的一个特点就是简约，直指人心的简洁。最直观的外观、最简单的操控方式、最人性化的功能设计，这些都要归于乔布斯的直觉。乔布斯相信通过内心的明悟，能够找到一条终极的产品之道。

乔布斯不是一个技术极客，他更多是一名技术的体验者、想象者和悟道者，这使得他能站在硬件与软件、技术与艺术、科技与人文的交汇点上创新，从而取得比那些纯技术的创新者更大的成就。

"Stay hungry, stay foolish"，乔布斯用这句话激励奋发向上的人们。乔布斯说过："拥有初学者的心态是件了不起的事情。"

传媒生态格局日新月异，新技术形式层出不穷，社会发展令人目不暇接，这都需要我们保持初学者的心态，抱朴守拙，不断格式化自己，只有如饥似渴地学习新生事物，才能适应时代发展，与时俱进！